능력기반
전력기획

이 도서의 국립중앙도서관 출판시도서목록(CIP)은 e-CIP홈페이지(http://www.nl.go.kr/ecip)에서 이용하실 수 있습니다.(CIP제어번호 : CIP2007000307)

능력기반 전력기획

Capabilities-Based Force Planning

조원건 지음

북코리아

[머리말]

군인으로서 뒤늦게 학업의 길에 뛰어들어 지성을 겸비하고자 노력했던 2년간의 대학원 생활을 마치며, 그동안 연구해 온 성과를 모아 작은 결실을 맺게 되었습니다.

처음 대학 문을 들어설 때에는 군 생활과 학업을 동시에 잘 해낼 수 있을까 하는 망설임과 설레임이 많았지만, 돌이켜보면 학업의 길을 선택하기를 잘 했다고 생각하며, 비록 힘든 과정이었지만 군인으로서 필요한 풍부한 학문적 지식을 습득할 수 있었다는 데 스스로 자부심을 느끼게 되었습니다.

지금까지 학업을 무사히 마칠 수 있도록 물심양면으로 성의껏 도와주신 교수님들과 주변 동료, 가족들에게 이 지면을 빌어 진심으로 감사의 말씀을 드리고 싶습니다. 특히 자상하신 가르침으로 논문지도와 더불어 책으로 발간하기까지 부단히 도움 주신 김종하 교수님께 깊은 감사의 말씀을 전합니다. 교수님의 열정적인 가르침과, 또 책으로 엮어내기 위한 혼신을 다하는 지도편달에 힘입어 이러한 결실을 맺을 수 있었다고 생각합니다.

또한 재학중에 훌륭한 가르침을 주시고 작은 결실을 맺을 수 있도록 관심과 정성을 베풀어 주신 장진화, 함선필, 배진수 교수님께도 진심으로 감사의 인사를 드립니다. 아울러 이 책을 발간할 수 있도록 물심양면으로 지원해 주신 이찬규 사장님께 심심한 감사를 드립니다.

앞으로 얼마 남지 않은 군 생활을 마칠 때까지, 강의실에서 배우고 익힌 학문적 지식과 군에서 얻은 경험을 연계하여 군의 전력기획 발전에 보탬이 될 수 있도록 미력하나마 최선의 노력을 다할 것을 다짐하면서, 끝으로, 군 업무와 학업에 전념할 수 있도록 배려해 준 부인과, 청년으로 성장하고 있는 두 아들에게 고마움을 전합니다.

2007년 2월

조 원 건

[추천사]

'소요 · 획득기획'(Requirements & Acquisition Planning)은 국가안보목표, 그리고 국방 · 군사전략 목표를 달성하는데 요구되는 군사력을 유지, 발전시키기 위해 어떤 무기체계를 개발, 획득해야 하는지를 결정하는 대단히 중요한 과정이다.

이 과정에서 반드시 고려해야 하는 핵심 질문은, 첫째, 위협에 대처하기 위한 소요를 어떻게 '작전환경'의 관점에 따라 과학적으로 산출할 수 있겠는가(소요창출체계상의 질문), 둘째, 현재의 획득체계를 통해 최첨단의 무기체계 및 장비를 지속적으로 개발 · 생산 · 획득할 수 있겠는가(획득관리체계상의 질문), 셋째, 미래전에 대처하는데 필요한 무기체계를 획득하는데 있어 과연 지금처럼 긴 획득주기를 가진 획득체계를 그대로 사용할 수 있겠는가(소요창출 및 획득관리체계상의 질문), 넷째, 유한한 자원을 놓고 국방과 사회적 우선순위가 경쟁하는 예산 환경 속에서 어떻게 설득력 있게 그러한 요구를 세분화하여 국민들을 설득할 수 있겠는가(계획 · 예산체계상의 질문). 어떻게 이 질문들에 답을 하는가, 즉 질문에 대한 답을 어떻게 제시하느냐에 따라, 그 결과로 나타나는 산출물(outputs)은 다를 것이다.

본 서에서 조원건 장군은 소요창출체계의 핵심적 질문, 즉 "위협에 대처하기 위한 소요를 어떻게 '작전환경'(operational environment)의 관점에 따라 과학적으로 산출할 수 있겠는가"에 대한 답을 나름대로 제시하고 있는데, 그 핵심 내용을 간략히 요약해 보면 다음과 같다.

첫째, 우리 군이 '저강도'(low-intensity)에서 '고강도'(high-intensity)에

이르기까지 위협의 '전 스펙트럼'(full-spectrum)에 효과적으로 대처하기 위해서는, 전통적 소요창출접근인 '위협기반기획'(threat-based planning) 및 '시나리오기반기획'(scenario-based planning)에서 벗어나, '효과기반작전'(effects-based operation)에 토대를 둔 '능력기반기획'(capabilities-based planning)으로 전환하는 것이 필요하다. 그리고 능력기반기획의 첫 번째 단계인 '위협평가'시, 위협을 최소 위협수준에서 최대 위협수준까지 일정한 척도에 의해 정찰감시, 지휘통제, 정밀타격 등의 부문으로 나누어 평가한 후 이에 대한 종합적인 위협을 평가해야 하고, 또 위협에 대응할 수준도 최소 대응수준에서 최대 대응수준까지 위협평가와 동일한 척도로 정찰감시, 지휘통제, 정밀타격 등의 부문으로 나누어 분석 평가하여 대응수준을 종합적으로 판단해야 한다.

둘째, '능력기반기획'을 통해 소요의 우선순위를 합리적으로 결정(적정 전력소요 판단)한다 할지라도, 국방재원의 제약으로 인해 요구되는 적정 전력을 획득할 수 없는 위험에 직면할 수 있기 때문에, 가용재원 제약에 따른 부족소요에 대한 위험정도를 사전에 파악하는, 소위 '위협' vs '재원' 관리의 '위험평가', 즉 위협을 관리하고 재원을 현명하게 배분하는 것에 대한 새로운 '방법론'을 빠른 시일 내에 발전시킬 필요가 있다. 이것은 비용-효과적인 전력을 기획하는 데 필수적이다.

조원건 장군의 주장이 특별한 것은, 미국식 '능력기반기획'의 장점을 '벤치마킹'(benchmarking)하여, 그것을 우리 군의 전력기획시 참고할 자료로 단순히 소개하는 차원이 아니라, 그것을 완전히 새롭게 해석하여 우리 군의 현실에 가장 잘 부합될 수 있는 방식으로 수정·보완한 '한국적 능력기반기획 모델'을 제시하고 있다는 점이다. 사실 이런 주장은 미국을 비롯한 선진국에서 출판되는 '능력기반기획'에 관련된 수많은 논문이나 단행본에서도 찾기 어려울 정도로 대단히 독창적인 사고다. 아쉬운 점이 있다면, '위험평가' 방법론 개발에 대한 논의가 충분히 이루어지지 못하고, 그것의 필요성을 제기하는 수준에서 멈추었다는 점이다. 그러나 현실적으로 이런 새로운 방법론을 모색하는 것은 개인적 차원에서 할 수 있는 연구는 분명히 아니다. 그것은 합참차원에서 수많은 소요 전문 인력들이 머리를 맞대고 오랜 기간에 걸쳐 연구를 해야만 가능할 것이다.

이런 점에서 본 서의 궁극적인 가치를 찾을 수 있다. 그것은 바로 우리 군을 '현대화'(modernization), 혹은 '변혁'(transformation)시키는데 있어 과거보다 더 혁신적이고, 더 효과적이고, 그리고 더 효율적인 방법을 지속적으로 발견해야만 하는 의무, 즉 '긴급명령'이 우리들 앞에 놓여있다는 사실을 자연스럽게 깨닫게 해 주고 있다는데 있다. 특히 조장군이 제시하고 있는 대안들은 위협에 대처하기 위한 적절한 준비태세를 창출하는데 필요한 우리 군의 '전력기획'(Force Planning)능력을 발전시키는데 크게 도움이 될 것으로 생각한다.

현역에 몸담고 있는 장군이 이처럼 획기적이고 선도적이며 창의적인 연구결과를 단행본으로 출판한 것은 우리 군 역사상 대단히 드문 일이다. 이 때문에 대단히 상징적인 사건으로 기록될 것으로 생각한다. 그러나 그 무엇보다도 이번 단행본 출판이 갖는 중요한 함의는 많은 후배장교들에게 각군 대학, 국방대학원을 비롯한 민간대학기관에서의 '전문군사교육'(PME: Professional Military Education)을 통해 나름의 전문능력을 지속적이고, 체계적으로 발전시켜 나가는 기회 - '경험적 지식'(know-how)을 '이론적 지식'(know-why)으로 전환하는 공부 - 를 가지는 것이 얼마나 중요하고 필요한 일인지를 생생하게 보여주고 있다는 점일 것이다.

사실 조원건 장군은 한남대 국방전략대학원 국방획득관리학과 석사과정 재학시, 어떻게 육·해·공군의 합동성, 더 나아가 합동작전에 부합되는 무기체계를 우선순위에 따라 소요제기할 것인가, 소요제기된 무기체계 획득에 필요한 재원마련이 제대로 되지 않을 경우, 그런 위험에 대비하기 위한 차선책은 무엇인가 등의 질문에 많은 관심을 표명해 왔던 학도였다. 바로 이런 학문적 관심이 이처럼 선도적이고 창의적인 연구결과를 산출한 원동력으로 작용하지 않았나 생각한다. 이것은 계급이 올라가면 갈수록 더 많이 생각하고, 준비하고, 행동하는 '지식전사'(knowledge warriors)의 전형을 보여주는 태도로서, 수많은 후배장교들에게 하나의 '모범사례'로 큰 영향을 줄 것으로 생각한다.

돌이켜 보건대, 조원건 장군은 공사를 졸업(23기)하고, 초급장교 시절에는 전투조종사로 비행대대에서 영공방위에 헌신하였으며, 중견간부가 되면서부터는 공군대학에서 공군작전·무기체계 교관, 합참 전략기획참모부 전력기획부 무기체계 담당관 · 시험평가 2과장 · 공중전력과장 등을 역임하는 등, 전력기획분야에서 오랜 경험을 축적하였다. 그리고 전투비행대대장을 마친 후, 공군작전사령부에서 훈련과장 · 작전과장 · 작전부장 등의 보직을 수행하였다. 그리고 장군진급 후에는 합참 비서실장, 15비행단장, 공군작전사령부 부사령관, 공군인사참모부장 직책을 성공적으로 수행하였다. 현재는 공군본부 '감찰실장'이라는 중책을 새롭게 부여받아 국가방위를 위해 계속 헌신하고 있다. 이처럼 오랜 세월에 걸쳐 작전 및 전력기획분야를 경험한 덕분에, 조원건 장군은 공군의 대표적인 '작전통,' 혹은 '전력기획통'으로 불리고 있다.

누구나 부러워하는 이런 평가에도 불구하고, 조원건 장군은 오랜 세월에 걸쳐 작전 및 전력기획분야에서 체득한 경험을 그냥 머릿속에서 사장시키지 않고, 민간대학원에 진학하여 지난 2년여 동안 그것을 이론화하려 노력하였다. 그 결과 전력기획의 난제 가운데 하나인 작전환경의 관점에 따라 소요를 과학적으로 산출할 수 있는 나름의 방법론을 발전시킬 수 있었던 것이다. 이런 노력에 대해 조장군의 선 · 후배장교들은 아마도 높은 평가를 할 것으로 생각한다.

거의 31년 이상 군복무를 해 오면서 조원건 장군은 공군 내에서 후배장교들이 가장 닮고 싶어하는 '역할모델,' 소위 '德將'으로 존경받아 왔는데, 이번에 소요기획에 관한 뛰어난 전문서적까지 출간했으니, 이젠 '智將'이라는 영광스러운 평가까지 받을 것 같다. 칼과 더불어 펜으로 무장하여 자신이 체득한 '관념'(idea)을 확대하기 위한 이러한 노력은 우리 군 역사에 큰 흔적을 남기게 될 것으로 확신한다. 이런 영광스러운 평가를 든든한 배경으로 하여, 앞으로 조장군이 우리 군을 지속적으로 현대화, 혹은 변혁시켜 나가는 과정에서 핵심적인 역할을 수행하는 큰 인물로 성장하기를 진심으로 바란다.

그리고 대자연으로부터 무한한 처녀지를 개간하는 것과 같은 정신으로 배우고 또 배우려고 지금까지 노력해 왔던 그런 '지적 성실성'을 계속 간직해 나가기를 진심으로 바란다. 우리를 둘러싼 안보적 '불확실성'에 대처하고, 또 '잠재적인 적들'과의 머리싸움에서 항상 이길 수 있는 창조적 해결책을 지속적으로 제시하는 '탁월한 전사'가 되기 위해서는, 독창적인 생각이나 비판적 탐구행위를 결코 게을리해서는 안 되기 때문이다.

마지막으로 본 서는 군의 소요·획득기획에 관한 전문성이 없으면, 이해하기가 어려운 것이 사실이지만, 국회 국방위원회, 국방부, 합참, 각 군, 그리고 군의 무기체계 소요 및 획득기획에 관심을 가진 사람들이라면 전문성 축적을 위해서라도 반드시 읽어볼 가치가 있다. 왜냐하면 '숙고'하는 것이 무엇인지를 잘 보여주는 책이기 때문이다. 일독을 권한다.

2007년 2월 1일

金 鍾 夏 Ph.D.

국방획득·방위산업 전공, 한남대 국방전략연구소 부소장, 공군 정책발전자문위원

[차 례]

제1장

책머리에

현재 우리 군은 전환기적 안보상황 속에서 새롭고 다양한 위협의 도전에 직면하고 있다. 즉 세계화 · 정보화가 급속도로 진전되고 끊임없이 분출되는 국제적 갈등과 분쟁 속에서 국제테러 · 대량살상무기 확산 등의 초국가적/비군사적 위협의 증가[1] 및 군사과학기술의 혁신적인 발전으로 전쟁

1) 미국 뉴욕의 세계무역센터의 쌍둥이 빌딩과 미 국방성 건물에 대한 알 카에다의 9 · 11 테러공격에서 잘 알 수 있듯이, 우리는 테러리스트(terrorist)들이 대의명분 하에 어떠한 자살임무라도 수행하겠다는 의지와 믿음을 갖고 무차별적인 공격을 가해올 경우에는 지구 어디에도 안전한 곳이 없고, 또한 숨을 곳도 없는 세상을 살아가고 있다.
1648년 웨스트펠리아(Westphalia)조약이 30년 전쟁으로 알려진 종교전쟁을 종식시킨 이래, 민족국가는 조직화된 폭력에 대한 독점권을 획득, 사용해 왔다. 1, 2, 3세대에 걸친 민족국가들간의 격렬한 전쟁이 진행되어 오다가, 지금은 제 4세대 전쟁(4th Generation Warfare: 4GW)이 점차적으로 성숙되어져 오고 있다.(참고로 1세대 전쟁은 오와 열의 나폴레옹 전쟁, 2세대 전쟁은 미국의 남북전쟁에서 제1차 세계대전까지의 소모전쟁, 3세대 전쟁은 신속한 기동과 기습의 전격전쟁 그리고 4세대 전쟁은 소규모의 독립적으로 행동하는 세포 조직이 벌이는 전쟁(비대칭전)을 의미한다.)
4GW라는 용어는 1989년 Marine Corps Gazette 잡지에 5명의 공동명의로 발표된 논문에서 처음 사용되어졌는데, 이것은 국가가 비국가조직들 및 조직 네트워크들, 예를 들어 억압받는 민족그룹, 마피아, 마약거래업자 그리고 극단주의자(광신도 집단)과 싸우는 전쟁을 의미한다. 한마디로 4GW는 약자, 핍박받고 있는 자, 범죄자 그리고 광신자들이 선택하는 전쟁수행방식인 것이다.

수행 개념 및 양상의 근본적인 변화(NCW, EBO 등)등이 이루어지면서 자주적 선진 군사력 건설에 많은 어려움에 처하고 있다. 특히 국민들의 대북관 변화에 따른 국방비 확보의 어려움과 급속도로 변화되는 주변환경에 대해 신속히 대처할 수 있는 부단한 연구, 체계적인 시스템체계 구축 미흡 등은 군사력 건설에 중요한 장애요인이 되고 있는 실정이다.

그러나 다행히도 참여정부에 들어와 "협력적 자주국방" 추진의 일환으로 올해부터 2020년까지 3단계로 구분하여 국방전반에 걸친 체질개선을 통해 효율적 국방체제로 전환한다는 기본목표를 설정, 국방개혁을 추진하고 있다.

따라서 이러한 국방개혁을 시작하는 현시점에서 우리 군이 궁극적으로 지향하고자하는 정보화・과학화된 군, 즉 "작지만 강한 군대"를 효과적으로 건설하기 위해서는 군사력 건설의 시발점이라 할 수 있는 전력기획(Force Planning)의 올바른 정립과 시행노력이 절실히 필요할 시점이다.

전력기획은 군사기획의 한 분야로써 국가의 안보요구에 대한 평가에 기초하여 군사소요를 결정하고 재정적 범위 내에서 이들 소요를 충족시키기 위한 군사력 선정과정으로 군사능력의 유형, 규모 및 구성비율 등을 결정하는 과정이라 할 수 있다. 따라서 전력기획에 있어서의 '소요창출'(Requirements Generation)은 효율적인 군사력 건설에 있어 가장 중요

미국의 예비역 공군대령인 체스터 리차드(Chester Richards) 박사는 4GW는 상대편과 공정하게 싸우는 것을 거부하는 모든 형태의 분쟁을 포함하여, 여기에는 전쟁과 평화사이의 구별이 희미하고, 명확하게 구별지을 수 있는 전장이나 전선도 존재하지 않으며 또한 민과 군의 구별도 없다고 주장하고 있다.

4GW는 국가안보에 관해 우리가 전통적으로 생각하는 방법과 더불어 군사능력들(훈련, 교리, 무기)에 있어서의 거대한 변화를 요구하고 있다.

한 체계 중의 하나라고 할 수 있다. 하지만 우리 군은 전력기획의 중요성에도 불구하고 1970년대 냉전시대에서부터 시행하고 있는 북한의 위협을 기반으로 한 전력기획 체계만을 답습함으로서 새로운 국가안보 위협에서 오는 환경변화, 급속한 기술발전 속도 및 새로운 전쟁수행 방법 변화 등에 대해 신속히 대처하지 못함으로써 현실에 부합하지 않은 비효율적인 무기체계 획득으로 국방비 낭비, 전력증강의 부작용 등만 불러 일으켰다.

그러나 오늘날 우리가 직면하고 있는 안보환경의 불확실성, 방위비의 제한, 그리고 미래전 수행에 있어 육·해·공군간 합동성(Jointness)의 필요성 대두 등으로 전력기획체계에 대한 중요성이 인지되어 합참 차원에서 전력기획의 새로운 방법론을 연구하는 새로운 변화가 시작된 것은 상당히 고무적인 현상이다. 하지만 소요창출체계의 기존 틀을 타파하고 새로운 체계를 구축한다는 것은 상당히 어려운 일이다. 왜냐하면 소요창출분야의 연구는 "군사전략(작전교리)", "기술", "경제" 변화에 대한 끊임없는 지적 탐색(Intellectual Search)을 요구하는 대단히 어려운 작업일 뿐만 아니라, 이러한 이론적 연구를 실제 업무에 적용시킨다는 것은 더욱 더 부단한 노력과 혁신이 필요하기 때문이다.

이러한 관점에서 본서는 지금까지의 우리 군이 처해있는 전력기획의 심각한 문제점을 인식하여, 지금까지 수행해왔던 우리 군의 전력기획 접근방법에 대한 문제점을 파악하고, 새로운 국가안보 위협에 대응하고 국가의 전략적 목표에 부응하며, 현대전에서의 새로운 작전수행 개념 및 합동성 추구에 기초한 효율적인 전력기획 접근법을 연구하는데 일차적 목적이 있으며, 이를 통해 우리 군의 전력기획 발전에 조금이나마 도움을 주고자 하는데 이차적 목적이 있다.

제2장

전력기획의 개념과 접근방법

제1절 전력기획의 개념

1. 전력기획의 정의

가. 기획의 일반적 개념

인간은 항상 불확실한 미래에 대한 염려와 그것에 대한 대비로 살아왔다. 특히 현대사회는 불확실한 미래에 대한 계획을 세우는 것이 생활의 필수적인 요소가 되고 있다. 이러한 과정에서 개인이나 조직은 기획이나 계획의 개념을 광범위하게 사용하고 있다.

기획이론은 다양한 여러 분야의 지식을 절충적으로 모아놓은 것이라 할 수 있으며, 또한 기획이론은 전문적 설계를 담당하는 집단들, 예를 들어 건축, 조경, 토목 등의 분야에서 출발하였다. 즉 1946년에 에이브럼스(C. Abrams)가 민주주의 사회에서 도시계획가들의 자세에 대해 언급한 것이 기획의 시초가 되었던 것이다.[2] 그러나 지금은 기획이론이 사회과

2) 에이브럼스는 민주주의 사회의 도시계획에 대한 요건을 다음과 같이 지적하였다. 첫째,

학 전반에 걸쳐서 중요한 위치를 점유하게 되었으며, 또한 인간행위의 다양한 모든 영역에서 기획이 행해지고 있어 그 경계를 정하기가 어려울 정도로 보편화되었다.[3)]

기획이론 가운데 가장 중요하게 취급되어야 하는 분야는 기획의 절차와 규범적 측면에 관한 것이라 할 수 있으며,[4)] 기획이론의 핵심은 기획과정에 있다. 다시 말해서 사람들이 어떻게 기획하고(do), 어떻게 해야 하는가(should) 하는 것이 기획의 핵심분야인 것이다.

기획이론은 기획과정의 탐사를 통하여 첫째, 기획을 위한 각각의 구성요소들은 무엇이며 이들은 어떻게 상호작용을 하는가? 둘째, 그것들은 기획환경에 의해 어떻게 영향을 받는가? 셋째, 기획의 구성요소들이 어떻게 결과를 산출해 내는가? 등의 문제를 조사하게 되는 것이다. 이러한 측면에서 볼 때 기획이론의 이슈는 첫째, 기획이란 무엇인가에 대한 기획의 '정의'(definition)에 관한 것이며, 둘째, 기획의 대상은 무엇이며 누구를 위해서 기획하는가에 대한 기획의 '실제적'(substantive)인 내용에 관한 것이다. 그리고 셋째, 기획이 어떻게 발생하고 구체적인 계획은 어떻게 수행되는가에 관한 문제이며, 마지막으로 어떻게 계획을 세워야 하며 왜 우리는 계획을 해야 하는가에 대한 '규범적'(normative)인 문제인

그 제안된 계획이 공중의 승인을 얻어야 하고, 둘째, 입법화하는 데 충분할 만큼의 영향력을 확보해야 하며, 셋째, 관계공무원이나 관계기관의 협력을 확보해야 한다. 넷째, 재산 소유권에 대해 효과가 합리적인 것인가에 대한 법원의 엄격한 검사를 필해야 한다. C. Abrams, *The Future of Housing* (New York: Harper & Bros., 1946).

3) 박우서. 박경원 역, 『현대기획이론』, E. R. Alexander, *Approaches to Planning*(서울: 나남출판, 1995), p.28.

4) A. Faludi, *Planning Theory*(Oxford: Pergamon Press, 1973); John W. Dyckman, "Introduction to Readings in Theory of Planning": *The State of Planning Theory in America, mimeond.*, pp.3~6, E. R. Alexander, 『현대기획이론』, p.28.에서 재인용.

것이다.[5]

기획의 이러한 개념정의를 통해 우리는 기획이라는 것이 인간의 문제이며, 의사결정과정의 문제임을 알 수 있게 되는 것이다. 따라서 기획에 대한 정의는 그 접근방법에 따라서 다양하게 정의될 수 있다. 채드윅(George Chadwick)은 "기획이란 인간이 장래에 관한 결정을 내리는 데 있어서 겪는 사고의 일반적인 과정이다."라고 정의하였으며, 뉴만(William H. Newman)은 "기획이란 무엇을 할 것인가를 사전에 결정하는 대단히 광범위한 인간행위이다."라고 하였다. 하지만 이들 모두는 기획을 당면한 문제를 해결하기 위한 하나의 과정(process)으로 보았다.[6]

그러나 문제를 해결하기 위한 하나의 과정으로 기획을 보는 견해와는 달리 관리기능의 한 단계로 보는 견해도 존재한다. 즉 모든 조직체는 그 조직의 규모나 목표와는 관계없이 그 조직체가 존재하는 목적을 가장 효과적으로 달성하기 위하여 관리기능을 갖고 있으며, 이러한 관리기능은 기획, 조직, 지시, 통제, 조정의 5대 기능으로 구성되어 있는 것이다. 이런 관점에서 드로아(Yehezkhel Dror)는 "기획은 최적의 방법으로 목표를 달성하기 위하여 장래의 행위에 관해 일련의 결정을 내리는 절차이다."라고 하였던 것이다.[7] 또한 기획을 국가정책을 결정하는 데 있어서 사회적인 의사를 활용하는 조직적인 노력이라고 보는 견해도 있다.[8] 윌다브스키(Aron Wildavsky)는 "기획의 미래적 의미를 강조하여 미래의 행동

5) E. R. Alexander, 『현대기획이론』, p.27.

6) George Chadwick, *A System Views of Planning* (Oxford: Pergamon Press, 1971), p.15; William H. Newman, *Administration Action* (New Jersey: Pentice Hall, 1963), p.23.

7) Yehezkel Dror, "The Planning Process: A Facet Design", *International Review of Administrative Science,* Vol.29, No.1(1963), p.50.

8) Charles E. Merriam, "The National Resources Planning Board", *Planning for America* (New York: Henry & Co., 1941), pp.118~124.

에 대한 통제"라는 견해를 주장하였다.

위에서 살펴본 기획의 개념을 종합적으로 살펴보면, 기획은 미래의 문제에 대한 최선의 대안을 제시하는 인간의 합리적인 행동으로 정의할 수 있을 것이다. 이러한 개념을 바탕으로 사회과학적 측면에서 기획을 정의해 보면, 기획은 인간사회의 복잡한 상황 하에서 발생하는 다양한 문제들을 해결하기 위하여 미래를 예측하고, 또한 발생된 문제를 해결하고자 최적의 대안을 개발하기 위한 의사결정과정인 것이다.

나. 전력기획(Force Planning)의 정의

'전력기획'은 이처럼 다양한 기획의 한 분야로써 국가의 안보정책과 외교정책을 지원하기 위한 국방정책기획의 하위개념이라 할 수 있다.

여기서 전력(Force)이란 '총군사'(Total Military) 혹은 '전쟁 수행능력'(War fighting Capability)을 의미하고 있으며, 그 구성요소는 준비태세, 현대화, 전력구조 및 지속능력 등이다.9) 이러한 총체적 전투능력으로서의 전력의 구성요소에서 준비태세란 전투와 전개를 위한 준비된 전력을 유지하는데 소요되는 인원, 훈련, 장비 그리고 정비를 의미한다. 둘째, 현대화란 기술적으로 우수한 무기와 설비를 갖추는 것을 의미한다. 그리고 셋째, 전력구조란 군대내의 비행단과 지상군 사단 및 기동함대 등의 구성과 숫자를 나타내는 것이다. 넷째, 지속능력이란 전투가 장기화될 때 지구력을 제공해 주는 탄약, 부속품, 연료, 그리고 기타 다른 품목들을 의미한다.

전력기획(Force Planning)의 개념은 '니츠'(Paul Nitze)에 의해 처음 이론

9) Casper W. Weinberge, *Annual Report to the Congress*: FY 1986(Washington D.C.: Government Printing Office, 1985), p.33.

적으로 정립되었으며, 그것은 스노우(Donald Snow)에 의해서 확립되었던 것이다. 니츠는 국방정책을 심리적 효과를 포함하여 정치적 목표를 달성하기 위한 '선언정책'(Declaratory Policy)과 정치적 목표를 지원하기 위한 현재 전력의 운용을 계획하고 군사목표를 확고히 하는 '실행정책'(Deployment Policy)으로 구분하여 이 정책들이 서로 긴밀히 연관되어 있어야 한다고 주장하였다.[10] 이에 반해 스노우는 선언정책과 실행정책이 결코 일치되지 않음으로 인해서 발생하는 문제점을 극복하기 위해서 노력하였다.[11] 이러한 개념하에 하파(Robert P. Haffa)는 전력기획의 개념을 국가안보정책과 대외정책을 보조하기 위한 국방정책의 하위개념으로 정립하였던 것이다.[12] 그러나 탈냉전기에 들어와 이러한 과거 냉전기의 전력기획 개념에 대하여 많은 반성과 문제점이 제기되었는데, 특히 전력기획의 요소 가운데서 전략의 선택에 대해서 많은 반성이 있었다. 그 이유는 한 국가의 국방정책이 결정되면 이를 위한 국가적 차원의 군사전략이 결정되고, 이러한 군사전략에 부합되는 전력이 결정되기 때문이다.

그러나 냉전기 동안에는 군사전략에 대한 논의보다는 전력자체에 큰 비중을 두고 있었다. 세계가 미국과 소련으로 구분된 양대 진영에서 더 이상의 전략의 논의는 의미가 없었으며, 오직 전력건설만이 중요한 문제였기 때문이다. 이러한 측면에서 전력기획은 미래의 전장환경에 적합하도록 기획의 각 요소를 정확하게 평가하여 가장 적절한 전력을 선택하는

10) Paul H. Nitze, "Arms Strategy and Policy", *Foreign Affairs* (January, 1956), pp.187~188.

11) Donald M. Snow, "Levels of Strategy and American Strategy Nuclear Policy", *Air University Review* (Nov-Dec., 1983), pp.63~73.

12) Robert P. Haffa, Jr., *Planning U.S. Forces* (Washington D.C.: National Defense University Press, 1988)

하나의 과정이라 할 수 있으며, 이 때문에 기획은 결코 현재 지향적인 것이 아니라 먼 미래의 일을 예측해야 하는 것이다.[13] 따라서 대부분의 경우에 있어서 기획이란 불확실성이라는 중요한 요소에 관련된 미래의 행동에 관한 것이며 결과적으로 기획은 행동의 결과에 대한 예측과 통제에 관련된 것인 것과 마찬가지로 전력기획 역시 불확실한 미래에 대비하여 가장 적절한 국가의 군사력을 건설하는 과정인 것이다.[14] 결론적으로 위에서 살펴본 기획과 전력기획에 관한 논의에서 전력기획을 정의해 보면, 전력기획이란 국가의 국가안보정책과 외교정책을 지원하기 위하여 국가의 선언적 국방정책 및 실행적 국방정책에서 요구되는 전력을 개발하는 과정인 것이다.

다시 말해서 한 국가의 안보소요를 평가하고 그 결과로부터 도출된 군사적 소요 즉 전력소요를 설정하며 국가의 제한된 자원 내에서 이러한 전력소요를 충족시키는 전력을 선택하는 과정이 바로 전력기획인 것이다. 그리고 전력기획에서 특별히 강조되어야 할 점은 현재의 관점에서 미래의 전장환경을 평가하여 가장 적절한 군사력을 선택해야 한다는 점이다.

2. 전력기획의 논리

전력기획은 국가의 목표와 위협 및 전략, 그리고 국가의 자원배분을 고려해야 한다. 모든 국가는 전부를 만족시킬 수 있는 충분한 자원을 보유하고 있지 못하며, 국가목표를 수행하기 위한 자산보다는 수행해야할 소요가 더 많기 때문이다. 그러므로 제한된 국가자원으로부터 가장 좋은

---

13) A. Faludi. *Planning Theory*, pp.184~185.

14) 기획에 대한 이러한 견해는 E.R. Alexander, 『현대기획이론』, p.76을 참조.

국가목표를 달성하기 위해 우리는 전략을 결정해야 하는 것이다. 결론적으로 전력기획은 군사목표(Ends)를 결정하는 전략적 선택(Strategic Choice)과, 이를 달성하기 위한 수단(Means)을 결정하는 전력의 선택(Forces Choice)으로 구성되는 것이다.

전력기획은 기능측면의 넓은 의미에서 전력소요의 결정과 전력개발이라는 두 가지 기능으로 구성되어 있다. 첫째, 전력소요의 결정은 군사전략과 조화될 수 있는 군사능력의 유형과 규모 및 구성비율 등을 결정하는 것이고, 둘째, 전력개발은 무기체계와 장비, 조직, 전술교리, 군사훈련 및 군사기반 시설을 건설하거나 개선하는 것이다. 그러므로 전력기획은 전력산출을 위한 방향이나 근거를 제공하는 것으로서 작전상의 요구를 가용한 제원, 군사 인력수준, 산업능력, 기술 및 시간으로 만족시키려는 상호 연관된 노력이라 할 수 있으며, 이의 개념도는 다음의 〈그림 2-1〉과 같다.

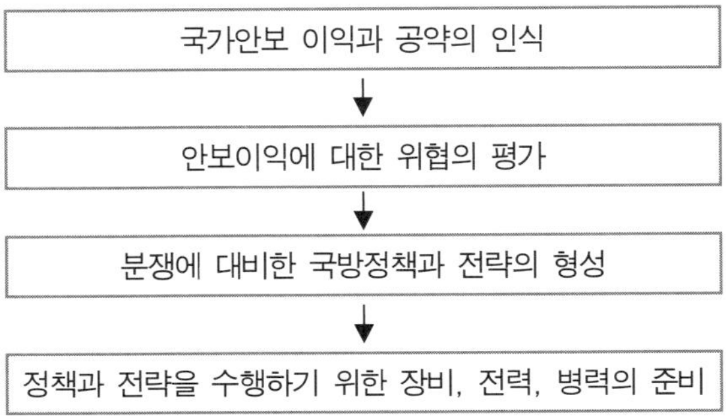

출처: Richmond M. Lloyd and Dino A. Lorenzi, "United States Goals, National Security Objectives, and Strategy" in Richmond Lloyd et al., ed., *Foundations of Force Planning Concepts and Isses*(NewPort: Naval War College Press, 1986), p.232.

〈그림 2-1〉 전력기획의 개념도

제2절 전력기획의 접근방법론

1. 전력기획의 체계

기획체계란 예상되는 위협을 분석하여 군사목표를 설정하고, 대응전략의 수립과 군사력 소요를 제기하며, 적정수준의 군사력을 효과적으로 건설하기 위한 제반 정책을 수립하는 과정을 의미한다. 이러한 정의에 따르면 기획체계에는 목표와 전략을 선택하는 전략기획과 이를 달성하기 위한 군사력 소요를 선택하는 전력기획이 포함되어 있는 것이다. 결국 기획체계는 이러한 기획들의 논리적 관계를 설명하고 있는 것이다.

전략기획은 국가이익과 국가목표에 기초하여 군사목표와 군사전략을 수립하는 과정이고, 전력기획은 군사전략목표를 달성하기 위한 수단을

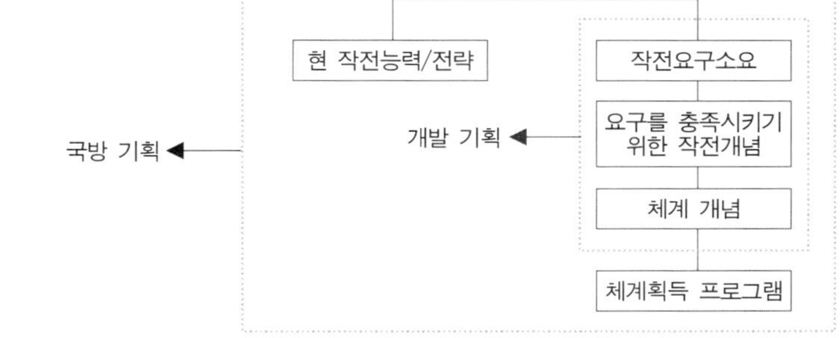

〈그림 2-2〉 전력기획의 체계

결정하는 과정으로써 전력소요의 결정과 전력개발이라는 두 가지 기능으로 구분되는 것이다. 이러한 전략기획과 전력기획의 논리적 관계는 〈그림 2-2〉과 같이 설명할 수 있다. 한국의 합참에서는 "전력기획이 적정 군사력 소요를 결정하는 과정"으로서 전력소요의 결정과 전력개발이라는 두 가지 기능으로 구분되는 것이다. 이러한 개념에서 전력기획은 국방기획체계(PPBEES) 내에서 요망 전력구조와 군사력 소요를 도출하는 것을 의미한다고 할 수 있다.

2. 전력기획의 과정

앞에서 설명한 〈그림 2-2〉와 같이 전력기획은 전략적 선택을 뒷받침하는 전력 선택의 과정이다. 전략의 선택은 국가이익, 국가목표, 이를 지원하는 국가안보전략과 군사목표의 식별과 관련되고, 전력의 선택은 군사목표와 위협 및 가용한 전력의 평가와 관련된다. 이러한 선택의 과정은 반복적인 특성을 나타내고 있는데, 세부적으로 설명하면 다음과 같다.

먼저, 전략의 선택(Strategic Choice) 과정으로서 국가이익은 국가목표와 국가전략의 기초가 된다. 국가이익은 다양하지만 생존과 번영이 가장 우선시 되고, 국가목표는 국가이익을 방어하고 지원하며 이를 증진시키기 위해 추구하는 목표라고 할 수 있다. 그리고 국가안보전략은 국가목표를 달성하기 위해 국력의 기본요소인 군사·정치·경제·외교·기타 수단들을 사용하는 종합계획이라고 할 수 있다. 이러한 체계에서 군사목표는 전반적인 국가안보전략으로부터 도출되며, 전략과 전력구조를 연계시키는 역할을 하는 것이다.

다음은 전력의 선택(Force Choice) 과정으로서 군사전략과 군사목표가 결정되면 전력과 적의 위협을 고려하여 전략을 수행하기 위한 능력을 평가하게 된다. 여기서 위협은 적의 '능력'(Capability)과 '의도'(Intention), 환경 그리고 '취약성'(Vulnerability)의 요소를 고려하고, 가용한 전력은 동맹전력과 현존전력(상비 및 예비전력)을 의미한다. 국가전략을 지원하기 위한 전력의 평가(Assessment)는 군사목표와 위협, 가용한 전력요소를 평가하게 된다. 이러한 전략과 목표, 전력, 위협에 대한 평가결과는 가용한 전력부족과 현 위험(Risk)의 수준을 인식하게 된다. 이 평가 결과에 기초한 대안의 선택은 전력수준과 재정적 균형을 유지하기 위한 소요를 고려하여 전력의 결점을 보완하고 위험을 최소화하기 위해 필요한 전력의 형태와 수, 무기체계의 선택을 통해 이루어진다. 마지막으로 국가목표에 일치되는 재정과 계획지침은 전력기획 과정에서 자원배분의 문제를 조정하여 상황에 적응할 수 있는 전력을 선택하게 된다.

또한 이상과 같이 전력기획 과정은 〈그림 2-2〉에서 굵은 선으로 표시된 것처럼 반복적인 과정으로 이루어지고 있다. 이러한 각 단계는 다양한 조직들에 의해 이루어지므로 모든 과정은 순차적으로 이루어지는 것만은 아니다.

결론적으로 전력기획의 과정에 대하여 미국의 Paul Nitze와 Donald Snow의 주장에 비추어 볼 때, 합리적인 기획과정이란 선언정책・전력기획・운용정책 등 세 가지 정책차원이 상호 유기적인 조화를 이룰 때 가능하다. 즉, 선언정책은 공공목표와 전략을 수립하고, 운용정책은 선언정책을 달성하기 위해 현존전력을 운용하는 것이며, 전력기획이란 이 과정에서 선언정책을 지원하기 위해 전력을 개발하여 부족전력을 메우기 위한 계획을 의미하기 때문이다.

앞에서 살펴본 바와 같이 전략·전력기획 과정에 위협, 국가이익과 국가목표, 군사목표와 전략, 가용전력(동맹전력과 현존전력), 그리고 재정과 현재 계획 등이 영향을 미치고 있다. 따라서 위협평가와 군사목표 및 전략, 가용전력, 재정 및 현재 계획 등은 전력소요 산출에 중요한 영향요소라고 할 수 있다.

제한된 자원 내에서 미래의 불확실성에 적응할 수 있는 적정규모의 전력소요를 도출하기 위해서는 위협평가에 따른 목표와 전략, 그리고 수단과의 합리적인 연계가 이루어져야 하는 것이다. 이러한 관점에서 어떤 현상을 연구할 때 문제인식과 해결의 기준이 되는 견해나 관점을 의미하는 접근방법이 필요하다.

그러므로 위협평가에 따라 대응개념을 수립하는 목표와 전략을 수립하기 위한 창의적인 활동이 요구되고, 목표와 전략을 효과적이고 효율적으로 구체화하기 위해 임무를 체계화하고 기획활동들을 관리하기 위한 활동이 필요하다. 그리고 이러한 목표와 전략, 임무에 따라 계획을 통합시켜 전력의 적응성을 향상시킬 수 있는 활동이 요구되고 있는 것이다.

이러한 개념적 활동은 전략기획과 전력기획의 활동이라 할 수 있다. 즉, 위협평가에 따라 대응개념을 수립하는 목표와 전략을 수립하기 위한 활동을 전략기획이라 할 수 있고, 이를 구체화하기 위한 체계와 관리, 그리고 평가와 통합을 위한 활동과정을 전력기획이라고 할 수 있다. 이러한 전략·전력기획과 접근방법을 연계시켜 볼 때, 다음과 같이 기획 접근방법들을 구분해 볼 수 있다.

전력을 기획하는 방법에는 각각 다양하고 독특한 접근방법이 있으나, 대체로 각국의 실정에 맞도록 혼합되어 사용되는 경향이 있다. 그러나 전력기획의 특성은 단순한 PPBS와는 다른데, PPBS는 전력기획가들이 장기적인 관점에서 소요전력을 구성하거나 전력수준을 결정하기 위한 핵심적 요소 혹은 대안적 통찰력은 제공해 주지 못하기 때문이다.[15] 바틀렛(Henry C. Bartlett)은 지금까지 논의된 다양한 전력기획의 접근법을 8가지로 요약하여 설명하고 있다.

전력기획에 대한 이러한 바틀렛의 분류는 전력기획에 대한 다양한 방법론을 이론화시켰다는 점에서 의미가 있으나, 이러한 분류법은 시대와 그 나라가 처한 상황에 따라서 각각 다르게 적용되고 있는 실정이다. 또한 냉전기와 탈냉전기의 전력기획에는 많은 변화가 있어 왔는데, 과거 냉전기에는 하향식 접근방법이 사용되었으나 탈냉전기에는 국제질서와 안보환경의 불확실성에 기초를 두고 다변화된 시나리오를 중심으로한 전력기획을 대부분의 국가들이 채택하고 있다. 이러한 의미에서 전력기

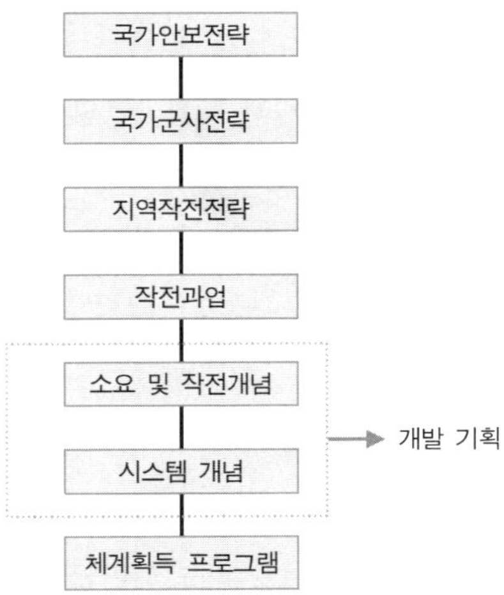

〈그림 2-3〉 하향식 접근법 과정

15) Henry C. Bartlett, "*Approaches to Force Planning*", (Naval War College Review, 1990) p.37.

획에 대한 방법론을 바틀렛의 분류를 중심으로 상세하게 살펴보겠다.

3. 바틀렛의 전력기획 방법론

가. 하향식 접근법(Top-Down Approach)

전력기획의 하향식 접근 방법론은 국가의 불변의 이익을 식별하고, 미래 환경의 대안과 국가이익을 조화시키며, 그리고 국가이익을 달성하기 위하여 전략을 창출해 내는 것으로써 국가이익과 국가목표에 기본바탕을 둔 접근 방법론이다.[16] 국가목표와 국가전략은 국가이익을 바탕으로 결정되고 군사전략은 국가전략을 바탕으로 결정되며, 군사전략을 통하여 전력소요가 결정되는 것이다. 이러한 전력기획 과정은 국가적인 수준으로부터 국가안보기구의 각 군별 수준까지 서계를 통하여 이루어지는 것이다.

이러한 접근 방법은 국가이익과 국가목표의 거시적인 관점에서 통합적으로 이루어지며, 각 군의 수준에서는 차상위의 수준에서 결정된 목표 혹은 목적에 초점을 맞추어 전력기획을 할 수 있다.

이와 같은 하향식 접근법의 과정을 〈그림 2-3〉 로 나타낼 수 있다

나. 상향식 접근법(Bottom-Up Approach)

상향식 접근법은 하향식 접근법과는 반대로 현재의 군사능력에 기초를 두고서 접근하는 방법이다. 그러므로 이러한 접근방법은 아군의 현재

16) U.S. Army, *An Approach to Long Range Strategic Planning* (Carlisle Barracks, PA: U.S. Army War College, 1973), p.1.

능력과 적의 위협을 강조하고 작전적인 문제를 해결하려는 경향을 가지게 되며, 또한 전력기획가들은 실제적 상황을 강조하여 현재의 능력으로 어떻게 적과 대처할 것인가에 초점을 두고 있는 것이다. 상향식 접근법은 미래 능력의 기여도에 관해 과도하게 집착하지 않고 현존 전력으로 문제를 해결하는 접근법이다.

다. 시나리오 접근법(Scenario Approach)

시나리오 접근법은 특정국가나 전역 또는 지역에서 발생될 수 있는 전쟁상황 내지 분쟁을 가정하고, 진행될 수 있는 상황을 예측하여 설정된 시나리오에서 요구되는 필요한 전력구조를 설계하는 것이다. 냉전기에는 사전에 설정된 시나리오에 기초하여 제반 분쟁에 대비한 전력을 발전시키기 위한 표준적 시나리오 방식에 의해 전력을 기획하였으며, 탈냉전기에도 주요지역 우발사태를 가정하여 여기에 필요한 전력을 발전시키는 시나리오 접근방식을 적용하였다.

그러나 냉전 이후 상황변화로 인해 새로이 발생되고 있는 다양한 분쟁사태에 대비하기 위해서는 전형적인 표준적 시나리오 접근법이 보완되어야 할 필요성이 제기되고 있다.

라. 위협강조 접근법(Threat Emphasis Approach)

이 방법은 자국에 위협이 되는 국가, 전구, 그리고 지역 혹은 범 세계적 수준의 환경으로부터 오는 안보위협 상황에 중심을 두고 전력을 기획하는 방법이다. 또한 이 방법은 자국에 대한 위협을 잘 정의한 시나리오 내에서 적의 능력을 평가하는 점에서 시작하며, 이 분석을 통해서 상세한 우군 전력의 결함을 알고 이 결함을 시정하기 위해서 발전되는 것이다. 그리고 정량적인 정책 분석은 가장 유용한 체계를 선택하는데 도움을 주며 계획의 결과들은 예산의 제한에 의한 균형에서부터 이루어진다.

이 방법은 과거 냉전기에 미국이 유럽전선에서 구소련과 WTO의 위협에 대응하기 위한 NATO의 전력기획에서 가장 많이 사용하였는데, 이것은 상대국의 군사력이 확실하게 우세할 경우에, 부족한 전력을 메우기 위해 우선적으로 군사력을 건설하는 '따라잡기식'(Building Block) 대응전력 건설에 알맞은 방법이다.

마. 임무강조 접근법(Mission Focus Approach)

임무강조 접근법은 어떠한 군사적 임무수행을 바탕으로 전력을 기획하는 방법으로써 이 방법은 기능적인 면으로 치우치기 쉽다. 즉, 이러한 접근법은 전략적 정찰, 전략적 억제, 그리고 전략적 기동(Strategic Mobility) 및 지역방어(Area Defense)와 같은 전쟁수행을 위한 광범위한 전시 임무의 범주에서 전력을 기획하는 것이다. 이 방법은 독자적으로 혹은 특수한 위협과 관련하여 전쟁수행 기능 전반에 걸친 능력을 평가하는데 효과적이며, 부족한 자원을 배분할 때에 우선순위의 결정이 용이하며, 전력건설을 위한 전력기획보다는 군사력을 운용하기 위한 전략분야에서 더욱 효과적으로 운용될 수 있다.

바. 방지책강조 접근법(Hedging Focus Approach)

이 접근법은 미국의 핵전략에서 잘 나타나고 있는데, 1970년대 중반에 브라운 국방장관이 선택한 삼위일체(Triad) 핵전략이 그것이다.[17] 핵

전력의 삼위일체란 육군에 배치된 지하발사 체계의 ICBM(Intercontinental Ballistic Missile), 공군의 전략폭격기에 배치된 ALBM(Air Launched Ballistic Missile), 그리고 해군의 핵잠수함에 배치된 SLBM(Submarine Launched Ballistic Missile) 등으로 구성된 핵전력의 사용과 생존성을 보장하기 위한 체계이다. 이러한 접근법은 전략의 유연성에 바탕을 두고 있는데, 역사적으로 잘 갖춰진 전력이 예기치 않은 사건들에 의해서 무력하게 된 많은 사례를 통해서 균형과 융통성이 중요하게 인식되었기 때문이다. 이러한 불확실성을 감소시키기 위하여 전력의 현대화와 전력구조 개선, 연구개발, 준비태세의 향상, 그리고 작전지속능력 개선 등의 방법이 있다. 이것은 제1차 세계대전의 사례와 같이 독일과 러시아가 최악의 경우를 가정한 전략에 의해서 자국의 의지와 무관하게 자동적으로 전쟁에 개입하게 된다는 점에서 분명하게 알 수 있는 것이다.

사. 기술강조 접근법(Technology Focus Approach)

전쟁발발 원인과 전략의 발전은 기술의 발전에 큰 영향을 받아왔으며, 현대전에서 과학기술의 발전은 전력증강의 핵심분야로 여겨지고 있다. 특히 핵무기와 장거리 유도탄 출현 이후 각국의 전력개발은 전력의 양적인 증강보다 전력의 질적인 개선을 추구하고 있는 것이다. 이러한 전력기획의 기술강조 접근법은 경쟁상대에 있는 국가간의 군비경쟁 원인을 제공하기도 한다.

이러한 기술적인 측면에서 접근할 때에는 충분하고 신중하게 접근하여 전력의 질과 양 그리고 임무에 요구되는 조건의 복잡성 사이에 균형

17) Hatold Brown, "What's Behind the B-1 Cruise Missile Decision", *Commanders Digest*(15 September, 1977), pp.3~11.

잡힌 관계를 유지시켜 줄 수 있어야 한다.

아. 재정강조 접근법(Fiscal Focus Approach)

국가정책의 기획의 전 분야는 재정적인 구속을 받게 되어 재정적인 제한들은 기획에서 중요한 요소로 작용하고 있다. 전력기획 역시 예외는 아니기에 대부분의 국가들은 재정강조 접근법을 강요받고 있는 것이 사실이다. 이러한 접근법은 가장 효율적이면서 가장 경제적인 접근법이다. 또한 이 접근법은 국방소요가 국방분야 이외의 국가목표들과 동일한 맥락에서 고려되어지기에 효율성과 효과성을 향상시킬 수 있다. 그러나 자국에 대한 위협의 분석 없이 이루어진 전력기획은 부적절할 수 있으며, 재정적 규모에 따라서 오히려 주변국을 자극하여 자국의 안보 위협을 증대시킬 수 있으며, 또한 주변국의 위협과 무관하게 재정적으로만 접근함으로써 소요전력보다 부족할 수도 있다.

4. 탈냉전기 전력기획 방법론의 변화

위에서 살펴본 다양한 전력기획의 방법론은 냉전종식 이후에 많은 변화가 있어 왔다. 냉전기의 양극으로 구분된 세계질서 속에서 미국과 구소련은 서로 상대국을 억제하거나 세계에서 자국의 영향력을 유지하기 위한 전력기획을 실행하였으며, 또한 양국은 분명하게 구별된 적을 상대하기 위하여 시나리오와 임무에 바탕을 둔 방법으로 일관되게 전력을 기획해 왔던 것이다. 그리고 약소국들 역시 이들 두 강대국의 동맹전략에 의존하여 전력을 기획해 왔기에 전력기획을 위한 자국의 독자적 전략형성은 불가능한 것이었다. 다시 말하면 미국이나 구소련과 같은 강대국들은 다양한 분쟁과 불확실성에 대비하기 위하여 주요한 위협에 기초하여 전력소요를 산출하려고 하였으며, 이들 강대국의 기본적 전력기획 개념은 군의 표준화된 능력으로 다른 분쟁의 시나리오에 대응할 수 있도록 계획되었던 것이다.[18] 그러나 탈냉전은 과거의 이러한 분명하게 구별된 상대국과 강대국의 동맹에 의존하여 전력을 기획하던 상황에서 멀어지게 하였다. 다시 말하면 탈냉전과 함께 대부분의 국가들은 이제 다양한 불확실성을 고려하여 자국의 위협을 분석하게 되었으며, 또한 자국의 능력에 부합되게 전력을 기획해야 하는 더욱 큰 어려움에 처하게 되었다는 점이다. 그러므로 탈냉전기의 전력기획가들은 냉전시대의 제한점을 해결해야 하고, 변화된 안보상황에 대처하여 이러한 시대적 상황을 극복해야 하는 중요한 시점에 있는 것이다. 이처럼 시대의 변화에 따른 전력기획의 접근법은 다양하게 변화되어 왔는데 냉전과 탈냉전의 시대적 변화에 따른 전력기획의 차이점을 요약하면 〈표 2-1〉과 같다.[19]

이 접근법에 대한 내용을 분석해 보면, 첫째, 과거와 같은 형식의 전력소요 산출에 중점을 둔 전력기획은 더 이상 효율적이지 못하다는 점이다. 이것은 전력소요 산출방식의 대표적 방식이라 할 수 있는 표준 시나리오 방식과 전력의 단순비교에 의한 지상군의 소요산출 방식이 더 이상 적용되기 어렵게 되었기 때문이다.[20] 또한 대부분의 잠재적인 위협이

---

18) Paul K. Davis, ed., *New Challenge for Defense Planning* (Natl Book Network, 1994), p.14.

19) Paul K. Davis and Lou Finch, *Defense Planning for the Post-Cold War Era* (Rand, 1993), pp.36~38.

20) 지상군 전력소요 산출에 대한 전력지수 모델, 란체스터 모델에 대해서는 Robert P. Haffa, *Planning U.S. Forces* (Perseus Book, 1984), pp.47~56; 전력의 단순비교와 질적 비교에 대해서는 Laurinda L. Rohn, *Conventional Forces in Europe: A New Approach*

〈표 2-1〉 탈냉전기 전력기획 접근방법의 변화

전통적 접근방법	탈냉전기의 접근방법
국방기획의 지침에 의한 시행	다변화된 현실적 시나리오에 근거
단순화된 시간대별 시나리오 적용	현실적인 비상대기, 동원령 등이 고려된 복합 시나리오를 강조
War Game과 모의훈련을 통한 동등 사단지수, 시간대별 소요판단 등의 소요 분석적 접근	다변화된 시나리오를 기초로 전략과 목표, 위협에 일치하는 능력 분석적 방법으로 변화
최선과 최악의 경우를 동시에 가정한 비현실적 전략적 시나리오를 사용	탈냉전으로 인해 증대된 불확실성에 가정을 둔 접근방법
핵심적 요소로써 시간대별 부대전개와 같은 기대성 이론을 사용	시간대별 부대전개는 분석의 전제가 아닌 분석의 주요 결과로 인식
항공화력을 보조적인 역할로 인식	항공화력은 적의 기동저지, 치사 효율성 증대 등으로 인해 합동작전의 핵심요소로 인식
장비의 수량적인 증가 방식	피아간 전투력의 질을 측정하여 개선
동시전쟁 개념의 타당성에 대한 논쟁	동시전쟁 이론은 중요한 요소가 아님
기술과 지휘 및 통제 능력을 과소 평가한 소극적인 지수화 방식을 적용	지휘 및 통제와 기술적 요소의 중요성에 대한 현실적인 평가가 중요

출처: Paul K. Davis and Lou Finch, *Defense Planning for the Post-Cold War Era*(Rand, 1993), p.40.

현실화되는 반면에 대응전력의 수준과 시나리오의 세부내용에 대한 불확실성은 더욱 증대되었기 때문이다

둘째, 주변환경의 변화가 군 규모의 결정에 핵심적인 요소가 된다는 점이다. 과거에는 분쟁중심의 전력기획이 군 규모의 결정에 적절하게 적용되었으나, 탈냉전기와 미래에는 변화되는 환경에 대한 적절한 수용 없이 표준 시나리오에만 입각하면 미래의 위협에 대응하기 위한 병력의 소요에 대해 정확하게 판단할 수 없기 때문이다.

---

to the Balance, Stability, and Arms Control (Santa Monica: Rand, 1990)를 참조.

셋째, 과거의 소규모 분쟁은 더 이상 소규모 분쟁의 형태로 취급되어서는 안된다는 점이다. 이것은 미래의 분쟁이 규모와 관계없이 매우 다양한 형태로 전개되기 때문에 분쟁에 대한 대응 소요 역시 다양하게 나타나야 하기 때문이다.

넷째, 냉전시대의 군사전략은 지상군의 통합과 사전경고 가능시간의 중요성 등 상위부대 작전에 중점을 두었지만, 탈냉전기에는 전술이나 작전술과 같은 하위부대의 작전을 중요시해야 된다는 점이다. 즉 소요 예측의 단계에서 치사율이 높은 무기를 장착한 항공기의 개발, 간접화력, 기동, 정보 등이 작전개념의 세부적인 내용에 반영되는 새로운 형태의 전력기획이 요구된다는 것이다.

제3절 전력기획의 접근방법론 비교 및 평가

1. 전력기획의 접근방법론 비교

2절에서는 전력기획의 접근방법론에 대하여 이론적 고찰을 하였다. 이러한 이론적 고찰을 근거로 최적의 군사력을 기획하는 일은 매우 어려운 일이며 이를 위한 최상의 방법론은 현실적으로 존재하지 않는다. 그 이유는 군사력 균형에 대한 전력평가나 전력판단을 할 수 있는 방법론을 찾는 것이 대단히 어려우며, 설령 전력기획 방법론에 대한 이론적인 연구가 이루어져 있다 하더라도 장기간에 걸쳐 전력소요의 수준과 배합을 결정하는데 도움이 되는 대안적인 접근방법이나 핵심요소에 대해서 정확한 논리적 근거를 제시해 주지 못할 뿐만 아니라, 적용하는 데에 많은 문제점이 있어 의사결정 과정의 요구를 충족시켜 주지 못하고 있다.

전력기획 방법론은 그 국가의 안보요구 소요와 전략환경 및 국방여건 등 여러 가지 복합적인 상황에 따라 그 해결책과 선택이 달라질 수밖에 없기 때문에 이러한 상황요인을 적용하여 전력대안을 발전시키고 평가하기 위해 다양한 방법론과 그에 따른 중점요소를 논리적으로 체계화시키는 것이 필수적이다. 이러한 측면에서 이들 접근법에 대한 장·단점 분석을 통해 전력기획 접근방법론에 대한 체계적인 이해를 하고자 한다.

가. 하향식 접근법(Top-Down Approach)

'하향식 접근법'은 목표(objectives)가 우선적인 중점요소로서, 목표에 따라 전력기획을 달성한다. 따라서 첫 단계는 의사결정자가 무엇을 달성하고자 하는가를 결정해야 하며, 어떻게 목표를 달성할 것인가를 규정하는 전략 또는 계획을 발전시켜야 한다. 목표 및 전략은 전력선택이 이루어지기 전에 설정되고, 전략을 시행하기 위한 수단으로써 전력이 결정되는 것이다. 이 접근법의 목적은 군사적 위협과 관련하여 국가이익의 위험을 최소화하는데 있다.

하향식 접근법은 목표 및 전략의 상위수준에 따라 하위수준으로 진행되며, 각 수준에서 제한사항이 검토되고 지침이 적용되면서 군사력 선택으로 이르게 되는 것이다.

국가안보 의사결정의 최상위 수준에서는, 광범위한 목표 및 대전략이 만들어지는데 여기에는 '국토의 보전', '경제적 번영', '세계질서의 향상' 또는 '해외에서 자국의 가치 증진' 등과 같은 전반적인 국익을 증진시키거나 보호하는 것이 포함된다.

광범위한 목표를 달성하기 위한 안보전략이 선정되고 이들 전략에는 정치, 경제 및 군사적 차원이 포함되기 때문에 아국은 물론 동맹국의 군사력 구조에 영향을 주게 된다.

하위 수준에서는 상위 수준의 결심을 지원하기 위하여 별도의 목표 및 전략이 수립되고, 이들 목표 및 전략에 따라 군사력의 수준 및 배합이 이루어지게 되며, 하위 수준에서의 전역 목표 및 전략에 따라 전력선택이 달라진다.

이러한 접근법은 광범위한 시각 또는 거시적 관점에서 시작하여 전력소요를 검토하게 하는 체계적인 방법을 제시해 주는 방법으로서, 구체적인 수단으로서의 전력을 선택하고 이러한 전력선택의 결과가 궁극적으로 국가안보 목표 및 전략에 미치게 될 위험(Risk)을 식별하여 새로운 전력선택의 대안을 강구해 나가는 포괄적이고 거시적 관점의 접근법이라 할 수 있다.

하향식 접근법에는 다음과 같은 몇 가지 장점이 있다.

첫째, 전력기획가에게 목표에 집중할 수 있게 해 준다.

둘째, 광범한 시각 또는 거시적 관점에서 시작하여 전력소요를 검토하게 하는 체계적 방법을 제시해 준다.

셋째, 시간개념이 함축되어 있다. 상위수준에서의 목표 및 전략은 장기적인 것이며, 하위수준의 중점은 단기적인 것이다. 시간적 함축성을 이해한다는 것은 단기 및 장기에 대한 기대치간의 균형을 유지하는데 유용하다.

넷째, 명확하게 규정된 전략의 구성요소들은 대안적 전력선택을 평가, 판단 및 선정하는 유용한 기준이 된다. 이것은 상위 수준에서의 국가안보목표가 효율성 또는 비용의 면에서 수량화하기 어려운 경우에 특히 유용하다.

다섯 번째의 이점은 비교적 단순한 모델로 압축시킬 수 있다. 어떤 위협 또는 사회에 대해서, 검토해야 할 기본변수는 목표, 전략, 전력 및 위험이다. 원하는 목표가 현존 전략을 초과할 경우에 전력기획가는 목표-수단의 불일치(Ends-Means mismatch)를 느끼게 되고 따라서 위험이 증가하는 것이다. 흔히, 오직 수단의 증가에만 관심을 집중시키려는 경향을 보인다. 그러나 여러 대안은 보다 분명히 정의되거나 또는 제한적인 목표, 상이한 전략 또는 목표-전력의 불일치에 따른 위험에 대한 명확한 수용의 형태로 나타나기도 한다. 위험을 감수한다는 결정이 내려졌을 경우 조치사항은 목표, 전략 및 전력과 관련하여 발생확률 및 손실의 평가 등과 같은 요소들의 주의 깊은 평가에 기초하여야 한다. 달리 말하면, 위험의 수용이란 나타날 결과에 대해 의식적으로 수용할 것에 기초해야 한다는 것이다.

하향식 접근법에는 다음과 같은 몇 가지 단점이 존재한다.

첫째, 현행 능력을 희생시키고 미래 지향적 개념 및 사업계획에 사로잡히는 경향이 있다.

둘째, 개념화하는 과정상 장기간 동안 제한사항을 무시하게 된다. 따라서 자금, 기술, 또는 기타의 제한요소를 적용하는 경우에, 원하는 것과 제한받는 것 사이에 차이가 너무 벌어져 검토 중인 결과 및 수단간에 조정을 해야 하게 되는 것이다.

셋째, 전력기획가가 사용하는 하향식 틀의 수준에 관한 문제이다. 문제점 또는 기회는 상위 수준에서부터 하위 수준의 단계를 거쳐 시련을 겪으면서 다루어지게 된다. 이것으로 독창성을 자극하게 된다. 그러나 하위 수준의 기획단계에서는 상위 수준의 목표 및 전략은 변경시킬 수도 없고 도전할 수 없게 될 경향이 크다. 따라서 이들을 재검토해야 하는 경우에 있어서도 묵살하는 경향이 있다.

넷째, 전략에 대한 대중의 인식에 관련된 것이다. 하향식 접근법에서 개념적 계획은 전력선택의 핵심요소이다. 예산과정에서 전략에 대해 공개적 논쟁이 이루어질 경우에 안보에 대한 의문점이 제기될 수 있다. 그러한 경우 다른 전략개념이 대두되고 이에 따른 올바르지 않은 다른 차원의 전력선택을 하게 되는 단점을 지니고 있다.

나. 상향식 접근법(Bottom-Up Approach)

'상향식 접근법'은 현행 군사능력이 중점요소로서 이것에 의해 진행된다. 결과적으로 동 접근법은 작전기획과 연관성 있다. 다음 〈표 2-2〉의 매트릭스에서 전력기획과 작전기획의 차이점을 구분할 수 있다. 상향식 접근법은 현행 능력 및 위협을 강조하는 경향이 있으며, 작전적 현안에 초점을 두고 있다.

〈표 2-2〉 전력기획과 작전기획의 차이

구 분	전력기획	작전기획
목 적	전력의 구조화	전력의 전투화
지향점	전세계적/지역적	전역적/현지적
입 력	미래(전력, 위협, 전략, 목표, 위험)	현존(전력, 위협, 전략, 목표, 위험)
출 력	기획 및 계획화된 전력	우발전쟁 계획
경 향	발전, 현대화, 전력구조	전개, 운용, 준비태세, 지속성

상향식 접근법의 최대 장점은 첫째, 현실체계를 강조하는 데에 있다. 전력기획가는 현존 전력을 가지고 어떻게 적을 처리할 것인가에 초점을

맞출 수밖에 없다. 그러나 이로 인해 미래 능력에 대한 기여를 지나치게 강조하는 사고방식과 충돌할 가능성이 높다.

둘째, 현존 전력에 초점을 두게 되면 전략과 전쟁계획을 개선시키게 되어 전력 소요를 정밀하게 다듬는데 도움이 된다.

상향식 접근법의 단점은 첫째, 상향식 접근법을 지나치게 강조하면 미래 및 장기목적이 묵살될 수 있다.

둘째, 동 접근법으로는 큰 그림을 볼 수 없는 결점이 있다. 예컨대 통합된 세계적 관점이 필요한 때에, 현지적 또는 전역적 고려요소가 지배적인 역할을 수행할 수도 있는 것이다.

다. 시나리오 접근법(Scenario Approach)

전력기획에서 '시나리오 접근법'은 '상황'에 기초하여 진행된다. 전력기획은 국가적, 전역적, 지역적 또는 세계적 수준에서의 잘 정의된 일련의 상황에서 시작한다. 위협은 통상적으로 경고 및 동원시간 전력수준 및 공격계획의 가정 등의 관점에서 구체화된다. 필요한 전력구조는 사용된 시나리오에서 요구되는 군사목적을 달성하는 것이다

시나리오 접근법에는 세 가지의 장점이 있다.

첫째, 특정적이고 유형적인 데에 초점을 맞추고 있다. 예컨대 한국과 중동에서의 동시적 전쟁 시나리오가 예견될 경우, 보다 특정적인 기획을 실시할 수 있는 것이다.

둘째, 우선순위화를 권장하고 있다. 국익이 어떤 지역, 전역 또는 국가가 다른 지역, 전역 또는 국가보다도 중요함을 강조한다.

셋째, 시간요소를 잘 다루는 시나리오 접근법의 역동적 성격이 강점

의 하나이다. 사건은 순차적이고 그 결과는 누적적이다. 시나리오 상의 다음 조치는 바로 직전 사건의 결과에 달려있으며, 이와 같은 방법으로 사건이 진행함에 따라 초점을 보다 좁혀가면서 다듬을 수 있다.

시나리오 접근법의 단점으로는 첫째, 현실세계는 선정된 상황 및 기계획된 상황과 일치하는 경우가 드물다. 다극화체제 하에서 군사적 불균형의 가능성으로 인해 긴장 가능성은 더욱 증대하고 있으며 미래의 분쟁은 예상하고 있는 주요지역 우발사태의 분쟁과는 달리 아주 판이한 형태의 분쟁이 될 가능성이 높다. 때문에 현재 가정하고 있는 분쟁에만 매달리게 되면 미래에 발생 가능한 다양한 형태의 분쟁에 적절히 대처하지 못하는 결과를 초래할 수 있다.

둘째, 시나리오는 자체 생명력이 있어, 시나리오가 만들어지게 된 기본적 당위성에 대한 어떤 도전도 당연히 거부하는 경향이 있다. 예컨대 경고 및 동원 시간과 같은 주요 가정이 절대화되거나 가정적인 적 교리가 사실화 될 우려가 있다.

셋째, 시나리오는 위협반응적이기 때문에 방어지향적인 국가에서는 당연한 것이나 공격지향적인 국가에 적용하기에는 어려움이 있다. 전력기획이 특정국가에 의한 특정위협에 초점을 맞출 것이 아니라 수많은 다양한 위협을 다룰 수 있도록 포괄적 군사임무를 수행할 수 있도록 보완되어야 한다.

라. 위협강조 접근법(Threat Emphasis Approach)

'위협강조 접근법'은 '적 능력'에 의거하여 진행된다. 주요 적대국간의 상대적인 전력균형에 대한 순수평가로부터 동 접근법은 시작된다. 이와 같은 평가는 전략 핵 투발체계 및 탄두, 비행단, 전술항공기 또는 잠수함 등과 같은 능력의 별도 요소들에 초점을 두고 있다.

따라서, 전력의 전반적인 균형에 초점을 맞추는 것은 여러 면에서 중요하다.

첫째, 국가간의 일상적인 관계에서 인식된 상대적 강점 및 이들 강점이 미치는 영향에 관한 문제이다. 상대 국가간의 정확한 관계를 설정하는 것이 어려운 일이며 상이한 상황에 따라 상이한 인식을 초래하지만, 국가간의 상대적 군사력은 정치적 행사 및 가용한 대안에 대해 영향을 미친다.

둘째, 무기의 수량은 전쟁에 있어 중요한 요소이다. 지도성, 훈련 및 사기도 중요한 요소이다.

셋째로 위협강조 접근법은 거시적 수준의 전반적 균형과 개별 무기체계의 미시적 수준에 공히 초점을 맞추고 있다. 적 능력에 대한 세부적인 지식은 기술적 기습의 예방, 교리의 수정 또는 기회를 활용하는 균형의 인식에 항상 중요하다.

그러나, 위협에 초점을 맞추는 접근법에는 많은 단점이 있다.

첫째, 전차 대 전차의 비교 또는 전차 대 대전차의 비교(머리 수 비교)와 같이 전력을 너무 단순하게 처리하는 경향이 존재한다. 이로 인해, 전반적인 부대 또는 무기체계의 전투력 관점에서 잘못 오도될 가능성이 높다.

둘째, 무기체계의 형태 및 수량과 같은 수적 자료에 편중되는 결점이 있다. 이러한 편향으로 경험, 지도성, 사기, 교리 등과 같은 중요한 질적 요소들을 간과하거나 또는 평가절하 하는 결과를 초래할 수 있다.

셋째, 목표, 전략 및 시나리오 등을 고려치 않고 수적 균형을 전력선택을 위한 당위성으로 사용하는 결함이 있다.

마. 임무강조 접근법(Mission Focus Approach)

'임무강조 접근법'은 기능적으로 추진된다. 전력기획은 전략감시, 전략억제, 전력투사 및 해양통제와 같은 전시 임무활동의 광범위한 범주를 시발점으로 전력기획을 실시한다. 이들 범주는 대잠전과 같은 보다 특정적인 하위 범주 군으로 세분된다. 동 접근법은 전시 활동의 전반적인 범주에 따라 능력을 파악하는 방법을 제시해 준다. 정도의 차이는 있지만, 각군은 전력기획에 있어 임무위주 접근법을 사용하고 있다. 미 육군의 임무분야 분석(Mission Area Analysis)은 동 접근법을 활용하고 있다. 임무분야 분석 과정은 육군 계획목표각서(Program Objective Memorandums)에 수록된 개발 및 획득 예정표에 따라 육군이 현대화될 것이라는 가정에 기초하고 있다. 육군의 사업계획전력, 예상된 위협 및 공지전투교리를 사용하여, 달성해야 할 전장과업의 검토, 과업달성 능력의 평가 그리고 교리, 훈련, 편성 및 물자체계 분야에서의 결함사항을 작성한다. 이러한 분석을 통하여, 결함을 시정하기 위해 일련의 수정조치를 한다.

임무강조 접근법에는 다음과 같은 장점이 있다.

첫째, 단독적이거나 또는 특정위협과 관련한 실전기능 전반에 걸친 능력의 균형을 평가할 수 있는 대단히 좋은 방법이다.

둘째, 동 접근법은 또한 부족한 자원분배에 있어 우선순위를 설정하는 체계적인 방법을 제시해 준다.

셋째, 전력건설을 위한 전력기획보다는 군사력을 운용하기 위한 전력분야에서 더욱 효과적으로 운용될 수 있다.

그러나, 임무강조 접근법의 가장 큰 단점은 전력선택을 목표 및 전략과 단절시킬 가능성이 있다. 목표가 다르고 전략이 다르면 기능적 능력

간의 상이한 배합이 필요하기 때문이다. 결과적으로, 기능적 균형화 또는 최적화 그 자체가 목적이 되어서는 안된다. 임무강조 방법론의 또 다른 단점은 위협에 대한 관심이다. 규정된 기능적 활동은 과도하게 위협 지향적일 가능성이 있다. 대잠전과 같은 용어가 이러한 경향을 강화시키고 있다.

바. 방지책강조 접근법(Hedging Focus Approach)

'방지책강조 접근법'은 '불확실성'이 중요 요소로서, 특정한 적, 목표, 전략 또는 시나리오 등을 지나치게 강조하는 것을 회의적으로 보고 있다. 단기적인 관점에서 볼 때에도, 세상은 너무나 불안정하기 때문에 어떤 상황에도 부합된 전력구조를 조정하는 것이 곤란하다.

방지책강조 접근법의 장점으로, 첫째, 미래의 불확실성을 다룬다는 것이다. 이 접근법은 주안점은 균형과 융통성에 두고 있다. 현대화, 전력구조, 연구개발, 준비태세 및 지속성 등은 '기술적 기습' 또는 '적대 기간에 대한 부정확한 가정'과 같은 요소에 의해 나타나는 불확실성을 줄이기 위해 균형을 이루어야 한다. 마찬가지로 전력이 테러에서부터 전면전에 이르기까지 다양한 활동을 다룰 수 있도록 전쟁대역 전반에 걸쳐 자원도 균형・배분되어야 하며, 육・해・공 및 우주전력과 같은 실전능력 전반에 걸쳐 균형・발전되도록 노력을 경주해야 한다.

둘째, 잘못으로 인한 결과가 엄청날 경우를 대비하는 장점이 있다. 예를 들어 전략해전의 경우, 필요시를 대비하여 생존과 보복능력을 보유하기 위해 다양한 지상 및 해상 발사 투발체계를 강조하는 경우이다.

방지책강조 접근법의 단점은 첫째, 최악의 상황대비 및 최소 비용-효과의 전력선택 가능성으로 인해 국방비의 증가를 초래할 수 있다는 것이다.

둘째, 적극적 전력기획 대신에 소극적(대응적)인 전력기획이 될 가능성이 높다. 이러한 상황이 종종 발생하는데, 목표 및 전략을 통해 체계적으로 사고하는 데에 적절치 못할 수 있다.

사. 기술강조 접근법(Technology Focus Approach)

'기술강조 접근법'은 '기술적 낙관주의'에 의해 추진된다. 전력기획은 전력승수요소(Force Multi-flier)로서의 잠재력을 갖는 고도의 기술 개념 및 체계를 구축한다. 예를 들면 2차 대전시의 맨하탄 프로젝트(Manhattan Project), 공지전투교리 및 나토 후속전력공격(FOFA : Follow on Force Attack) 하에서의 종심공격을 지원하기 위해 개발된 감시, 표적, 투발체계 및 smart탄 등이 포함된다. 그리고 유도탄 방어능력의 획기적 발전 등도 이에 포함된다. 기술강조 접근법의 대표적인 사례는 1984년 3월 효과적인 탄도탄 방어를 위한 기술을 개발하려는 전략적 방어구상(SDI : Strategic Defense Initiative)을 꼽을 수 있다.

기술강조 접근법의 장점은 창의성의 강조, 비교우위 분야의 중점 그리고 변화 또는 혁신에 대한 개방적 태도를 높이 평가하는데 있다.

그러나, 동 접근법의 단점은 능력의 마지막 5%에 대해 과도하게 투자하거나 극소수 및 고가치 목표점을 향하는 경향이 있다는 것과 국방자원의 상당부분을 너무 소수의 전문화된 사업계획에 투입하려는 경향으로 인해 다수의 균형되고 융통성이 있는 전력구조를 희생시키게 된다는 것이다.

아. 재정강조 접근법(Fiscal Focus Approach)

'재정강조 접근법'은 '예산'을 중점으로 추진된다. 최초에 국민총생산 또는 국가예산의 점유율과 같은 기준에 의거하여 전반적인 자금제한이 설정된다. 재정의 한도 내에서 가용한 자금을 최대로 활용하도록 여타의 전력기획 접근법을 통합한다.

재정강조 접근법의 장점은 첫째, 국방자원을 전반적인 경제상황 및 국민의 정치적 강조점의 관점에서 설정하는 것이다.

둘째, 효율성 및 효과성에 초점을 맞추어 지는 것이다. 현존전력의 운영비로 인해 연구 및 현대화에 배당될 자원이 제한되기 때문에 효율적으로 운영해야 하는 상당한 동인이 있는 것이다.

그러나, 재정강조 접근법의 가장 큰 단점은 위협과 관련하여 비현실적으로 될 가능성이 높으며 특히 장기적 입장에서 보면 더욱 그러하다. 이 문제와 긴밀한 연관성이 있는 것이 주기(cycle) 문제이다. 국방조직 규모의 방대함으로 인해 주기 문제에 대해 수시로 대규모 개선은 곤란하다. 주기를 급속히 증가하는 것은 주기를 급속히 감소하는 것과 마찬가지로 관리상에 문제가 있다. 정책 및 지침은 신속하게 변화될 수 있으나, 단기적인 변화는 대규모 조직에서 효율적으로 시행하기가 용이하지 않다. 꾸준히 증강하는 장래의 적을 다루기 위해서 예측적이며 꾸준한 장기적 성장경로를 사용하여야 한다.

재정강조 접근법의 또 다른 단점은 위협 또는 기회를 처리하는 최적의 방법을 제켜두고 각 군간의 경쟁이 더 많이 강조될 가능성에 있다. 각 군간의 경쟁은 기획 과정에서 항상 존재해 오고 있으며, 적당한 한계 내에서 각 군간의 경쟁은 견제와 균형을 이루는 역할도 수행한다. 그러나 기획이 재정적인 면만 강조하여 시행되는 경우에 공통의 문제를 해결해야 하는 최적의 균형된 전력발전이 이루어지지 못하고 전체 자원의 배분에만 관심을 집중시키는 결과를 초래하게 된다.

2. 전력기획 방법론의 평가

지금까지 전력기획 접근방법에 대한 이론적 고찰과 장・단점을 살펴보았다. 근본적으로 어떠한 접근법을 사용한다 하더라도 이들 접근법은 강점과 약점을 본원적으로 지니고 있기 때문에 하나의 접근법을 중점적으로 활용하게 되면 최종적인 결과는 아주 다른 방향으로 나올 수가 있는 것이다. 따라서 이런 접근법들은 전력의 크기 및 종류를 도출하는 완전한 방법을 제시하지 못하고 있다. 다시 말하면 얼마만한 전력이 필요한가의 문제와 소요전력 수준과 배합의 문제에 대해 명확한 해답을 제시하지 못하고 있는 것이다.

전력기획의 문제는 국가 및 국방부 차원에서 국방목표를 설계하고 국방목표의 달성과 군사전략의 수행을 위해 군사력 건설 소요 및 우선순위를 제기하고 이에 따라 합리적인 자원배분 및 운영을 위한 장기적이며 복잡하고 지루한 연속적인 과정을 거친다. 복잡한 문제를 다루기 위해서 여러 가지 방법, 절차 및 체제가 요구되고 있다. 그러나 이들 과정에 참여하는 상충적인 조직과 이론가, 전략가 및 기획가들이 주장하는 강조점에 따라 방법과 절차가 상이하므로 논란의 대상이 되고 있다.

전력기획 방법론에 대한 이론들을 고찰해 본 결과 어느 한가지 이론으로는 만족할 만한 성과를 얻을 수 없다는 것을 알 수 있다. 그러나 이들 방법론을 상호보완적으로 적용하는 경우에는 각종 접근법이 지닌 약점을 최소화하고 강점을 최대화하여 바람직한 전력기획이 가능함을 보여주고 있다.

전력기획 방법론에서 바틀렛의 다양한 전력기획의 접근방법을 고찰하였듯이 바틀렛은 건전한 전력선택 결정에 도달하는데 도움이 되는 방법론과 조직화 원칙의 필요성을 강조하면서 전력기획에 대한 접근법으로서 하향식 접근법, 상향식 접근법, 시나리오 접근법, 위협강조 접근법 등 전반적이고 공통적인 접근법을 제시하고 있다.

이들 접근법은 이론적으로는 구분이 가능하나, 실제 전력기획의 과정을 진행함에 따라 배타적으로 적용되는 것이 아니고 이들 중의 일부 또는 다수가 혼합되어 사용되어 최종적인 전력결정에 도달하게 되며, 또한 이들 접근법은 자체가 본원적으로 강·약점을 지니기 때문에 전력기획의 문제를 다루기 위해 상호보완적으로 적용할 수밖에 없다. 하나의 접근방법으로 모든 전략환경에 대비할 수 없지만, 영향요소를 고려하여 접근방법을 합리적으로 적용한다면, 적응성을 증대하는데 기여할 수 있을 것이다.

전력기획 접근방법의 발전방향으로 다음 몇 가지 사항이 고려되어야 한다. 첫째, 지금까지 전력기획 방법론에 대해 이론적 연구가 소홀한 편이므로 지속적인 연구가 필요하다. 전력기획 방법론의 합리적 연구에 있어 여러 학자들이 서로 상이하게 표현하고 있지만 체계적인 개념 틀의 발전과 개념 틀에 포함된 핵심요소들을 정확히 규정해야만 한다.

둘째, 현재까지 제시된 방법론상에 있어 모든 것을 망라한 완전한 접근법은 존재하지 않으나, 실제 운용에 있어서는 배타적인 운용이 아니라 상호보완적으로 운용되어야 하며, 이를 위해서는 다양한 접근방법에 대한 개념과 운용에 대한 장·단점을 숙지하여 장점은 살리고 단점을 보완하는 노력이 필요하다.

셋째, 각 군은 자군의 입장에서 선호하는 접근법을 사용하려는 의지가 강하므로 자칫 공동적 시각 또는 총체전력구조의 시각이 결여될 가능성이 있으므로 합참차원의 전력기획을 통합하는 노력이 무엇보다 필요하다.

끝으로, 전력기획과 관련하여 끊임없이 제기되고 있는 문제, 즉 앞으로의 세계는 어떤 모습이 될 것이며, 이에 따라 무엇을 기획해야 할 것인가, 어떤 국가안보전략을 채택할 것인가, 그리고 이들 국가안보전략이 전력기획에 어떤 영향을 미칠 것인가? 그리고 선정된 국가안보전략에 따라 제한된 국방자원 하에서 어떤 접근법을 사용하여 요구되는 전력구조를 만들 것이며, 이를 위해 어떤 종류의 재조정을 검토해야 하는가 등에 대하여 해답을 구하는 노력이 필요하다.

이러한 몇 가지 고려사항을 적용할 수 있는 전력기획 방법론의 연구는 매우 의미있는 과제가 될 수 있을 것이다.

제3장

미군 전력기획 변천과정 및 한국군 전력기획 고찰

제1절 미군 전력기획 변천과정

2장에서는 전력기획에 대한 이론적 고찰을 통해 본서에서 제시한 현안에 대해 제반문제를 인식하였다.

따라서 3장에서는 2장의 이론적 고찰을 바탕으로 미군의 전력기획 변천과정과 한국군 전력기획의 과정을 고찰, 분석해봄으로써 전력기획에서 시사하는 교훈을 파악해 보도록 하겠다.

1. 냉전기의 전력기획

가. 전력기획의 사례

미국의 전략과 전력기획은 대통령이 바뀔 때마다 상이한 개념 하에서 대통령의 선언적 외교정책의 수단으로서 군사력이 사용되어 왔고,

이에 따라 군사전략 개념의 수립과 이를 수행하기 위한 전력소요가 제기 되었다.

그럼 냉전시대의 전력기획에 대해 1950년대 대량 보복전쟁(Massive Retaliation War), 1960년대 2½전쟁, 1970년대 1½전쟁, 그리고 1980년대 소련과 다정면 세계전쟁(Multi-front Global War)으로 구분하여 변천과정을 분석하고자 한다.[21]

1) 1950년대 : '대량보복전쟁'을 위한 전력기획

1950년대 대량보복전쟁을 위한 전력기획은 소련이라는 위협에 대응하기 위해 핵전쟁을 가정한 하나의 시나리오에 기초하여 재래식 전력을 감축했다. 이 시기는 소련의 팽창의도를 봉쇄하기 위한 국가목표에 따라 상대국가보다 절대 우위의 핵무기를 보유한 상황에서 핵무기만이 모든 위협을 제거할 수 있다는 인식에서 전력기획을 하였다. 핵무기에 대한 과도한 확신으로 인하여 전력수단을 결정해 놓고 전략을 수립한 결과가 되었다. 이는 군사목표를 달성하기 위한 전력을 구비했다기 보다는 전력기획이 전략기획보다 선행된 경향을 나타내고 있다.

이 시기의 전력기획 접근방법은 미래의 관점이나 우발성은 고려하지 않고, 소련이라는 확실한 위협만을 고려한 기획으로 위협의 상대적 크기에 방어와 억제의 가치만을 고려했다. 이와 같은 전력기획 접근방법을 평가해 보면 다음과 같다.

첫째, 상위수준에서 목표와 전략의 체계화가 미흡했고, 현재의 위협과 미래전쟁은 핵전쟁이 될 것이라는 가정에 기초한 접근방법이 적용되

---

21) Paul K. Davis, David Gompert, and Richard Kugler, "*Adaptiveness in National Defense: The Base of a New Framework*", *Issue Paper* (RAND, August 1996), p.2.

었으며, 한국전을 계기로 미래의 불확실성에 기초한 유연반응전략 개념을 형성하는 계기가 되었다.

둘째, 전력기획의 목표와 전략을 구체화하려는 노력이 미흡했고, 핵전략을 고정시켜 놓고 다른 수단을 고려한 접근방법으로 목표나 임무에 기초한 접근방법의 적용이 미흡했다.

셋째, 가용 국방자원의 제한으로 소련의 위협에 대응하기 위한 수단을 결정함에 있어서 핵전력 중심의 전력을 준비하고 재래식 전력을 감축한 것은 위협 시나리오에 기초한 접근방법이었다고 할 수 있다.

결국 핵 우선 정책에 따른 재래식 전력의 감축 추진은 한국전쟁과 같은 예측하지 못한 재래식 우발분쟁에 대한 적응력을 상실하였다. 하나의 위협을 예측하여 하나의 대응수단을 갖춘 전력은 미래의 불확실성에 대응하는데 실패할 가능성이 높음을 알 수 있다.

2) 1960년대 : $2\frac{1}{2}$ 전쟁을 위한 전력기획

1961년 흐루시초프의 민족해방전쟁 지지 선언, 베를린 위기와 라오스에서 소요사태 등을 경험 후, 미국은 제3세계에서 중국과 소련의 음모에대한 제한적 우발분쟁의 가능성을 인식하였다. 따라서 미국은 NATO에 대한 바르샤바 조약국의 공격과 중국의 지원을 받는 북한과 북베트남, 제3세계에서의 소규모 전쟁 가능성, 그리고 쿠바 등을 주요 위협으로 인식하였다.[22]

이러한 판단하에 서유럽과 한국에 주둔하고 있는 미군 전력은 이동하지 않고 미 본토에 전략예비를 주둔시킨다는 $2\frac{1}{2}$전쟁 개념을 정립하였으

---

22) Robert P. Haffa, *The Half War: Planning U.S. Rapid Development Forces to Meet a Limited Contingency, 1960~1983* (Boulder and London: Westview Press, 1984), pp.25~28.

며, 전력은 〈표 3-1〉과 같이 기획되었다.

〈표 3-1〉 $2\frac{1}{2}$ 전쟁시 전력기획(1965)

우발분쟁(Contingencies)		
1 War	1 War	$\frac{1}{2}$ War
유럽에서 바르샤바 조약국의 공격	아시아에서 중국의 공격	제3세계에서 소규모 전쟁
동맹국 지원	제한적 동맹국 지원	약간의 동맹국 지원
미국에 사활적	미국에 사활적	미국에 비사활적
전 력(육군과 해병사단)		
CONUS 4개 사단	CONUS 3개 사단	
배치 5개 사단	배치 3개 사단	
		전략예비 $3\frac{1}{3}$개사단
예비 8개 사단		예비 1개 사단
전략개념(Strategy Concept)		
유럽에서 재래전의 지속을 3개월로 제한	한국과 베트남에서 동시 공격을 불허용	전략예비로부터 신속배치
공격을 조정할 수 있는 적절한 전력	예비군이 동원될 동안 Holding 행위	동시 우발분쟁에 기초한 전력할당
예비군 동원 요구	예비군의 증원 요구	전력예비는 주요 우발분쟁 증원을 위해 사용

출처: Robert P. Haffa, *The Half War, 1960~1963*(Westview Press, 1984), p.34.

1960년대는 1950년대의 핵전략으로는 새로운 우발분쟁에 효과적으로 대응하기 곤란하므로 핵과 재래식 전력을 이용하여 모든 위협에 대응하겠다는 유연반응전략을 채택하였으며, 이시기의 전력기획 접근방법을 평가해 보면 다음과 같다.

첫째, 국가목표나 국가전략, 국가 군사전략 등 높은 수준의 목표와 전략의 체계화가 미흡하였지만, 군사전략은 위협에 대응하기 위해 위협의 우발성과 불확실성에 기초하여 미래지향적인 새로운 전략을 채택한 것이었다.

둘째, 위협의 확실성에 기초하여 목표와 전략의 구체화 노력이 미흡하였지만, 해군의 경우는 11개의 전력투입 예상지역에 대한 임무를 도출하여 전역의 소요를 제기한 것은 임무에 기초한 기획방법을 적용한 것이라 할 수 있다.

셋째, 소련의 위협과 우발분쟁의 가능성에 기초한 $2\frac{1}{2}$전쟁을 위한 전력기획은 위협시나리오에 기초한 기획의 접근방법이 적용된 것이다. 즉, 미국의 전력은 분쟁 예상지역에서 동맹국의 전력부족을 보충한다는 개념에서 미국 전력의 배치와 운용개념을 수립하였고, 특정 전구에서 표준시나리오를 가정하여 여기에 요구된 필요한 전력소요를 도출하였다.

3) 1970년대 : $1\frac{1}{2}$ 전쟁을 위한 전력기획

1970년대는 닉슨 행정부와 카터 행정부의 시대였는데 닉슨 행정부는 1960년대 $2\frac{1}{2}$전쟁 개념에 영향을 미친 위협인식과는 다르게 판단하였는데, 소련과 중국의 관계악화로 아시아에서 주요 우발분쟁 가능성은 감소하여, 유럽과 아시아에서 동시 우발분쟁은 발생하지 않는다고 생각하였다. 이러한 위협의 동시성 발생유무가 $2\frac{1}{2}$전쟁과 $1\frac{1}{2}$전쟁의 개념을 결정하는데 영향을 미치게 되었다.

닉슨 행정부의 위협인식은 $2\frac{1}{2}$전쟁개념을 $1\frac{1}{2}$전쟁개념으로 변화를 시도했다. 키신저는 1969년 1월 21일 NSSM-3(National Security Study Memorandum-3)을 통하여 $2\frac{1}{2}$전쟁 개념을 재평가하였으며, $1\frac{1}{2}$전쟁 전략 개념을 선택하였다.[23] 이 $1\frac{1}{2}$전쟁 전략은 바르샤바 동맹국들의 공격에 대한 NATO 방위나, 한국 또는 동남아시아에서 대규모 중국 공격에 대한 방위 중 어느 하나의 분쟁을 대비하는 전력을 유지한다는 것으로, 유럽과 아시아에서 동시 대규모 분쟁을 위한 전력을 유지하지 않는다는 개념이다. 1970년 Laird 국방장관은 '닉슨 독트린'과 조화를 위해 1½전쟁 전략에 따라 평시 유럽이나 아시아에 대한 동시 공격에 대응할 수 있고, 아시아에서 중국 이외의 위협과 기타지역의 우발분쟁 위협에 대응할 수 있는 전력을 기획하였다. 이 개념의 목표는 비록 작지만, 더 기동성 있고, 효율적인 일반전력을 구비하는 것이었다. 1½전쟁을 위한 전력은 〈표 3-2〉에서 설명하고 있듯이 2½전쟁 전력보다는 감소하였지만, 전략예비와 전력투사를 위한 신속배치 전력이 보강되었다.

카터 행정부의 1½전쟁 개념은 재래식 군사력과 유럽에서 주요 우발분쟁을 강조한 것으로 분쟁의 위치 및 순서와 관련하여 변화되었다고 할 수 있다. 즉, Brown 국방장관은 "바르샤바 침략(1개 전쟁)과 중앙유럽의 전쟁에 앞서 페르시아만에서 분쟁(1/2개 분쟁)이 발생할 수 있다."고 인식하고, 이에 대응하기 위한 전력을 준비해야 한다고 주장하였다. 또한, 1980년대까지 "대규모 미국 개입을 요구하는 강대국과의 전쟁과 유럽에서 전쟁이 동시에 발생하지 않을 것이다."는 인식에 따라 전력투사 개념을 발전시켰다.

1970년대는 대통령의 선언정책이었던 닉슨 독트린에 따라 1½전쟁 전략개념을 수립하여 전력규모를 결정하였는데, 전력기획의 접근방법 특징은 다음과 같다.

첫째, 전력기획 과정에서 선언정책 목표를 달성하기 위한 전략이 수립되어 국가차원에서 목표와 전략의 체계화가 이루어졌다. 또한 닉슨 독

23) Robert P. Haffa, *The Half War*, *op. cit.*, p.40.

〈표 3-2〉 1$\frac{1}{2}$전쟁시 전력기획

우발분쟁(Contingencies)		
1 War	1 War	$\frac{1}{2}$ War
유럽에서 바르샤바 조약국의 공격	아시아에서 중국의 공격	제3세계에서 소규모 전쟁
동맹국 지원	제한적 동맹국 지원	약간의 동맹국 지원
미국에 사활적	미국에 사활적	미국에 비사활적
전 력(육군과 해병사단)		
CONUS 4$\frac{2}{3}$개 사단	CONUS 2$\frac{1}{3}$개 사단	
배치 4$\frac{1}{3}$개 사단	배치 1$\frac{2}{3}$개 사단	
		전략예비 3개사단
예비 8개 사단		예비 1개 사단
전략개념(Strategy Concept)		
○ 미국의 전략적 및 전구적 전력의 핵능력은 아시아에서 대규모 소련공격을 억제 가능 ○ 미국 동맹국에 대한 2개 정면 동시공격에 대한 전망은 핵전쟁의 위험과 중국·소련의 협력 가능성 때문에 낮음 ○ 예비군은 동원되어서는 안될 것임		○ 아시아에서 비중국위협, 중동이나 라틴아메리카에서 동맹국 분담에 의존한 전력기획 ○ 전복, 게릴라전, 민족해방전쟁의 경우에 미국의 미개입과 경제발전 및 사회개혁 지원

출처: Robert P. Haffa, *The Half War, 1960~1963*(Westview Press, 1984), p.51.

트린은 국가이익과 관련하여 군사적 개입의 범위를 결정하는 지침을 제공함으로써 위협관리에 융통성을 주었고, 불확실성에 대한 융통성을 증대시켰다.

둘째, 닉슨 독트린의 지침에 따른 1$\frac{1}{2}$전쟁 전략개념에 기초하여 전진배치와 전략예비 임무를 구분하여 전략예비의 신속배치능력을 향상시키기 위해 신속배치임무부대를 구성한 것은 임무에 기초한 기획 접근방법이었다.

셋째, 1970년대에도 NATO와 한국, 그리고 걸프지역에서의 우발분

쟁을 가정하여 위협시나리오에 기초한 기획 접근방법을 적용하여 1½전쟁을 위한 전력규모를 결정하였다.

1970년대 전력기획의 특성은 위협에 대한 인식의 변화라고 할 수도 있으나 베트남전 실패로 악화된 여론과 재정적 제한으로 인해 전력규모가 감축되었고, 재정에 기초한 전력기획의 결과는 1970년대말 소련의 아프카니스탄 침공, 이란 미 대사관 인질사태 등과 같은 미국의 국가이익을 침해한 새로운 형태의 우발분쟁에 적응력을 상실케 하였다.

4) 1980년대 : '다정면 세계전쟁'을 위한 전력기획

이 시기의 국제정세는 1979년 소련의 아프카니스탄 침공으로 전쟁이 계속되고 있었고, 1980년 9월 17일 이란과 이라크 전쟁의 발발은 미-소간의 대리전 양상을 띠고 있었다. 레이건 행정부는 소련이 페르시아만 및 유럽과 극동지역에 군사력을 증강시키고 있고, 이러한 소련의 공격 가능성은 세계 여러 지역에서 다양한 목표를 위한 전쟁과 핵전쟁으로 확대될 가능성이 있다고 인식하게 되었다.[24]

이러한 인식으로 레이건 행정부는 '대소 봉쇄정책과 소련 붕괴전략[25]'을 채택하였으며, 1981년 와인버거 국방장관은 '만약 소련이 어느 지역에서 전쟁을 개시한다면, 미국은 소련의 취약지역에서 반격을 하기 위해 전쟁을 확대할 것'이라고 선언했다. 이러한 개념이 소련과 다정면 세계전쟁(Multi-front Global War)의 작전개념이었다.

이 시기의 전략은 확실한 소련의 위협과 장차전의 양상을 고려하였는

24) Paul K. Davis, *Defense Planning for the Post-Cold War Era*, *op. cit.*, pp.15～16.

25) 세부전략은 국가안보정책지시 75호(NSDD-75: 소련에 대한 미국의 전략, 목적과 목표를 기록한 레이건 대통령의 공식지침)에 명시, Peter Schweitz, Victory, 한용섭(역), 『냉전에서 경제전으로』(서울: 오름출판사, 1998), pp.21～26, p.197.

데, 이것은 불확실성에 기초한 기획 방법이었다.

레이건 행정부는 소련과 다정면 세계전쟁 전략개념을 달성하기 위한 전력으로 1½전쟁 전력을 그대로 유지하고 있었다. 그러나 이러한 전력은 서남아시아와 서유럽에서 동시에 전쟁의 가능성에 대비할 수 있으나 세계 여러 지역에서 발생할 수 있는 분쟁의 가능성에 대비하는 데는 부적절했다. 따라서 미국은 융통성과 기동성을 갖춘 신속배치군의 개념을 발전시키게 되었다.

〈표 3-3〉 미국 중앙사령부의 전투력

구 분	부대형태	수(Number)
육 군	공정 사단	1
	공중 기동-공중 강습 사단	1
	기계화 보병사단	1
	보병사단	1
해병대	해병 상륙부대	1⅓
공 군	전술 전투비행단	7
	전략폭격비행대대(B-52)	2
해 군	항공모함전투군	3
	해상 전투군	1
	해상항공 초계함대	5

출처: Robert P. Haffa, *Planning U.S. Forces*(NDU Press, 1988), p.121.

이러한 신속배치군으로 이용할 수 있는 전력은 위의 〈표 3-3〉과 같다.

미국은 우발분쟁은 통제가 곤란하므로 재래식 전력과 핵전력에 대한 대응전력을 고려하게 되었으며, 전력기획은 소련과 우발분쟁의 위협에 기초한 기획에 의해 1½전력을 그대로 유지하였다. 이 시기의 전력기획 접근방법의 특징을 평가해보면 다음과 같다.

첫째, 소련에 대한 봉쇄 및 붕괴를 위한 국가전략에 따라 다정면 전쟁전략을 수립하고 작전개념을 발전시킨 과정은 높은 수준의 체계화에 기초한 것이다. 그리고 미국의 전략은 위협에 대응하는 군사전략과 위협을 감소하는 군비통제정책을 병행한 것은 핵심전략과 환경조성전략을 동시에 고려한 불확실성에 민감한 기획의 접근방법이었다.

둘째, 전력규모는 1½전쟁개념의 전력을 기획하였는데, 이것은 소련과 우발분쟁이라는 위협에 기초한 기획방법이었다.

나. 전력기획 사례의 분석

단일위협, 세계적 규모의 전쟁, 전략적 방어형태 등에 의한 전력기획 접근방식으로 표현될 수 있는 냉전시대의 문제점은 다음과 같다.

1) 군사력 균형에 대한 지나친 강조

냉전시대의 군사전문가들은 양측이 전력균형을 이룬다면 위협인식은 감소될 것이고, 정치적 관계는 안정될 것이며, 이로 인해 군비경쟁의 가능성은 감소된다고 주장하였다. 따라서 대치전력의 균형유지는 평시 전력기획 수립에 설득력 있게 받아 들여졌다.

그러나, 군사적 안정성과 억제에 대한 군사력 균형의 지나친 강조 결과로 냉전기간 대규모 군사력의 균형유지에만 관심을 집중하게 되었다. 대부분의 군사적 균형에 대한 평가는 분쟁 결과에 따른 동태적인 분석이라기보다는 장비의 수량 대조나 시간대별 자원대조의 형식으로 이루어지게 되었다. 따라서 정확한 평가없이 이루어진 군사력의 균형은 자원낭비를 초래하여 비효율적으로 전력기획이 되었던 것이다.

2) 부적절한 군사력 비교방식

NATO 및 미국의 군사기획가들은 적의 능력과 사기 등의 질적인 요소를 간과하는 중대한 오류를 범하였으며, 이러한 방식의 분석방법을 조약국이나 이라크, 북한 등 소련 이외의 국가에도 동일하게 적용하였다. 이러한 수량 위주의 편향적인 비교는 특히 지상군 분석에서 만연되었다. 그러나 전투시 질적인 우세에 의해 수적으로 2~3배 우월한 적에 대해서도 지탱할 수 있다는 것은 이미 역사와 경험을 통해 입증된 사실이다.[26]

오늘날 질적인 고려사항을 무시한 국방기획은 불합리한 것으로 그 이유는 가상 적국의 병사들이 자국의 병사들과 질적인 면에서 동일하지 않기 때문이다. 또한 현재 미국의 우방국이나 미래의 우방국도 역시 질적인 면에서 다르기 때문인 것이다. 이것은 적이 실제 이상으로 능력을 가지고 있다고 판단해서도 안되고 있는 그대로의 능력에 대한 정확한 판단이 중요하다는 것을 의미한다. 따라서 실제 능력에 대한 정확한 판단에 의해서만 분쟁이 발생하기 전에 이를 종결시키거나, 위기를 해소, 또는 전환시킬 수 있는 조치들을 즉각적으로 수용할 수 있고 전승에 필요한 장기발전 소요를 도출할 수 있다.

따라서 현대에는 과거처럼 관리적인 사고 대신에 상황요소와 질적인 요소가 포함된 형태의 좀 더 합리적이고 지향된 평가방식이 요구된다.

3) 경직된 시나리오

냉전시기의 국방기획은 정치적인 고려사항, 편제에 대한 과도한 자신감, 관리적인 사고 경향 등에 의해 크게 영향을 받았다. 실질적인 전투보

---

26) Trevor N. Dupuy, *Attrition: Forecasting Battle Casualties and Equipment Losses in Modern War* (Arlinton, VA.: Hero Books, 1990), pp.47~88.

다 방어예산의 지출 형태나 수준에 대한 동맹국과의 의견 합의가 더 중요한 것으로 간주되었다. 이러한 배경하에서 "얼마나 많이 소요되는가?", "어떻게 분담하여 대처할 것인가?" 등의 정치적 합의가 중시되는 전력기획의 접근방법이 대두되었다. 이러한 방식에 의해 민간인 지도자가 군에 대해 국방지침의 형태로 전력기획 지침을 부여하게 되었으며, 이에 따라 군사력은 유럽의 중앙지역에서 전방 선형방어를 하기 위한 계획과 전력개발에 중점을 두고 건설되었다. 이러한 운용지침과 전략적인 경고와 사전배치의 전제하에서 재래식 전력으로 특정기간 동안 최초 방어를 보장할 수 있는 계획을 수립하였다. 위의 〈그림 3-1〉는 이러한 내용으로 이루어진 1980년대초의 기획시나리오이다.27)

이러한 특정한 시나리오는 실질적으로 운용되어질 기획시나리오를 뜻하는 것이 아니라 상대적으로 또 관행적으로 기획과정에서 비교의 기

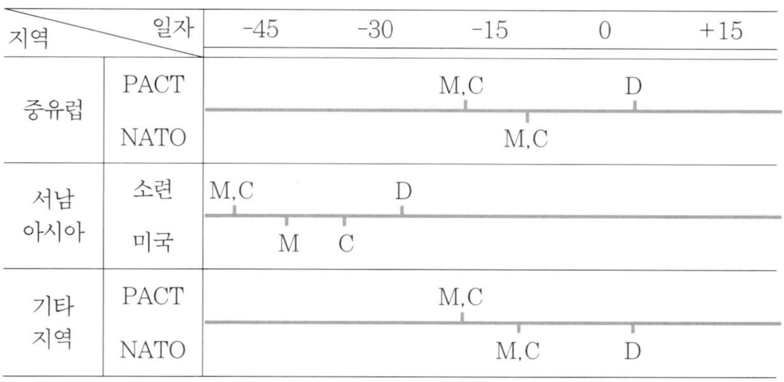

*PACT: 바르샤바조약기구, NATO: 북대서양조약기구, M(일): 동원일, C(일): 부대전개일, D(일): 전쟁개시일
출처: Davis and Finch, *Defense Planning for the Post-cold War era*, p.28

〈그림 3-1〉 1980년대의 전형적인 기획 시나리오

27) Davis and Finch, *Defense planning for the Post-cold War era*, p.28.

준으로 삼기 위해서 산출되어진 숫자에 불과하다. 표에서 보면 전략적 경고, 동원, 전개, 전투개시 등의 특정한 시간을 설정하고 있는데, 더욱이 이것은 미국과 동맹국이 동원 자체가 승리가 아니면 파멸이라는 막다른 대안을 가정하고 있었다.

따라서 이러한 시나리오를 국방기획가들이나 군사기획가들이 매우 유용한 것으로 인식하여 실제보다 지나치게 진지하게 받아들임으로써 심각한 결과를 초래하게 되었다. 마찬가지로 이것은 해를 거듭하여 수년 이상을 사용할 경우에 실제 전쟁에서도 그렇게 되리라는 잠재의식이 형성되기가 쉬웠다.

경직된 시나리오에 따른 기획방식의 결과는 시차별 부대전개목록(Time Phased Force Deployment Lists)으로 나타났는데, 이것은 모든 부대가 전장지역에 전개하는 과정을 시간대별로 나타낸 것으로 목록표 작성이 기획의 중점 내용이 되었다.

이 시차별 부대전개목록은 서로 다른 그룹간의 상당한 기간동안 지속된 협의의 결과로 도출된 것으로 설득력이 있어 보임에 따라 한번 결정되면 지속적으로 고수되는 경향이 있었다. 이러한 절차를 거쳐 결정된 내용은 군수, 소요, 계획화작업 등을 추진할 때 구체적인 계산에 대한 기준으로 사용되게 됨에 따라 시차별 부대전개 목록표는 경직성을 가지게 되었다.

4) 소모율에 중점을 둔 소요판단 위주의 기획

위협에 대한 지속적인 강화와 관리적 사고 경향으로 비현실적인 위협특성을 규정한 시나리오를 산출하게 되었고, 이를 바탕으로 시나리오를 고려한 전력을 기획하였다. 또한 수량과 장비의 분석에만 중점을 두었기 때문에 시간대별로 얼마나 많은 사단이 소요될 것인가 하는 문제에 집착하는 결과를 낳았다. 이 결과 방어목표를 달성하기 위한 소요판단시 상대국의 병력비율에 중점을 두고 기갑사단을 기준으로 규모와 장비, 사단의 질적인 차이 등이 포함된 기갑사단 등가지수(ADE)로 환산하여 지상군 위주로 판단하게 되었다.

이 결과 공격과 방어 비율이 1.25:1 이 적당한 것으로 판단되었고 최대로 1.5:1의 경우까지도 고려 가능한 것으로 판단되었다. 이러한 분석은 자원만을 가지고 판단한 것으로 기본적으로 자원의 불필요한 지출이 없는 적절한 자원 분배를 가정한 것이다. 그러나 고급 지휘관의 리더십, 전략의 질에 의해 위와 같은 병력과 장비 비율에서 승패가 달라질 수 있다는 사실은 간과되었다.[28]

즉 적국이 가지는 능력에 대해 다각적인 방법을 통해 정확히 평가를 내리는 것만이 자원의 낭비를 줄이고 예상되는 위협에 대한 억제 혹은 억제가 실패하더라도 능동적으로 대처할 수 있는 것이다.

5) 항공력의 유용성 간과

냉전시대의 군사분석가들은 지상전투차량을 파괴하는 공격용 항공기의 경우를 제외하고는 지상전에 영향을 주는 요소로써 항공력의 가치를 인정하지 않았다.

극히 일부의 연구결과만이 항공력이 기동과 이동속도, 지상전의 효율성에 많은 영향력을 가지고 있다고 주장했을 뿐, 대부분 연구가들은 항공력에 의한 종심차단작전보다는 근접항공지원이 더욱 더 영향력이 크

28) Paul K. Davis, *National Security Planning in an Era of Uncertainty* (Santa Monica: RAND, 1992).

다고 주장하였다.

항공력이 지상전에 미치는 영향이 불확실할 뿐 아니라, 역사적인 전통 때문에 국방기획상 대체로 지상군, 해군, 공군 순으로 전력을 기획, 증강했던 것이다. 따라서 냉전시대에는 작전적 수준이나 전술적 수준의 기동에서 공군력의 잠재적 효과를 거의 인정하지 않은 오류를 남겼다.

2. 탈냉전기의 전력기획

가. 군사전략 및 전쟁양상 변화

1) 위협변화에 따른 군사전략 변화

구소련의 몰락으로 위협성격의 변화에 따른 새로운 위협이 대두되었다.

이러한 예상되는 위험들은 다음과 같이 네 가지의 부류로 구분될 수 있다.[29] 첫째, 핵무기의 유출 및 제조기술과 현재 구소련 지역에 잔존해 있는 핵무기는 핵을 비롯한 대량살상무기의 사용 가능성을 증대시키고 있다. 둘째, 지역강대국에 의한 공공연한 침략위험은 물론, 종족 또는 종교적 분쟁으로 생기는 분쟁위험, 테러국가들의 사주를 받은 테러행위, 그리고 미국의 우방국가에 대한 전복행위 등이 예상된다. 셋째, 구 소련 제국은 물론 동구제국들에서 국내의 민주화 요구, 개혁 요구 등에 반대하는 수구세력은 새로운 위험으로 등장하고 있다. 넷째, 미국의 안보에 위험을 가져올 수 있는 요소는 미국이 강력하고 경쟁력 있는 경제와 경제성장을 이룩하지 못할 경우에 생길 수 있는 경제적 위험이다.

---

29) Les Aspin, *The Bottom-UP Review* (Washington D.C.: Government Printing Office, 1993).

미국은 이러한 위험요소에 대해 전자의 두 개 항에 대해서는 군사력으로 직접 대응하고, 후자의 두 개항에 대해서는 간접적으로 대응하는 것으로 공식화하였다. 이러한 위협의 성격과 특징은 냉전시대의 전략과 전력기획 모형을 더 이상 오늘날의 현실에 적용할 수 없다는 것을 보여주고 있다. 또한 변화된 위협의 성격과 특징은 탈냉전 시대의 군사력의 규모와 형태를 결정하는데 있어서 새로운 기준이 된다는 것이다.

이러한 변화는 군사전략에도 큰 변화를 가지고 왔는데 냉전시대와 대비한 새로운 특징은 다음과 같다.

첫째, 세계전략환경 변화에 따라 미국은 군사적 위협을 세계적 수준의 전면전쟁보다는 지역적 차원의 중・저강도 분쟁이라고 판단하고 있다.

둘째, 미국의 이익을 위태롭게 하는 분쟁에 대해서는 외교적 노력 및 경제제재 등 비군사적 해결방안을 최대한 동원하지만, 그러한 노력이 실패할 경우에는 동맹국들과 연합된 노력으로 분쟁을 국지적 수준으로 제한하고 첨단 재래식무기 중심의 군사력을 결정적으로 투입하여 신속하게 해결한다는 것이다.

셋째, 세계적인 규모의 전면전쟁의 발발을 상정하여 구축해온 기존의 군사력의 규모와 구조는 축소하되 그러한 위협의 가능성을 가정하여 군사력의 재구성(Reconstitution) 능력을 제고시킨다는 것이다.

이러한 냉전이후의 군사전략의 변화는 〈표 3-4〉와 같다.

2) 전쟁양상

장차전의 양상은 국제관계의 변화추세와 더불어 과학기술의 발달에 의한 군사기술의 혁신 등으로 크게 변화될 것으로 판단하고 있다. 특히 이러한 변화의 추세는 걸프전을 통하여 경험적으로 입증되었다고 보고

〈표 3-4〉 미국 군사전략의 변화

구 분	냉전시대	탈냉전시대
국가안보전략	봉쇄(Containment)	개입(Engagement)
국가군사전략	신축대응 (Flexible Response)	선별대응 (Discriminate Response)
군사전략	전진방어(Forward Defense) 신속증원(Rapid Reinforcement)	전방현시(Forward Presence) 전력투사(Power Projection)
전쟁시나리오	$2\frac{1}{2}$전쟁→$1\frac{1}{2}$전쟁	$\frac{1}{2}+\frac{1}{2}$전쟁→$(\frac{1}{2})n$

출처: 이선호, 『신한국국방론』(서울: 도서출판 정우당, 1991), pp.232~255.

이러한 변화의 추세를 고려한 전력기획을 추구하고 있다.

걸프전은 전쟁양상의 변화면에서 큰 분수령을 이루었다. 군사기술의 혁명적 발전에 대해 예견해 온 사람들에게는 걸프전이 곧 이러한 혁명을 가져다 준 실례가 되었다. 소련의 군사전문가들도 그들이 우려하던 결과가 걸프전을 통해 실현되었으며, 미국의 전쟁수행능력에 대해 깊은 인상을 받았던 것으로 보인다. 또한 이라크 군사력의 질과 후세인의 전략과 전술에 대해서도 깊은 실망감을 표했으며, 이와 대조적으로 미군의 전투능력에 대해서는 크게 놀라움을 나타냈다.

미군 전투능력의 괄목할만한 성과에 대해 페리 국방장관은 미국이 걸프전에서 무장정찰타격부대(Reconnaissance Strike Force)를 운용한 결과라고 주장하였다.[30] 그의 주장에 따르면 무장정찰타격부대는 C3I(Command, Control, Communication and Intelligence), 정밀유도무기(Precision-Guide Munitions), 방공능력제압(Defense Suppression) 등의 세

30) William J. Perry, "*Desert Storm and Deterrence*", Foreign Affairs, vol.70 (Fall 1991, pp.62~80).

가지 요소로 이루어진다.

세 가지 요소 중에서 가장 중요한 C3I는 정찰위성의 첩보제공으로 이루어지는데, 공중의 전투서열을 획득하기 위한 조기경보 및 통제체제(AWACS : Airbcrne Warning and Control system)를, 지상 전투서열 획득을 위해서는 합동탐지 및 목표공격시스템(JSTARTS : Joint Surveillance and Target Attack System)을 운용하여 지휘관에게 '상황판단'에 대한 정보를 제공한다. 지휘관은 이를 바탕으로 적과 우군의 위치를 파악하고 아군의 차후위치까지 결정하는 이점을 가지게 된다는 것이다.

두 번째 요소인 정밀유도무기는 F-117과 같은 스텔스 기술을 보유한 항공기에 의해 발사됨으로써 향상된 효율성을 입증하였다. 즉 2,100톤의 유도무기를 발사하여 1,700톤이 목표의 10feet 이내로 명중됨으로써 기존의 어떠한 전장에서보다 탁월한 능력을 과시하였다. 이러한 경험은 미래전에서 연합군이 다국적군을 결성할 때에 항공기와 군수지원의 소요를 대폭적으로 감소시킬 수 있는 요소가 된다는 것이다. 또한 탁월한 성능으로 인하여 선별적인 목표 타격이 가능하여 민간인의 피해를 줄일 수 있는 장점도 가지고 있다.

세 번째 요소는 방공능력의 제압으로 이라크는 현대화된 조밀하고 견고한 방공망을 가지고 있었다. 역사적으로 분석해 볼 때, 1~2%의 공격항공기의 손실은 경험적으로 입증된 수치로, 다국적군은 1일 작전에 30~60대의 항공기 손실을 당하여 30일 작전시 1,000~2,000대의 항공기 손실을 감수해야만 하였다. 그러나 실제로는 1일 작전시 1대의 정도의 손실만을 나타내었다. 이러한 결과는 스텔스 기술에 의한 적 방공망 제압이 가장 크게 작용한 결과라는 것이다.

이와 같은 세 가지 요소는 상호의존적으로 작용하였는데, 방공능력

제압의 효율성은 정밀유도무기에 의존하고, 정밀유도무기의 효율성은 정찰목표탐지 시스템에, 탐지체제의 생존성은 방공제압의 효율성에 의존하였다. 따라서 이러한 제 기술이 적용된 걸프전은 신기술의 시스템을 결합한 시스템이 적용된 사례이다.31)

미래의 가상적국 또한 걸프전을 연구할 것으로 보고 미국은 만일 그들이 공격적인 작전을 추구한다면 즉각 가용한 미국의 항공화력을 회피하려 할 것으로 판단하고 있다. 이러한 내용이 시사하는 바는 가상적국이 전쟁의 수행속도에 비중을 두고 미국의 대응이 이루어지기 전에 작전을 종료하려 할 것이라는 점이다. 따라서 이들은 정치적, 군사적 수단을 사용하여 미국이 항공기지를 사용하는 것을 거부하고, 공격과 동시에 내부반란을 조성하며, 대량파괴무기의 사용위협을 가할 것으로 판단되는 것이다. 이러한 새로운 전쟁양상을 보여준 걸프전의 결과는 미국의 전력기획에 큰 변화를 가져왔다.

나. 전력기획 사례

탈냉전시대에 국제안보환경의 변화로 위협의 성격이 변함에 따라 전략개념과 전력기획의 접근방법 및 특징이 변화하게 되었다. 이 시기에 미국의 전력기획은 기반전력(Base Force), BUR, QDR에서 나타난 바와 같이 '2개의 거의 동시 주요지역 우발분쟁'(Two near simultaneously major regional contingencies)에 대응할 수 있는 전쟁소요를 도출하고 있다.

31) Department of Defense, "Conduct of the Persian Gulf War", *Final Report to Congress* (Washington D.C.: Government Printing Office, April 1992).

1) 부시행정부의 기반전력(Base Force)

1989년 12월 Molta에서 미국의 부시 대통령과 소련의 고르바초프 대통령이 정상회담을 갖고 냉전의 종식을 선언함으로써 냉전체제가 붕괴되고 화해와 협력을 기반으로 하는 신 국제질서가 태동되었다. 동구 공산권의 붕괴와 베를린 장벽의 와해(1989)에 이은 독일의 통일(1990), 바르샤바 조약기구의 해체(1991), 소련연방의 해체(1991) 등은 미국의 재래식 전력기획에 큰 변화를 가져왔다.

안보환경의 변화로 부시행정부는 미국의 정치적 군사적 리더십 유지를 방해하는 지역전쟁, 전복, 마약퇴치, 테러 그리고 저강도 분쟁 등 다양한 우발분쟁의 형태를 위협으로 인식하였다. 이러한 다양하고 복잡하게 발생하고 있는 세계 도처의 지역분쟁은 기동성 있고, 효과적으로 대응할 수 있는 새로운 전력구조를 요구하게 되었다. 부시행정부는 초기 국방정책에 있어 레이건 행정부의 국방정책과 동일한 군사력을 강조하였고, 탈냉전시대에도 강력한 군사력과 세계적 리더십 유지를 위한 능력을 구비하기 위해 노력하였다.

그러나, 동서 긴장의 해소와 국내경제 상황의 악화로 부시행정부는 기반전력(Base Force, 〈표 3-5〉 참조)이라고 알려진 군사력 감축정책을 수립하였다. 이 기반전력은 기존동맹국들과 안보협력관계를 유지하면서 탈냉전시대에도 계속 전략적 우위를 유지하기 위한 군사력을 유지한다는 구상이었다.32)

---

32) Dick Chenny, *Defense Strategy for the 1990s : The Regional Defense Strategy* (Washington D. C.: DOD, January 1993), pp.8~9.

〈표 3-5〉 **부시행정부의 기반전력**(Base Force)

구 분	전 력	전력수	
육 군	사 단	현역 12	예비역 6/2(동원)
해병대	해병원정군	현역 3	예비역 1
공 군	전술전투비행단	현역 15	예비역 11
해 군	항모 전투군	현역 12	0

미국은 전진배치를 유지하면서 신속대응태세를 취할 수 있도록 군사력을 재조정하고, 효율성을 극대화하도록 태세의 전환을 시도하였다. 기반전력은 국가안보에 최소로 필요한 군사력을 의미하고, 세계 도처에서 일어나는 국지전에 대비하여 동시에 발생하는 2개의 전쟁에서 승리할 수 있는 능력(Two-War Capability)을 요구하였다.

부시행정부의 전력기획 접근방법의 특징을 살펴보면 다음과 같다.

첫째, 기반전력은 미래에 대한 새로운 인식에 기초하여 국가목표와 전략의 체계화를 고려하였고, 체니와 파월 합참의장에 의해 추진되었으며, 1992년 1월 상원 군사위원회 회의 이전에 체니는 "방위전략이 미국의 전략적 종심을 유지하고, 예측하지 못한 사건에 대응할 수 있는 융통성과 탈냉전시대에 미국의 이익을 추구하는데 필요한 Zero-based 관점에 기초하였다."고 주장하면서, 불확실성에 기초한 기획 관점에 따라 국제안보환경 조성을 강조하고 있다.

둘째, 국가이익과 환경, 예산이 고려된 목표지향적 기반전력의 구조를 유지한 관점은 목표에 기초한 기획의 관점이었다. 그리고 기반전력을 결정한 것은 '개념행위집단'에 의해 논쟁과정을 거쳐 구상되고 결정되었다.

셋째, 기반전력은 자원에 기초한 능력 접근방법이 적용되었다. 1990년초 체니 국방장관과 파월 합참의장에 의해 채택된 부시행정부의 기반 전력(Base Force)은 불확실한 위협에 대하여 억제와 방위능력에 기초를 두었고, 국제 안브환경 조성에 중점을 두었다. 물론 전력이 주요 지역 분쟁에 대하여 기획되었지만, 이러한 우발분쟁이 발생할 장소와 시간의 불확실성을 인식하였다. 이러한 불확실성으로 인하여 군사력 감축은 미래 잠재된 적과 잠재적 분쟁지역이 나타나기 전까지 미국 일반목적군에 계속 일어날 수 있다. 위협에 기초한 분석과는 다르게 능력접근 방법은 미래 우발분쟁이 세부적인 기획을 기대할 수 없다고 가정한다. 그렇지만 불확실한 새로운 세계질서에 있어서 미국은 확실한 군사적 능력 유지의 요구와 개선이 이루어져야 한다는 관점을 인식하고 있다.

그러나 전력구조의 우선순위를 결정할 수 있는 능력 접근방법은 핵심기술인 스텔스와 전자분야, 조직의 역할과 임무, 그리고 군사적 능력에 대한 관점이 결여되어 있다. 또한 핵억제, 지역안정, 전력투사, 전쟁이외의 작전, 그리고 정보전과 대확산의 다양한 군사적 요구에 대비가 요구되고 있다.

2) 클린턴 행정부의 BUR(Bottom-Up Review)

소련의 위협이 소멸된 이후 미국은 중요한 국가이익에 위협을 주는 대상(국가, 비정부조직, 기타)과 방법(테러, 마약, 기타)들을 위협으로 인식하였다. 즉 냉전시대 확실성에 바탕을 둔 위협성격이 탈냉전시대에는 불확실성에 바탕을 둔 다양성으로 바뀌게 된 것이다.

이러한 인식에 따라 새로운 안보환경에서 미국은 핵 및 대량파괴무기의 확산, 지역국가에 의해 야기되는 지역분쟁(종족, 인종, 종교적 갈등, 국가지원 테러, 전복 등), 구소련 및 동구권과 기타 국가들의 민주 및 시장개혁 실패, 그리고 미국의 경제력 약화를 '4대 위협'[33]으로 인식하였다. 위협에 대한 인식변화로 미국의 국가전략과 군사전략, 그리고 전력기획에 영향을 미치게 되었으며, 국가이익과 관련된 지역에 군사력을 투사하고 적대적인 지역 강국을 억제 및 견제할 수 있는 군사력을 건설하려 하였다. 이를 위하여 애스핀 국방장관은 전면적 재검토(BUR : Bottom-Up Review) 결과를 발표하였다. BUR은 중동지역과 한반도에서 거의 동시에 발생하는 2개의 주요지역 분쟁(MRC : Major Regional Contingency)을 수행할 수 있는 군사력 규모를 결정하고, 이를 위해 국방예산을 편성하는 논리에 기초하고 있다.(BUR 전력규모 〈표 3-6〉 참조)

〈표 3-6〉 BUR의 전반적인 전력규모(1999년까지 완료)

구 분	전 력 규 모
육 군	현역 10개사단, 예비 5(+)개 사단
해 군	항모(현역 11척, 예비/훈련 1척), 공격잠수함 45~55척, 함정 346척
공 군	비행단(현역 13개, 예비 7개), 폭격기(B-52, B-1, B-2) 187대
해병대	해병 원정군 3개 사단(현역 174,000명, 예비 42,000명)
전략군 (2003년 완료)	SLBN(18척), B-52(94대), B-2(20대), MM-3(500기)

BUR의 군사력건설은 중동지역과 한반도에서 거의 동시에 전쟁이 발생할 경우 2개의 전쟁에서 동시에 승리한다는 Win-Win 전략을 채택하고 있다. 이 전략은 침략의 저지단계, 미 전투력 증원단계, 적 격퇴단계, 전후 안정지원단계 등 4단계의 전투작전으로 구성되어 있다.

33) Les Aspin, Secretary of Defense, *Annual Report to the President and the Congress* (Washington, D.C.: FPO, Jan 1994), p.3.

클린턴 행정부의 국가전략과 국가 군사전략은 연계성을 가지고 수립되었고, 불확실한 위협의 다양성에 기초하여 수립되었다. 이러한 전략을 달성하기 위해 미래지향적 시나리오에 기초하여 시나리오 공간을 구상하고, 가장 가능성이 높은 우발성을 고려하여 Win-Win 전략을 수립하여 불확실성에 적응력을 높이고자 하였다. 이것은 전략과 목표의 체계화 방법, 불확실성에 기초한 기획과 미래지향적 시나리오에 기초한 기획접근방법이 적용된 결과이다.

이와 같은 클린턴 행정부의 BUR에 적용된 전력기획 접근방법의 특징은 다음과 같이 평가해 볼 수 있다.

첫째, 미래 지향적 시나리오에 기초한 위협의 다양성과 불확실성에 기초하여 국가안보전략과 국가군사전략이 수립되었고, 이를 수행하기 위한 Win-Win 전략 등은 불확실성에 기초한 기획방법의 적용으로 목표와 전략의 체계화가 이루어졌다고 할 수 있다.

둘째, 전략을 구체화하기 위해 해외배치, 전력투사 등은 임무에 기초한 기획이 고려되었고, BUR 전력의 구상은 개념행위집단이 구성되어 논쟁과정을 거쳐 결정된 결과라 할 수 있다.

셋째, BUR의 접근방법은 위협에 대처하기 위한 전력수준을 설정함에 있어서 탈냉전시대의 일방적 전력감축을 요구하는 정치적 입장을 반영하는 하향식(Top-Down)이 아니라 위협평가에 근거하는 위협에 기초한 전력기획의 방법인 상향식 접근방법에 기초하였다. BUR은 가장 가능성 있는 미래의 분쟁보다는 걸프전과 유사한 우발분쟁에 초점을 둔 표준 시나리오에 기초하여 전쟁 특징의 변화나 군사기술혁명(MTR : Military Technical Revolution)을 나타내는 요소를 고려하지 못한 단점이 있다.

3) 클린턴 행정부의 QDR(Quadrennial Defense Review)

미국은 21세기에 도전과 기회를 동시에 갖는 불확실한 안보환경에 직면하고 있다고 인식하고 있다. 즉, 세계전쟁의 위협은 줄었지만, 핵심가치인 민주주의와 시장경제의 확산은 평화와 번영의 증대, 국가 간의 협력을 증대시킬 수 있다고 인식하였다.

그러나 세계는 위험하고 불확실성이 많기 때문에 미국은 2015년까지 안보에 중대한 도전에 직면할 것으로 인식하고 있다. 이와 같은 인식에 따라 다양한 지역분쟁 위협, 악당국가(Rouge State)의 군대나 테러분자들이 사용할 수 있는 민감한 정보나 기술의 확산(화생방 무기와 운반수단의 확산, 정보전 능력, 고성능 재래식 무기, 스텔스 능력, 무인항공 운반체, 우주발사 및 방어능력 등), 미국의 국가이익과 시민의 생명을 위협하는 초국가적 위협(테러, 마약, 국제범죄조직, 불법이민 등), 그리고 미 본토에 대한 외부위협(전략 핵무기 위협, ICBM과 대량파괴 무기 위협, 테러, 컴퓨터에 의한 하부구조를 공격하는 정보전 등) 등을 위협으로 인식하고 있다.[34]

클린턴 행정부의 BUR은 2MRCs에서 승리전략을 수행하기 위해 1999년까지 군사력 조정을 완료한다는 계획이 예산의 한계와 문제로 새로운 국방태세의 필요성을 요구하게 되었다. 이 과정에서 국방장관은 합참의장과 미군역할 및 임무연구위원회의 권고에 따라 국방4개년 계획(QDR)을 구상하게 되었다.

이 QDR은 1996년 9월 23일 법안이 가결됨으로써 BUR이 QDR로 대체되었고, 정치-군사적으로 향후 15~20년 후까지 군사 강대국의 지위를 유지한다는 가정에 기초하고 있다. 이에 따라 21세기 미국이 직면

34) William S. Cohen, Secretary of Defense, *Quadrennial Defense Review* (Washington, D.C.: DoD, 1996), Section 2.

할 위협에 대처하기 위한 새롭고 포괄적인 방위전략 및 군사력 구조의 건설을 구상하였다. 1999년부터 2002년까지 미 국방계획으로서 구상된 QDR은 미 방위전략, 전력구조, 무기의 현대화 계획, 국방예산, 기타 요소들을 검토하였다.

이 QDR에 대한 근본적 접근방식은 Bottom-Up과 Top-Down의 방법이 사용되었다. 이러한 인식의 기초를 이루는 전제조건은 2015년까지 군사적 패권국의 유지와 Win-Win 전략의 지속적 추진, 국방예산의 지속적 감축, 현대화를 통한 양과 질의 교환, 축소와 감축에 따른 비용축적과 이동의 통제, 현재의 요구와 불확실한 미래에 대한 균형유지 등 6개 사항이었다.[35]

클린턴 행정부의 QDR은 2015년까지 군사적 패권국의 유지를 위한 목표아래 Win-Win 전략의 추진 등은 목표와 전략의 연계성을 유지한 것이고, 미래의 불확실성에 대응하기 위한 핵심전략과 환경조성전략, 다양한 위협에 대한 분산투자 전략을 고려하고 있다. 이러한 QDR에 나타난 방위전략의 핵심적인 사항을 요약하면 〈표 3-7〉과 같다.[36]

〈표 3-7〉 국방투자의 전략적 요소

국방투자 전략의 포트폴리오		
다양한 우발분쟁을 위한 능력	환경 조성	전략적 적응성
○ 주요 지역분쟁(MRCs)과 소규모 지역분쟁(LRCs) ○ 전쟁이외의 군사작전 (MOOTW)	3개의 주요지역(중동, 동유럽, 동아시아)에서 해외주둔, MOOTW 작전, 동맹 및 연합, 경제활동, 군하부구조, 군사안보지원 등	위협, 군사기술, 동맹, 국가의 우선순위 등의 주요 변화

35) William S. Cohen, *QDR, op. cit.*, Section 1 ~ Section 9.

36) Paul K. Davis, Richard L. Kugler, and Richard J. Hillestad, *Strategic Issue and Options for the Quadrennial Defense Review* (Santa Monica: RAND, 1997), p.7.

이러한 QDR이 적용된 기획 접근방법을 평가해 보면 다음과 같다.

첫째, 다양한 미래지향적 시나리오에 기초한 위협의 평가에 따라 비국가적 행위자에 의한 장기 영토분쟁, 지역경제 봉쇄자, 악당국가에 의해 행사되는 시나리오에 대한 대비를 고려하였다.

이를 관리할 수 있는 불확실성에 기초한 기획의 관점과 2015년까지의 목표에 기초하여 국가안보전략과 국가군사전략 그리고 이를 수행하기 위한 Win-Win 전략을 수립함으로써 목표와 전략의 체계화가 이루어졌다.

둘째, 국가목표와 군사목표, 지역군사목표, 군사과업 그리고 과업을 수행하도록 요구된 전력까지 체계화된 개념은 목표에 기초한 접근방법의 적용 결과로 효과적 국방자원 할당의 기초가 되었다. 그리고 위협과 능력의 종류보다는 평화와 위기, 그리고 전쟁수행 임무의 형태에 기초하여 전력을 구상하는 것은 임무에 기초한 기획방법의 관점으로서 미국의 전력이 실행해야 될 명확한 미래 군사 임무목록을 요구함으로써 능력에 기초한 기획보다 더 큰 개념을 제공한다. 물론 평시와 전시 임무가 너무 많다는 단점은 있지만, 전력의 적절성을 결정하기 위해 전력구조와 예산의 우선순위를 평가하는 데 유용하고, 능력을 분석하는 단계가 추가되어 임무로부터 능력을 평가하는 단계가 요구된다. 결국 임무에 기초한 기획은 위협과 능력에 기초한 분석과 조화를 이룰 때 효과적이라 할 수 있다.

셋째, 미래 불확실성에 대하여 국제 안보환경을 조성하고 위협에 대응하는데 중점을 둔 측면은 자원에 기초한 능력(Resource-based Capabilities) 접근방법의 관점이라 할 수 있다. 물론 전력이 주요지역 분쟁에 대하여 기획되었지만, 미래 잠재된 적과 잠재적 분쟁지역이 나타나기 전까지 불확실한 세계 질서에 있어서 확실한 군사적 능력유지의 요구와 개선이 이루어져야 한다고 인식함에 따라 전력구조의 우선순위를 결정하였다. 이러한 개념에서 QDR은 다양한 시나리오 공간을 구상하고, 이를 관리할 수 있는 전략의 포트폴리오를 구상하여 불확실성에 적응력을 향상시키기 위해 체계화와 제도화를 시도하였다고 할 수 있다.

나. 전력기획 사례의 분석

탈냉전이후의 전력기획상의 변화는 부시 행정부에서 시작되었지만 그 내용을 개선한 것은 클린턴 행정부의 애스핀 국방장관에 의해 이루어졌다. 애스핀 국방장관은 1993년 9월 1일 공식발표를 통하여 "전력편성의 전반적인 재검토(Force Structure Excerpts, Bottom-Up Review)"를 밝혔다.37)

1) 클린턴 행정부의 BUR 분석

클린턴 행정부의 BUR은 미국의 탈냉전이후 장기 국방기획 완성을 위한 전단계로써 냉전이후의 국제안보를 재평가하여 신국방전략을 구상하고, 이 전략을 수행할 군사력 규모를 설정하여 군사력 구조를 검토한다는 방법론을 제시한 것이다. 애스핀 장관은 미국이 전반적인 재검토를 행하는 이유로 변화된 환경에 맞는 전략의 수립, 이러한 전략을 수행할 수 있는 전력의 편성, 그리고 전력의 현대화 계획을 추진하는 동시에, 냉전이후 미국의 방위에 기초가 되는 산업기반과 하부구조(Infra Structure)를 지원하는 것 등을 들고 있다.

애스핀 보고서는 그 동안 미국이 단순한 자원관리적 관점에서 국방예

---

37) Les Aspin, *The Bottom-Up Review* (Washington D.C.: Government Printing Office, 1993).

산의 효율적 사용에 기반을 두고 미군의 역할과 임무를 재조정해 왔던 타성에서 벗어나 군구조와 군사력 사용에 관한 새로운 비전을 제시하고자 한 점이 주요 특징이다. 또한 이러한 과정을 통하여 군사력의 미래상을 정립하는 한편, 변화된 상황에 대처함에 있어서 보다 근본적으로 전략과 전력을 수정하려는 의도를 반영한 것으로 판단된다.

애스핀 장관이 주장한 전력기획의 접근법은 냉전시대의 위협중심의 기획에서 능력중심의 기획으로 변화의 시작을 의미하는 것이다. 이러한 과정을 통하여 나타난 결과는 자원절약형의 전력기획으로써 미국은 새로이 판단한 위협을 기초로 현전력의 잉여분은 폐기, 혹은 예비전력화하고 걸프전을 통하여 증강이 요구되는 분야에 대해서는 과감하게 전력을 증강하게 되었다.

클린턴 행정부의 BUR은 2개 주요지역 분쟁(2MRCs)에서 승리전략을 수행하기 위해 1999년까지 군사력 조정을 완료한다는 계획이 예산의 한계와 문제로 새로운 국방태세의 필요성이 요구되면서 국방4개년계획(QDR)을 구상하였고, QDR에 대한 근본적 접근방식은 Bottom-Up과 Top-Down 방법이 사용되었다. 이러한 인식의 기초를 이루는 전제조건은 2015년까지 군사적 패권국의 유지와 Win-Win 전략의 지속적 추진, 국방예산의 지속적 감축, 현대화를 통한 양과 질의 교환, 축소와 감축에 따른 비용축적과 이동의 통제, 현재의 요구와 불확실한 미래에 대한 균형유지 등 6개 사항으로 미래의 불확실성에 대응하기 위한 기획의 접근방법에 기초하고 있다.[38)]

---

38) William S. Cohen, *QDR*, *op, cit.*, Section 1 ~ Section 9.

2) 냉전기와의 전력기획 비교 분석

탈냉전기의 전력기획 접근방법을 이해하는 방법으로 냉전기와 비교하여 보면 다음과 같다.

냉전기의 전력기획의 접근방법은 중앙유럽에 대한 위협을 표준시나리오로 가정하였으며, 이에 대한 전력을 기획함으로써 기타 지역의 위협까지 모두 대처할 수 있다고 생각하였다. 그런데 이러한 표준시나리오하에서의 전력기획은 시나리오상에 나타난 소련의 위협을 살상하기 위해 열세한 전력을 보완하는 방식의 따라잡기식 기획이었다. 이러한 방식에서 인력, 현역 및 예비 부대의 질적인 수준은 동일한 것으로 간주되었으며, 예비 부대는 필요한 훈련전까지 투입되지 않는다고 가정되었다. 따라서 전력을 시나리오별로 비교하여 열세한 전력소요를 판단하는데 중점을 두었고 이에 따라 NATO 동맹국의 현역부대 증강, 예비전력의 전투준비태세 강화, 주요 장비에 대한 사전비축 증가, 사단전력의 현대화 등으로 그 결과가 나타나게 되었다.

탈냉전기의 전력기획은 가정과 주안점이 달라진데서 오는 실질적으로 판단할 내용이 변화되었다고 볼 수 있는데, 표준시나리오가 각각의 전역과 군사목표의 특성이 반영된 형태의 개별적인 비표준 시나리오에 근거하여 이루어짐을 의미하는 것이다. 탈냉전기의 전력기획은 비표준 시나리오에 의해서 이 시나리오를 수행할 수 있는 전력을 건설하되 개별 시나리오에 요구되는 공통점은 전력을 먼저 건설해 나가는 방식을 취하고 있는 것이라 하겠다.

3. 현재의 전력기획

가. 전력기획 사례 : 부시 행정부의 제2차 QDR

2000년 부시 행정부가 들어서면서 현재에 이르기까지 미국의 전력기획은 클린턴 행정부의 BUR 및 1차 QDR과는 다른 접근방법을 시도하고 있다. 냉전이후 안보위협의 변화에 따른 군사전략의 수정과 걸프전 이후 현대전의 전쟁양상 변화에 따른 전쟁개념의 변화가 전력기획의 새로운 요구로 이어져 클린턴 행정부에서 시작된 국방정책의 전면적인 재검토가 부시 행정부에 와서 새롭게 바뀌고 있다.

부시 행정부에서 인식하는 안보의 위협요소에 따른 군사전략의 변화와 현대전의 전쟁양상의 변화를 살펴보면 다음과 같다.

미국에게 가장 중대한 안보 위협요소는 테러와 대량살상무기(WMD)의 확산으로 이러한 인식은 특히 9・11 테러이후 더욱 명료하게 부각되었다. 냉전기의 안보 위협요소는 사회주의 국가군의 존재였고 그들의 이념적, 정치적 확장에 대한 우려였다. 그것에 대한 대응전략은 군사적 수단에 의한 봉쇄였다. 냉전이후 미국이 새로운 위협으로서 비대칭적 안보위협, 즉 테러문제에 주목했고, 이와 함께 대량살상무기의 확산을 우려했다. 특히 테러와 대량살상무기의 결합될 수 있는 가능성이 세계질서의 유지에 가장 위협적 요소이며 동시에 미국의 치명적 안보위협이라고 판단하고 있다. 대량살상무기를 생산하고 확산시킬 가능성이 있는 국가들이 비국가행위자인 테러집단과 연계될 때 세계질서의 안정성을 위협하는 요인이 된다고 보고 있다. 이른바 '불량국가(Rogue State)' 혹은 '악의 축' 국가들로 명명된 일련의 국가들이 그러한 가능성을 내포하고 있다는 것이다. 아프카니스탄과 이라크에 대해 군사적 행동을 감행한 것은 그러한 우려의 방증이다.

9·11 테러 이후 안보 위협요소들에 대한 미국의 대응전략은 선제공격론과 군사변혁(Military Transformation) 정책으로 구체화되어 추진되고 있다. 냉전기 미국의 군사전략, 즉 미국의 억지(Deterrence)전략은 영토성에 기반하고 있는 개념이었다.[39] 영토성에 기반하고 있지 않은 위협세력들, 즉 테러집단에 대한 대응책이 선제공격론이다. 어디에 있는지 알 수 없고 위치가 수시로 변하는 위협대상에 대해 억지전략은 더 이상 효과가 없으며, 이에 따라 미국 및 미국의 동맹국들을 공격할 가능성이 있는 적들을 미리 공격하여 안보위협을 사전에 제거하겠다는 전략이다.

선제 공격론과 함께 미국이 전개하고 있는 군사변혁전략(Military Transformation Strategy)은 1990년대 초반이후 군사혁신(RMA : Revolution in Military Affairs)이 구체화되면서 미국의 군사전략의 중심으로 자리잡은 전략이다. 군사력 운용의 기본개념과 능력, 인력 및 조직을 새롭게 조직하여 미국의 안전과 국제적 안정을 도모하는 것이라고 정의 내린다. 군사변혁 전략의 핵심은 군사의 하부구조와 체계를 개혁하여 군사를 합리화하고 비용을 삭감하는 것과 새로운 정보화기술을 도입하여 군사의 효율성, 유연성을 증가시키기 위한 군사력의 재조정이다.[40] 특히 비대칭적 위협요소들에 대한 대응전략으로서 기민성과 이동배치성, 유연성 등이 강조되고 있는데, 최근 미국의 해외주둔 미군재배치계획(GPR : Global Posture Review)은 그런 관점에서 추진되고 있다.

럼스펠드 국방장관은 기존의 2MTW(Major Theater of War) 전략에

39) 전재성, "미국의 세계전략 변화와 한반도", 문정인, 김기정, 이성훈 편, 『협력적 자주국방과 국방개혁』(오름, 2004), p.26.

40) Carl Connetta, "*9/11 and the Meanings of Military Transformation*", *Project on Defense Alternatives* (Feb. 6, 2003).

입각한 군사력 규모 설정에 대하여 매우 비판적으로 "2개의 주요 전쟁에 대비하는 접근방식은 그 본질상, 전력기획을 단기에 중점을 두게 하고, 장기 위협 대비를 저해시킨다고 판단하였다. 즉, 2MTW 전략에 기초한 군사력 규모 설정은 위협중심, 시나리오 중심 전력기획의 전형적인 사례라는 것이다.

따라서 부시 행정부에서는 미군이 수행하지 않으면 안될 모든 임무를 포괄적으로 고려하여 군사력 규모가 결정되어야 한다는 입장을 제시하고 과거에는 전장을 2개로 제한했으나, 이제는 이를 복수로 표현하여 그 중의 하나에 대해서는 모든 노력을 투입하여 결정적인 승리를 획득해야 한다는 개념으로 발전시키고 있다. 즉, '어느 한 분쟁에서는 체제변화나 점령의 가능성을 포함하여 결정적으로 승리할 수 있는 방안을 대통령이 보유하도록 하는 가운데, 중복적으로 발생한 주요 분쟁들에서 침략을 신속히 격퇴시킨다.'라는 개념이다.

럼스펠드는 이러한 변화를 '패러다임의 전환(Paradigm Shift)'41)이라고 하였지만, 자세히 살펴보면 아직도 2MTW의 틀을 완전히 벗어난 것은 아니며 QDR에서 언급하였듯이 군사력의 미래변혁을 위한 '교량'으로 최종안이라기 보다는 2MTW 개념의 변화를 시작하였다는데 의의가 있다고 할 수 있다.

현대전쟁인 걸프전, 코소보전, 아프카니스탄전 그리고 이라크전을 거치면서 항공우주력의 결정적 역할이 확증되었으며, 정보와 C4I체계 기반으로 신속한 결정을 통해 정밀무기로 적의 전략, 작전, 전술적으로 중요한 목표(Key nodes)를 공격함으로써 최소전투로 전쟁목적을 달성하는

41) Secretary of Defense Donald H. Rumsfeld, "*DoD News Briefing - Secretary Rumsfeld*", http://www.defenslink.mil/news/Sep2001/t09252001sd.html(Sep 25. 2001).

효과 중심의 사고인 효과기반작전(EBO : Effects-Based Operations), 모든 부대와 개인들을 네트워크로 연결하는 개념의 네트워크전(NCW : Network Centric Warfare)을 통해 단기간에 적은 희생과 피해로 신속히 승리하는 신속결정전(RDO : Rapid Decisive Operation)이 현대전 수행개념으로 확립되었다. 또한 합동군 체제에 의한 육·해·공군간의 고도의 합동성이 승리의 관건임을 보여주었다. 이와 같이 현대전은 그 이전의 한국전쟁이나 베트남전쟁과는 판이한 전쟁형태와 양상을 나타내고 있는 것이다.

현대전이 과거의 전쟁양상과 다른 점은 첫째, '정보지식체계에 기초한 작전수행방식의 변화'로 미국은 걸프전과 이라크전에서 절대우위에 있는 정보기술을 활용하여 전장공간에 대한 충분한 지식정보를 예측할 수 없는 불확실의 전쟁이 아니라 '네트워크중심전(우주 및 네트워크를 이용한 정보력에 의해 파악이 가능한 전쟁)'42)이 될 것이다. 미군은 정보지식을 바탕으로 한 무기체계로 작전수행방식에 근본적인 변화를 가져옴으로써 재래식 군대의 작전활동과 의도를 정확히 파악하고 무력화시켜 전승을 가져왔다.

둘째, '비대칭전력의 구성과 운용'으로 이라크 전쟁중 미국과 이라크의전력구성상 가장 큰 특징은 비대칭성이었다. 이라크 전쟁에서 미국은 정찰감시, 지휘통제력, 항공기와 정밀무장을 강화하였고 병력수는 대폭 축소하여 초기 13만명을 투입하였다. 전차와 장갑차의 경우에도 걸프전의 ½ 이하로 축소 투입하고 대부분의 화력지원을 항공력으로 대체시키는

42) 네트워크중심전에 대한 자세한 내용은 David S. Albert and Others. *Network Centric Warfare: Developing and Leveraging Information Superiority* (Washington D.C.: DoD C4ISR Cooperative Research Program, August 1999), pp.87～114 참조.

과감한 변화 조치를 취하였다. 미국은 항공력 투입에 중점을 두고 병력, 지상장비는 대폭 축소시켰다.

셋째, '항공우주력에 의한 전략적 주도권 장악'으로 현대전 전장은 이미 평면전장중심에서 입체전장중심으로 전환되었고, 항공우주전역이 주전장이 되었다. 과거전쟁은 초기 적 전력을 최대한 약화시키고 충분한 전력을 결집시켜 집중공세를 취하는 형태로 전개하며 대개 항공전력을 보조전력으로 사용하는 개념이었다. 그러나, 현대전에서는 항공우주전력이 주축이 되어 작전을 수행하고 전략적·작전적·전술적 중심을 동시에 공격하여 무력화함으로써 초기에 전쟁주도권을 완전히 장악하였다. 미국은 항공우주력으로 개전초기에 전략적 주도권을 장악한 후 신속하게 전쟁을 종결함으로써 최단기간에 최소의 희생과 전비로 전쟁목적을 달성하였다.

넷째, 원거리공격과 정밀공격 능력을 가진 '정밀유도무기체계의 증강'으로 항공기의 경우 수백 km의 작전반경에서 10ft 이내로 정밀폭격을 가했으며 미군이 사용한 순항미사일은 1,500~2,000km 떨어진 목표물을 정확히 타격 하였다. 미군이 사용한 항공정밀유도무기는 걸프전시 전체 항공무기의 7~8%수준이었으나 이라크전의 경우에는 68%로 급증하였다.43)

다섯째, '지상전과 해상전의 전통적 역할의 재인식'으로 현대전은 첨단기술장비에 의한 비선형 전장임에도 불구하고 전쟁을 종결시킴에 있어서 지상군의 중요성이 재인식되었다. 특히 이라크전쟁에서 지상군전력을 항공전력과 거의 동시에 합동으로 투입함으로써 전쟁을 신속히 종

---

43) Anthony H. Cordesman, *Instant Lessons for the Iraqi War* (Washington D.C.: Center for Strategic and International Studies, 2003), p.213.

료시켜 그 중요성과 역할을 확인시켜 주었다. 또한 특수전부대도 비선형 지상전을 수행하여 그 역학의 중요성을 보여주었다.

걸프전시 미 해군은 비교적 손쉽게 3면이 바다로 둘러싸인 쿠웨이트 작전지구를 장악하였고 전쟁기간 동안 지속적인 해상봉쇄로 이라크를 정치적, 군사적으로 완전히 차단할 수 있었다. 또한 공군기지 사용제한에 따라 항공전력의 예비기지로 항공모함을 운용할 수 있었으며 소해작전을 통한 원활한 군수물자수송으로 전쟁지속능력을 확보할 수 있었다. 따라서 항공력을 중심으로 한 첨단기술전쟁에 있어서도 지·해상군의 역할이 결코 간과될 수 없음을 보여주었다.

여섯째, '합동작전체제의 승리'로 합동교리와 합동전략전술 훈련 및 합동작전체계의 우수성이 승리를 가져왔다. 미군의 승리는 첨단과학기술을 기반으로 하고 있지만, 이에 못지 않게 합동교리, 합동전략전술 훈련 그리고 동맹관계 등이 전쟁승리에 결정적이었다. 첨단과학무기체계가 전쟁을 승리로 이끄는데 기여했지만, 이러한 무기체계를 가지고 병사들이 합동교리 및 합동전략전술에 기초하여 훈련이 되고 운용이 되지 않았다면 결코 승리는 쉽지 않았을 것이다.

일곱 번째, 효과기반작전(EBO) 및 네트워크중심전(NCW)을 통한 신속결정작전(RDO)의 전쟁수행개념이 도입되었다는 점이다.

나폴레옹 이후 주요 국가들간의 전쟁은 시간과 공간에 걸쳐 산업능력과 방대한 규모의 인력을 결합하는 사고에 의존해 주도되어 왔다. 냉전당시까지 미국의 전력기획은 이것과 유사한 형태를 따르고 있었다. 그러나 미국은 걸프전이후 과거에 행하였던 전력기획의 방식을 변화시키고 있다. 군사변혁과 더불어 새로운 전쟁수행개념을 발전시키고 전력기획을 능력에 기초한 방식으로 변화시키고 있다.

안보 위협요소에 따른 군사전략의 변화와 전쟁양상의 변화에 군에서 요구하는 전력체계가 변화함에 따라 미국의 전력기획체계를 '능력에 기초한 접근방법'으로 변환할 것을 요구하였다. 2003년 3월 럼스펠드 국방장관은 기존의 획득체계에 문제가 있음을 지적하여 국방성에 새로운 절차를 수립할 것을 지시하였다.

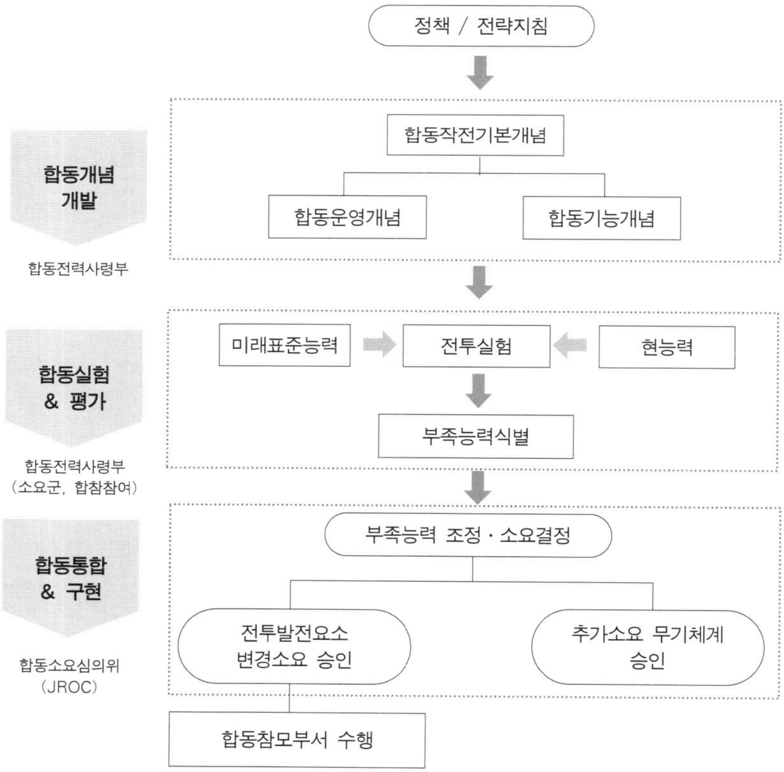

출처: 미 합참의장 훈령 3170.01E(2005.5)

〈그림 3-2〉 합동능력통합개발체계(JCIDS)

이에 따라 합참은 2003년 6월 24일 문서를 발간하여 그동안 각군에서 수행하여 왔던 군사력 소요결정을 미 합참이 직접 수행하는 새로운 소요결정체계인 '합동능력통합 및 개발체계(JCIDS : Joint Capability Integrating and Development System)'를 설치하였다.(〈그림 3-2〉 참조)

새로운 체계인 JCIDS는 기존의 소요제기체계에서 제기된 문제점을 해소하고 합동성의 증진과 획득 및 배치기간을 단축하는데 초점을 둔 절차로서, 그 동안 미 육군이 발전시킨 '개념에 기초한 소요결정체계'(CBRS : Concept Based Requirement System)를 합동차원으로 발전시킨 것으로 근본적으로는 '개념 중심, 능력에 기초한 접근법'이라 할 수 있으나 소요제기 중심을 미래 작전능력에 둔 '능력에 기초한 접근법'이라고 명명하였다.

능력에 기초한 접근이란 미 국방기획의 패러다임의 변화를 의미하는 것으로서 종래의 '위협에 기초한 접근법'에 대비되는 개념이다. 21세기는 안보환경의 변화로 위협이 다변화되고 비대칭적으로 발전함에 따라 '언제, 어디서, 누구와 싸운다'는 개념으로는 위협의 변화에 대처할 수 없으므로 패러다임을 바꾸어 '어떻게 싸울 것인가?(How to Fight?)'에 대한 명확한 정의를 통해 기획, 계획, 소요, 획득과정에서 능력을 기초한 전력(Capabilities Based Force)에 초점을 맞추어 추진하겠다는 뜻이다.

이러한 능력기반 전력기획은 네트워크중심전(NCW)의 원칙을 적용하되, 구체적인 각 군의 플랫폼(Platforms)에 초점을 두는 것이 아니라, 오히려 그런 플랫폼의 효과적인 능력을 더 큰 전체 속으로 '통합(System of Systems)'하는 데 초점을 두며 특히, 정보작전과 전술 데이터링크의 중요성을 강조하고 있다. 이 방식은 적이 보유한 C2(Command & Control), 플랫폼, 훈련, 교리 등의 요소를 세부적으로 고려하여 적용하는 것이다.

이와 같이 능력기반 접근의 기초는 가능한 것을 식별하고, 개발이 실행 가능한지를 결정한 이후에 계획, 설계, 개발을 통해 더 큰 '구조'(Architecture) 속으로 통합하는 것이다. 이것은 이용 가능하고, 군사적으로 유용한 '능력'에 토대를 둔 체계를 제공하기 위해, 그리고 수년에 걸쳐 동시에 진화하는 체계, 구성품, 부품을 설계하는 반복적인 과정이며, 그것은 새로운 기술의 등장과 함께 능력과 성능을 향상시켜 나가는 '나선형 개발'(Spiral Development)을 통해 구현한다.

능력기반 전력기획은 네트워크중심전하에서 미군의 새로운 전쟁수행 교리인 '효과기반작전(EBO)'을 강화하기 위한 조치로서 궁극적으로 효과기반 획득을 구현하는 기본적인 토대를 구축하는 데 그 목적이 있다.

미공군의 능력기반 전력기획의 구축 사례를 살펴보면 미공군은 합참차원의 군사 대변혁을 바탕으로 2003년 11월 'FLIGHT PLAN' 개정 발간하면서 능력에 기초한 전력으로의 변혁을 강조하기 시작하였고 작전개념(CONOPS), 조직, 기술의 개별적 변화가 아닌 세 요소의 동시 통합을 모색하면서 변혁을 추진하고 있다.44)

이러한 대변혁전략에는 합동 및 연합전투의 향상, 유연하고 민첩한 조직구성으로의 변화 등이 추진 중에 있으며 특히 능력을 기초한 기획으로의 전환은 미 공군력 건설에 핵심 변혁전략으로 가장 중점적으로 추진되고 있다.

이러한 능력을 기초한 기획으로의 전환을 위해 먼저 미공군은 그들이 요구하는 능력이 무엇인가를 식별하고 이를 근간으로 미공군의 작전개념(CONOPS)의 새로운 고찰을 통해 미공군의 기획, 계획, 소요 및 획득에 대한 지침을 주며 효과에 대한 분석을 통해 효율적인 공군력건설을 추진하려고 한다. 위의 〈표 3-8〉는 미공군 변혁을 위한 요구능력이다.

44) 공군전투발전단, 『미 공군 변혁과정』, 공군 전투발전단, 2006.

〈표 3-8〉 미공군 변혁위한 요구능력

구 분	요구 능력
정보우세	· 합동체계통합 · 공통작전 상황도 · 예상가능한 전장인식 · 정보보장 · 적 정보의 거부 및 파괴
항공우주우세	· 첨단 공중방어체계의 침투 및 파괴 · 지속적인 타격 · 공중접근 보장 · 적 우주 접근 거부 · 미사일 방어
정밀교전	· 쏘티당 목표물 증대(소형무기) · 비살상 효과 · 체공무장
범세계적공격	· 수시간내 전세계 타격
신속한 범세계 타격	· 신속한 범세계적 이동성 · 대응적 우주 발사 / 작전
신속한 지원	· 보다 경량화된 군수 · 대화생방 및 고폭탄 · 전력보호

출처: Francis Geiser, 공군혁신세미나 발표자료(2006. 9.19, 공군본부)

이와 같은 미공군 요구능력은 작전개념을 발전시키고 합동전투효과를 달성하기 위해 구체적으로 요구되는 능력을 정의하고 평가하며 각 능력에서 부족한 전력을 식별하고 각 기능별 격차를 파악하여 위험요소를 종합적으로 식별 조정/해결함으로써 효과 중심의 전력기획 과정을 수행한다.

이러한 능력에 기초한 미공군의 전력기획과정은 〈그림 3-3〉와 같이 나타낼 수 있다.

* (약어) NSS : 국가안보전략, NDS : 국가방위전략서, NMS : 국가군사전략
CPG : 우발계획지침서, SPG : 전략기획지침서, QDR : 4개년 국방개혁보고서
CRRA : 능력검토 및 위협판단, AF CONOPS : 공군작전개념
CCJO : 합동작전기본개념, JOCs : 합동운용개념, JFCs : 합동기능개념
JICs : 합동통합개념, DPS : 국방기획지침서, CBAs : 능력기반획득
AFROCC : 공군 작전능력 요구위원회

출처: Francis Geiser, 공군혁신세미나 발표자료(2006. 9.19, 공군본부)

〈그림 3-3〉 능력을 기초한 미공군 기획과정

나. 전력기획 사례의 분석

1) 전력기획의 특징

현재 미국의 전력기획 특징은 부시 행정부가 추진하는 능력기반 전력기획이라고 할 수 있는데, 그 특징은 다음과 같다.

첫째, 지금까지는 예상되는 위협에 대처하기 위한 전력기획을 하였으나, 군사적 요구에 부응하기 위하여 위협보다는 능력에 기초하여 기획한다는 것이다. 국가이익의 보호를 위해 요구되는 능력을 구비할 수 있도록 군사혁신을 추구하고, 전략적 요구와 예상되는 작전형태를 고려하여 적정한 군사력 규모를 설정하고 이에 적합한 맞춤식 기획을 하며, 걸프전이후 현대전의 경험을 바탕으로 합동성과 통합성 제고를 위해 개념에 기초한 하향식(Top-Down) 전력기획을 하는 것이다. 합참에서 합동개념을 개발하여 미래 표준능력을 정의하고 미래표준능력과 현능력을 비교분석하여 능력 차이를 식별하고, 부족능력을 전투발전요소(DOTMLPF)별로 분류하여 발전요소를 소요제기에 반영하는 전력기획을 수행한다.

둘째, 과학기술의 급속한 발전으로 의사결정 절차의 간소화 및 전력화 기간 단축 등 신속성을 강조한다는 것이다. 미국이 20여 년에 걸쳐 F-22와 RAH-66을 개발하고 있는 동안 컴퓨터의 처리속도는 512배 빨라지고 메모리 용량은 65,000배 이상 증가하는 등 IT기술은 급속한 발전을 이루고 있다. 이와 같이 과학기술의 발전속도를 고려하여 신속한 의사결정 기획체계를 이루지 못한다면 의사결정시기와 전력화시기의 과학기술의 차이로 인하여 진부화된 군사력을 건설할 취약점을 가질 수 있을 것이다. 기술의 급속한 진보와 확산에 대처하고 전력화 기간 단축을 위해 첨단기술시범(ACTD), 작전운용성능(ROC) 설정의 단계화, 점진적 획득방법의 채택, 개념형성 단계부터 시험평가 참여, 사업관리의 융통성 부여 및 권한 위임 등의 다양한 제도를 발전시키고 있다.

셋째, 전력운용의 효율성 향상을 위해 기획단계부터 합동성과 통합성을 강조하여 체계 종합적 관점에서 접근하고 있다는 점이다. 합동차원의 전력운영 관점에서 통합적으로 발전시킴으로써 중복을 최소화하고, 공통기반 위에서 각군의 노력을 통합하며, 단위체계별 개별적 접근보다는 'System of system' 관점에서 통합접근을 강조하고 있다.

넷째, 기획에서 획득까지의 전과정에서 과학적 기법(전투실험, 가상현실 기법, M&S)을 활용하고 있다는 점이다. 새로운 개념의 입증 및 적용과 체계의 개발 가능성을 검토하고 확인하기 위하여 다양한 과학적 기법을 사용하며, 시험평가 기간 단축과 재원 절약을 위해 시뮬레이션을 통한 시험평가와 실 장비 시험평가를 병행하고 있다.

다섯째, 장기적인 획득절차를 단축하기 위하여 첨단개념기술시범(ACTD)을 통하여 현재 개발중인 사용기술을 군기술로 바로 활용함으로써 기존의 지루한 획득절차를 생략하고 연구개발 결과를 곧장 실전 배치하거나(예 : 미군의 프레데터 무인기) 단기간 기술숙성 후 생산에 들어가는 새로운 획득방법을 채택하고 있다.

2) 전력기획의 시사점

미국의 전력기획은 국력과 국가목표 · 군사전략 · 군사력 등에서 한국과 많은 차이가 있지만, 미국의 이러한 전력기획 방법의 변화요인이 한국에 어떠한 관련이 있는지 살펴볼 필요가 있다. 미국의 전력기획 변천 과정의 고찰은 다음과 같이 한국의 전력기획에 간접적인 경험을 제공할 수 있는 시사점을 가지고 있다.

첫째, 현재 미국은 혁신(Transformation)차원에서 전력구조의 전면적인 재조정 과정은 한국의 미래에 필연적으로 다가올 가능성이 높다는 점이다. 냉전에서 탈냉전으로 전략환경이 변화되자, 소련의 위협에 대응하는 개념에서 미래 불확실성에 대비하는 개념으로 변하였다. 이것은 한국에게 현재 북한의 위협 중심적인 대응개념에서 미래 불확실성에 대한 대응개념으로 변화의 방향성을 제공하고 있다.

둘째, 미국의 전력기획 접근방법은 한국에 적용할 수 있는 창의적인 관점을 제공할 수 있다. 미국이 냉전시대에 소련과 지역분쟁의 위협 시나리오에 기초하여 왔으나, 탈냉전기에는 미래의 불확실성에 대비하기 위하여 능력기반의 전력기획으로 변화하였다. 이러한 전력기획의 접근방법의 변화는 한국이 미래에 직면할 수 있는 유사한 상황에 유용한 관점을 제공할 수 있다.

셋째, 냉전시기 한국의 전력기획을 되돌아보고 통일 이후를 대비한 전력기획을 구상하여 볼 때, 변화추세의 적용이 가능하다. 통일 이후 한국의 전력기획은 미국이 현재 진행하고 있는 군사력의 전면적인 재조정과 같은 과정을 필연적으로 수반하게 될 것이다. 즉, 한국의 현 전력은 냉전기간의 전력기획 방식에 의해 이루어져 주로 대처상황에서 수량비교에 의한 방식으로 취약점 보완에 중점을 두어 왔다. 따라서 통일 이전이라도 독자적인 전략과 그 전략을 수행할 수 있는 능력을 보유해야 한다는 측면에서 근본적인 군사력의 재조정이 불가피한 것으로 판단된다.

넷째, 미국의 군사력 재조정을 통한 변화를 살펴보면 걸프전 이후에 전쟁양상에서 과학기술의 영향을 가장 많이 고려하고 있음을 알 수 있다. 냉전기에도 과학기술의 혁신에 의한 변화는 전략 전술의 변화를 선도하여 왔지만, 탈냉전기에는 고강도의 국가간의 전쟁으로부터 저강도의 내부분쟁에 이르기까지 모든 내용을 수용한 전력기획이 중시된다. 즉, 미국의 전력은 고도의 정밀기술 일변도에서 다양한 기술의 조합을 중시하여 예상 임무별 군사력 건설을 중시하고 있다. 이러한 변화는 한국이 군사력 재조정시 새로운 군사력 형성에 있어서 주력해야 할 중・장기적 방향을 제시해 주고 있다고 보여진다.

다섯째, 미국의 전력기획 과정에 있어서 영향요소를 관리하는 노력이다. 의회와 여론, 동맹전력, 재정적 제한은 기획활동의 영향요소로서 미국의 국방부는 이러한 요소들을 합리적으로 고려하려는 노력을 하고 있다.

이러한 미국의 전력기획 주요 추세들을 한국이 장기적인 관점에서 수용하여 적용한다면, 미래 불확실성을 효율적으로 관리하는데 많은 방향성을 제공할 수 있을 것이다.

제2절 한국군의 전력기획 고찰

1. 전력기획의 변천

한국군의 전력기획 변천은 군사력 건설과정과 국방기획관리제도의 변천과정을 살펴봄으로써 유추할 수 있는데 이는 시기적으로 율곡사업45)을 기점으로 구분할 수 있다. 따라서 1970년대 이전, 1970년대 이후~1990년대 이전(율곡사업 기간), 1990년대 이후로 구분하여 고찰해 보기로 한다.

가. 1970년대 이전

한국군은 1953년 한국전쟁 휴전이후 군 장비 현대화와 군사력증강을 달성하기 위하여 노력했으나, 이를 뒷받침할 만한 경제적인 능력이 부족하여 미국의 일방적인 군사원조에 의존할 수밖에 없는 실정이었다. 이러한 상황에서 미국으로부터 국군의 월남 파병제의를 받아 1965년부터 월남전에 참전하게 되면서 군현대화와 군사력 증강이 시작되었다. 1966년 미국은 '브라운 각서'46)에 의해 한국군 현대화계획을 지원하기로 함으로

45) 국방부, 「율곡사업의 어제와 오늘 그리고 내일」, 1994, "국방8개년계획(1974~1981년) 수립, 대통령 재가후 율곡사업에 착수함"

46) 네이버 백과사전, "우리 정부가 베트남전에 국군을 파병하면서 미국측과 파병에 대한 보상조치로 맺은 각서"로서, 총 14개 항으로 이루어진 이 각서의 주요내용은 다음과 같다. ① 추가 파병에 따른 비용은 미국정부가 부담한다. ② 한국군 육군 17개 사단과

서 제한적으로나마 한국군 전력증강의 첫발을 내딛게 되었다. 그러나 이 각서는 작성당시부터 효력과 성격, 시한성 명시 등 내용이 모호하여 그 이행상태가 부진하여, C-54 수송기, 구형 M-48형 전차와 주월 한국군에 대한 M-16 소총 지급 등 미미한 수준의 전력증강 효과만 얻을 수 있었다.

국방기획관리제도 측면에서는 군사장비 구매나 이를 유지하는 비용을 미 군사지원에 의존하고 있었고, 인력운영비만 국고로 부담함으로써 기획관리에 대한 개념이 없었다.

결국 미 군원에 의존하여 군사력을 건설하였기 때문에 이 시기의 전력기획은 없었다고 볼 수 있다.(미국의 군사지원 사업 : 〈표 3-9〉를 참조)

〈표 3-9〉 미국의 군사지원 사업

구 분		사업형태
사업의 중요성	주요 사업	FMEP, FMS/FMCS, CS, MAP/MASF, IMET, ESF, PKO
	기타 사업	EDA, SDA, SDAF
유·무상	유 상	FMS, CS, FMFP
	유상 또는 무상	EDA, SDA, SDAF, ESF
	무 상	MAP/MASF, IMET, PKO FMEP 중 MAP MERGER Fund
사업관장 부서	국방부	FMS, FMEP, MAP, IMET, EDA, SDA, SDAF
	국무부	CS, ESF, PKO

주 : 안보지원 사업들 중에서 미 국방부가 관장하는 사업들을 총괄적으로 지칭하여 군사원조(Military Assistance)라고 한다.

출처: 황동준, 한남성, 이상욱, 「미국의 對韓 안보지원평가와 한·미 방위협력전망」,(서울: 민영사, 1990), p.22.

해병대 1개 사단의 장비를 현대화 한다. ③ 베트남 주둔 한국군을 위한 물자와 용역은 가급적 한국에서 조달한다. ④ 베트남에서 실시되는 각종 구호와 건설 등 제반 사업에 한국인 업자를 참여시킨다. ⑤ 미국은 한국헤 추가로 AID 차관과 군사원조를 제공하고, 베트남과 동남아시아로 수출증대를 가능케할 차관을 추가로 대여한다. ⑥ 한국이 탄약 생산을 늘리는데 필요한 자재를 제공한다. 베트남전 파병은 경제적으로는 '브라운 각서'와 '월남 특수'를 통한 고용증대와 경제성장을 가져다 주었다.

나. 1970년대 이후~1990년대 이전

1970년대에 들어서면서 닉슨 미 대통령의 일방적인 미군 철군에 안보가 불안해진 한국은 본격적으로 자주국방계획을 입안하게 되었다. 특히 국방력 정비를 통한 평화통일 뒷받침과 국토와 민족수호, 적정 군사력 유지를 통한 군의 정예화 달성, 방위산업 육성을 통한 자주국방체제의 확립 등 3대 국방목표를 제정하여 전력증강에 인적・물적 자원을 투입하게 되었는데, 이의 구체적인 전력증강계획이 1974년부터 추진된 율곡사업이다.

〈표 3-10〉 율곡사업 주요 추진내용

구 분	1차('74~81)	2차('82~86)	3차('87~92)
투자비	3조 1,402억원	5조 3,280억원	13조 7,872억원
국방비 대비	31.2%	30.5%	35.8%
북한전력 대비	54.2%	60.4%	72%
추진내용	・노후장비 교체 ・전방지역 진지축성 ・고속정 건조 ・항공기(F-4) 구매	・자주포, 한국형 전차, 장갑차 개발 ・주요 전투함정 건조 ・F-5 기술도입 생산	・자주포, 전차, 장갑차 양산 ・헬기, 잠수함, F-16 기술도입 생산

출처: 국방부, 「율곡사업의 어제와 오늘, 그리고 내일」, 1994

율곡사업은 1974년부터 1992년까지 3차에 걸쳐 추진되었으며, 22조 2,554억원을 투입한 결과 전력증강 측면에서 기본 재래식 병기 위주에서 기능별 핵심장비, 고도정밀무기로 무기체계의 질적 향상을 가져왔으며, 모방개발에서 국내연구개발, 기술도입생산 형태로 발전하는 성과를 가져왔다. 또한 연구개발 측면에서는 국방연구개발 투자확대로 독자적인 기본병기 개발 및 고도 정밀무기 개발을 위한 기반을 구축하였으며, 방위산업 또한 정부주도의 육성정책 위주에서 민간주도의 경제성에 입각한 기업 자체의 능력을 유도하는 방향으로 전환하여 군의 전력증강에 크게 기여하였다.

국방기획관리 측면에서 보면, 1970년대에 미 군원이 감소되고 방위세법이 제정되어 자주적인 군사력 건설을 위한 예산 편성이 가능하게 되어 국방기획관리제도가 시작되었다고 할 수 있다. 1980년대에는 국방기획관리제도의 기획, 계획, 예산의 연계성이 강화되어 국방기획의 활성화와 국방목표의 효율적 달성에 기여하였다.

1970년대 이후는 한국군의 군사력 건설이 시작된 시기로서 전력기획의 특징을 살펴보면 다음과 같다.

첫번째 특징은 위협강조 접근법에 의한 전력기획이다. 한국군은 오로지 북한을 적으로 하여 북한의 능력에 대응하는 기획을 하였다. 즉, 북한이 보유하고 있는 무기체계, 장비 등을 고려하여 상대적으로 전력균형을 유지하는데 초점을 두고 부족한 전력을 메우는 따라잡기식 전력기획을 수행하였다. 즉, 병력 및 장비의 「수량을 직접 비교」하는 방법을 통해 전력기획을 하였는데, 이는 조직운영수준, 훈련정도, 사기 등의 무형적 요소와 무기체계의 성능과 운용능력 등 질적 요소를 미반영시키는 방법을 통해 전력기획을 수행하였다. 그러나 국방재원의 한계로 인해 주로 육군 위주의 전력소요를 충당하였으며 국방비 부담이 많은 해·공군 전력소요는 미군에 의존하여 전력균형을 유지함으로써 육·해·공군 간 전력발전에 불균형이 나타나게 되었다.

두번째, 기술강조 접근법에 의한 전력기획이 나타나고 있다. 1970년 국방과학연구소가 창설된 이래로 지속적으로 추진된 한국형 미사일 개발, 전차, 장갑차, 자주포, 지대공 유도무기체계 등의 개발을 이룩함으로써 많은 발전을 이루었다. 그러나 이러한 기술강조 접근법에 의한 전력기획은 군사기술의 개발을 통해서 전장에서의 우세를 달성하려는 목적보다는 주요 장비의 국산화를 이룩하는데 더 많은 초점을 기울였다. 따라서 전장에서의 우세를 달성하기 위한 군사기술의 개발과 개발된 기술을 새로운 군사조직에 적용하여 승수효과를 발생시키려는 노력, 즉 여러 전투장비의 전투능력을 종합하는 노력은 부족하였다고 볼 수 있다.

세번째, 임무강조 접근법에 의한 전력기획을 하였다. 임무강조 접근법에 의한 전력기획은 군사력 건설을 시작하던 시기부터 현재에 이르기까지 지속적으로 실시되고 있다. 군사력 건설의 우선순위를 선정함에 있어 예하 부대의 임무수행에 필요한 사항을 도출하여 전력기획을 수행하였다. 특히 제2차 율곡사업 기간동안에는 임무형 부대구조 발전을 통하여 해군에 작전사령부를 두고 예하에 수개의 함대를 두어 작전체계와 지휘구조의 개편작업을 실시하였고, 육군에서 한국적 보병사단의 개편과 후방지역방어를 위한 중간지휘기구 창설 등을 통하여 임무중심의 군사력 건설을 실시하였다. 그 결과로 2차 율곡사업 기간동안의 전력증강 투자비에 있어서 육군의 점유율이 49.7%로서 군간 불균형이 심화되었다.47)

그러나 한국에서의 임무중심의 군사력 건설은 약간 특이한 방식으로 진행되었다. 통상적으로 전략목표 달성을 위한 예하 부대의 임무를 하향식으로 기술하고, 이러한 임무수행을 위한 전력기획을 하는 것이 일반적이나, 한국에서의 전력기획은 예하 부대에서 자신의 임무수행을 위해 필요한 전력소요를 도출하고 이렇게 도출된 전력소요들 중에서 중요 임무

47) 해군 20.2%, 공군 24.9%, 통합사업 5.2%를 점유하고 있다. 김형균, 『군수산업의 사회학』(세종출판사, 1997), p.165.

수행을 위해 우선적으로 요구되는 사항을 선택하는 방식으로 추진되었다. 이러한 원인은 한국에서의 위협 내용이 비교적 명확하고, 각 군이 수행해야 하는 임무가 고정되어 있는 상황에서 새로 각 군의 임무를 판단하고 이를 통해 군사력 건설을 위한 소요산출을 하는 것이 제한되었기 때문이었다.

이와 같은 방식으로 임무강조 접근법에 의한 전력기획을 수행함으로 인하여 전력의 우선순위를 선정함에 있어서 각군에서 제기된 전력소요가 중복되거나, 자신의 임무가 다른 임무보다 중요하다는 논쟁이 발생하게 되었으며, 인원수가 많은 육군 위주의 군사력 건설이 수행되어 균형전력 건설에 지장을 초래하였다.

네 번째, 상향식 접근법에 의한 전력기획을 하였다. 한국은 전력소요제기를 주로 상향식으로 실시하였다. 따라서 각군의 작전수행을 위한 전력소요가 주로 제기되고 있으며, 이로 인하여 전략목적 달성과 장기적 안목에서의 군사력 건설이 미흡한 결과를 낳았다. 이러한 소요제기 방식은 1990년대 후반에 들어서 하향식 소요제기를 실시하려는 시도가 보이고 있으나 이를 위한 제도적 변경이나 보완은 미비한 실정이다.

다. 1990년대 이후~현재

1970년대 초에 출발한 우리군의 전력증강은 제도 및 시행 면에서 많은 발전을 이루었으나, 3군 병존체제 환경하에서 전력기획 분야는 체계적이고 과학적인 절차가 미흡한 관계로 시행착오를 많이 겪었다. 1990년대 이전에 수행되었던 상향식 접근법에 의한 전력기획과 임무강조 접근법에 의한 접근법 등을 보완하기 위하여 1990년부터 818계획에 의거 합참의 기능을 보강48)하고 군사력 건설상의 전력기획 업무가 강화되면서 합동차원의 전력소요 창출을 시도하였다.

합참에서 적용하고 있는 합동전력소요결정체계49)는 과거 미 육군에서 발전시킨 CBRS(Concept Based Requirement System)와 유사한 개념에 의한 소요결정 방식을 채택하였다. 이는 1992년 3월 장기적 안목의 통합군사력 건설을 위한 체계적이고 과학적인 소요결정 절차 정립의 필요성이 대두되어, 위원회를 편성하며 연구되었다. 이후 합동참모회의 작전지휘관 회의 등 의견수렴 과정을 거쳐 1993년 3월부터 시행되어 오늘에 이르고 있으며, 1999년 4월, 합동전장 운영개념서(합동비전 2015)를 발간 배포하였다.

합동전력소요 결정체계의 목표는 미래 한국군의 비전을 창출하고, 비전 성취를 위한 통합군사력을 건설하며, 북한 및 주변국 위협의 취약점 식별과 과학기술 가능성을 예측하여 장기적인 전력소요 도출로 핵심 무기체계의 연구개발을 촉진시키는데 있다.

합동전력소요 결정체계의 범위는 〈그림 3-4〉에서 보는 바와 같이 합동전장 운용개념의 설정으로부터 소요를 결정하는 단계까지이다.

소요결정체계는 군사전략을 구현하기 위한 군사력을 운용함에 있어 합동군 차원에서 어떻게 싸울 것인가?(How to fight?)라는 합동전장 운영개념을 설정하고, 이를 기초로 한 전력평가를 통하여 전력소요의 필요성이 식별되며 창출된 전력소요는 과학적인 분석과정을 통하여 최종 소요로 결정되어 기획/계획문서에 반영하며 전력화가 이루어진다.

---

48) 국방부, 「국방기획관리제도 소개」, 국방부 강의자료, 2006. 3.

49) 합동전력소요결정체계란 "합참이 미래전장에서 싸워 이길 수 있는 통합군사력을 건설하기 위하여 중·장기 전력소요와 그 우선 순위를 결정하는 과학적이고 체계적인 의사결정 과정"이다. 합동참모본부, 「합동전력소요결정체계」, 1993. 3.

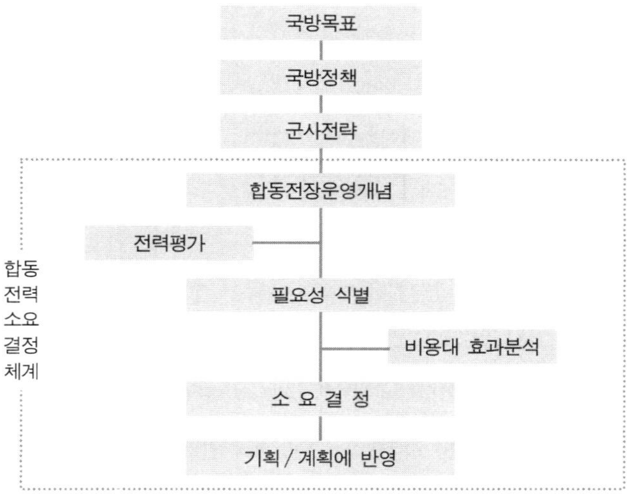

〈그림 3-4〉 합동전력소요결정체계 범위

합동전력소요결정체계의 업무수행절차50)는 〈그림 3-5〉와 같이 개념형성-필요성 식별-소요결정의 3단계로 이루어진다.

개념형성 단계는 군사전략 목표와 개념을 달성할 수 있는 군의 임무와 국방부, 합참이 제시한 지침을 토대로 북한 및 미래 잠재위협을 예측분석하고, 한국전쟁, 중동전, 걸프전 등 과거 전례 및 과학기술의 발전추세와 전망을 기초로 장차전의 양상을 예측하여 '어떻게 싸울 것인가?' 하는 합동전장운영 기본개념과 이에 따른 전장기능별 운영개념을 설정한다.

50) 합동참모본부, 「합동전력소요결정체계」, 1993. 3.

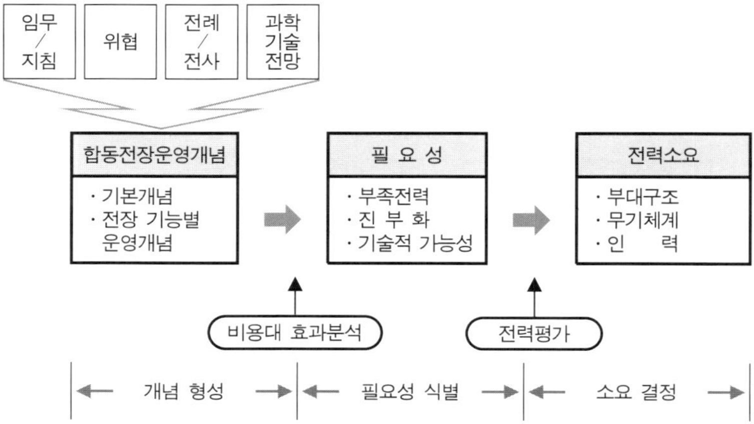

〈그림 3-5〉 합동전력소요결정체계 업무수행절차

필요성 식별단계는 합동전장운영개념을 수행할 수 있는 능력과 우리 군의 현재 및 계획된 능력, 적의 현재 및 계획된 능력을 고려하여 부족전력과 장비의 수명주기에 따른 진부화 정도, 그리고 기술적 가능성을 분석하여 전력소요의 필요성을 제기한다.

소요 결정단계는 필요성 식별단계에서 확인된 부족 소요를 부대구조 무기체계 효과요소, 인력소요 등을 고려하여 창출된 소요의 타당성을 검토하며, 필요시 비용 대 효과분석을 실시한다.

이상에서 살펴본 합동전력소요결정체계는 형식적인 수립으로 체계적인 업무가 추진되지 않았다. 합참에서 정립한 싸우는 개념이 수단을 제공하는 각군의 전장운영개념과 연계가 되는지? 통합전력발휘 극대화를 지향하는 합동전장운영개념은 적절한 것인지? 또한 각군에서 제 전장기능을 다르게 구분하여 적용하고 있는데 과연 합참에서 분류한 제 전장기능은 타당하며 기능별로 발전시킨 세부운용개념은 적절한 것인지? 등에 관한 검증 및 보완절차가 없었다. 지상군 위주의 기본개념과 전장기능을 분류하여 타군에서 적용하기가 곤란하였다.

1990년대 이후 군사력은 한・미동맹을 근간으로 하는 협력안보 추진을 목표로 지상전력의 현대화, 해상・공중전력의 첨단화, C4I체계 및 정보전력사업 착수를 전력증강 중점으로 약 45조 7827억원(1993~2003) 규모의 투자비를 투자하여 북한전력 대비 지상 65%, 해상 107%, 공중 106% 수준의 군사력을 건설하였다.[51]

이 시기의 전력기획은 과거에 수행되었던 상향식 접근법에 의한 전력기획의 단점을 극복하기 위하여 하향식 접근법에 의한 전력기획 방법인 합동전력소요결정체계를 통한 전력기획을 시도하였으나 이를 위한 제도적 변경이나 보완은 나타나지 않고 상향식 접근법에 의한 전력기획을 답습하였다. 또한 방위세법 폐지와 사회복지에 대한 국민여론의 증가로 인해 국방비의 중요성이 다른 사회투자비에 비하여 감소됨에 따라 재정강조 접근법에 의한 전력기획이 나타나게 되었다.

2. 전력기획의 제 문제

가. 합동작전에 근거한 소요창출 미흡

현재 우리를 둘러싼 글로벌 안보환경은 불확실하고 복잡하다. 이러한 환경 속에서 새롭게 부상하는 다양한 잠재적인 위협들은 우리의 안보에 매우 도전적이다. 이러한 도전들에 효과적으로 대처하기 위해서 우리 군은 새로운 군사전략 개념을 수립해야 하고, 또한 그것에 부합할 수 있는

51) 고성윤 외, 「2003~2004 동북아 군사력」, 한국국방연구원, 2004. p.507.

군으로의 변혁을 시작해야만 하는 것이다. 이를 위해 먼저 미래의 안보환경을 올바로 평가하여 국가안보전략을 구현할 수 있는 군사전략개념의 설정이 우선 이루어져야 한다. 또한 이러한 군사전략개념을 충족할 수 있는 합동작전개념이 정립되고 나아가 합동작전을 수행하는 데 필요한 무기체계에 대한 소요창출이 이루어져야만 일관된 군사력 건설이 가능하다.

합동작전을 위한 전략은 군사전략 수립단계에서 합동작전능력을 구비하기 위한 합동비전(Joint Vision)을 작성하고, 여기에는 기술, 개념, 자원 분야에서 예상되는 발전과 변화에 대한 큰 그림을 제시해야 한다. 이러한 합동비전을 구현하는 절차는 합동비전 → 합동개념 개발 → 요구능력 식별 → 구현 아이디어 개발 및 검증 → 소요 결정 → 국방부 기획계획체계 반영 → 야전배치 순으로 진행된다. 여기서 소요란 DOTMLPF 즉, Doctrine(교리), Organization(조직), Training(훈련), Materiel(무기·장비·물자), Leadership and education(리더십 및 교육), Personnel(인력), Facilities(시설) 분야에서의 변화요구를 말하며, 특히 무기·장비·물자(Materiel)의 소요를 충족시키는 과정을 우리는 획득(Acquisition)이라 할 수 있는데 그 출발점이 소요인 것이다.

또한 합동개념을 구현하기 위하여 요구능력을 식별하고, 식별된 요구능력을 충족할 아이디어를 개발하고 검증하며, 검증결과를 평가하여 다시 소요로 제기하거나 개념 및 요구능력을 개선하는 과정을 반복해야 한다.

그러나 우리 군의 현 실태는 국가안보정책을 구현하는 군사전략 수립단계에서 합동작전을 구현하는 과정이 생략되거나, 미흡하거나, 과학적인 검증절차 없이 각 군별로 상향식 소요요청을 하고 있다. 또한 합동전장운영개념서 작성이 미흡하고 이를 구현할 수 있는 기획체계 역시 미흡하다. 따라서 합동작전에 입각한 소요창출을 위한 기획체계의 정착이 시급한 실정에 있다.

이에 추가하여 우리 군의 기획문서 체계는 비전(Vision), 개념(Concept) 등의 용어 사용이 통일되어 있지 않고, 기본전투개념, 합동전장운영개념, 합동전쟁수행개념, 합동작전수행개념 등의 다양한 용어를 사용함으로 인해서 이해하기가 어려우며, 합참 차원에서는 각 군의 이기주의로 인해 합동작전에 대한 공감대 형성이 미약한 실정에 있다.

합동군사전략서(JMS)[52]와 합동군사전략목표기획서(JSOP)[53]를 연결해 주는 『합동개념서』의 위상과 역할이 정착되지 않음으로써, 합동군사전략서 내용에 합동군사력건설을 위한 기준을 제시하기가 곤란하고, 합동군사력건설을 위한 상위개념이 정립되어 있지 않으며, 공식적인 검증절차가 없이 상향식(Bottom Up) 소요창출을 기초로 각 군의 소요를 합동군사전략목표기획서 및 합동능력기획서 등에 반영하고 있는 실정에 있다.

합참이 만드는 합동군사전략서(JMS)의 목적은 군사전략 목표 및 개념, 군사력 건설방향이 제시된 문서로서 하위 문서들에 대한 지침과 자료를 제시한다. 그러나 군사전략의 핵심인 "어떤 전쟁을, 어떻게 싸울 것인가? 싸우기 위해서 어떤 능력이 요구되는가?"에 대한 질문에 답을 하지 못하는 문제가 있다. 또한 하위문서인 합동군사전략목표기획서

---

52) 합동군사전략서(JMS: Joint Military Strategy): 국가 및 국방목표 달성을 위한 군사전략 목표, 개념 및 군사력 건설 방향을 제시하는 기획문서로서 합참에서 F+3~F+17년 대상으로 매 3년마다 작성한다.

53) 합동군사전략목표기획서(JSOP: Joint Strategy Objective Plan): 중・장기 군사력건설 방향 및 소요, 전력화 우선순위, 그리고 중기 부대기획 소요를 제기하는 문서로서 합참에서 F+3~F+7년을 대상으로 매년 작성한다.

(JSOP)를 보아도 전쟁의 양상은 어떠할 것이며, 어떻게 싸워야 할 것인지를 거의 기술하지 않고 있다. 특히, JSOP에서 무기체계의 우선순위를 매기고 있는데 "위협" 하나만 가지고 어떻게 소요를 제기하는지 의문이 들 정도이다.

현재 우리 합참의 기획체계는 "위협의 존재에 따라 전쟁양상은 구체적으로 어떻게 될 것인가? 전쟁영역(Combat Area)은 어디인가? 싸워 이기기 위해 어떤 임무를 수행해야 하는가? 조직과 교리를 바꾸어서 대처할 수 있는가? 임무를 위해 요구되는 능력은 무엇인가? 등에 대한 대처로서 이러이러한 능력에 맞는 무기체계가 필요하며, 이 무기체계는 이러이러한 성능이 필요하다"와 같은 합리적인 기획체계의 흐름을 찾기 어렵다. '어떻게 싸울 것인가?'라는 것이 '무엇이 필요하다'라는 소요에 선행되어야 한다. 따라서, 합동전략능력기획서(JSCP)는 국가군사전략서(NMS)와 함께 최상위의 기획문서로서 작성되어야 한다.

육군의 경우 2003년 9월 1일에 「육군비전 2025」를 발간함으로써 장기적으로 지향해야 할 미래상을 제시함과 아울러, '개념에 의한 소요창출체계(CBRS)'를 적용하고 있다. 나아가 제반 전투발전에 대하여 일관성을 보장하고 다양하고 분권적인 세부개념 발전에 대하여 통일된 방향인 기준개념서를 작성하고, 기준개념서에서 제시된 내용을 기초로 하여 다양한 미래지향적 개념들을 발전시킴으로써 미래전 수행과 대비에 관한 개념들과 발전과제들을 세부개념으로 구체화하고 세부개념서에서 제시된 결론들을 종합하여 미래에 육군이 구비해야 할 능력인 미래 작전능력 요구들을 제시하며, 최종적으로는 제시된 미래 작전능력을 충족시킬 수 있도록 전투발전 분야별 소요를 도출하고는 있으나, 합동작전을 고려한 소요창출과는 다소 거리가 있다고 볼 수 있다.

그리고 이러한 합동작전을 고려한 소요가 결정된 이후에도 여러 가지 문제는 있다. 한창 진행 중인 사업이 중간 및 상급 정책결정자의 일방적인 편견이나 근거가 미약한 우려에 의해 소요가 취소, 재검토 물량의 조정 등을 거치면서 정상적으로 진행되던 사업이 중도에서 좌초되는 경우가 허다하다. 이렇게 되면 인력과 예산의 낭비, 비용의 증가, 일정의 지연 및 방산업체의 투자의욕 상실, 대국회 및 국민설득의 논리결여로 인한 예산편성의 어려움 등 부정적인 결과를 초래하게 된다. 또한 합동작전에 요구되는 기능별 소요의 불균형으로 인해 통합전투력을 발휘하지 못하는 전력의 일방향 휩쓸림 현상이 나타나게 되며, 나아가 특정 군 내부에서조차 군사력건설에 대한 불신을 갖도록 만들게 된다.

나. Top Down식 소요창출체계 미흡

현행 국방기획관리제도의 출발점인 기획단계는 예상되는 위협을 분석하여 국방목표를 설정하고 이를 효과적으로 달성할 수 있는 국방정책을 수립하면, 합참은 이를 토대로 군사전략을 수립하여 합동 전장 운영개념을 발전시키고, 임무수행을 위한 최적의 군 구조를 결정하여 부대기획을 발전시키며, 아울러 소요군 및 각 기관에서 요청한 소요에 대하여 군사전략과 합동전장운영개념에 입각하여 군사력건설 소요를 결정하게 된다. 그러나 상향식(Bottom Up) 접근방식의 문제는 무기체계 획득이 요구되는 군사적 임무와 과업을 체계적으로 세분화하는 전략가들에 의해 시작되는 것이 아니라, 소요군(육·해·공군) 및 기관의 소요요청으로부터 시작된다는 데 있다. 문제는 이러한 방식으로 무기체계 획득이 이루어지게 될 경우 합동작전 차원의 전투력 발휘를 위해 고려대상이 될 수 있는 잠재적인 무기체계의 개념범위를 좁혀버리는 결과를 초래하게 된다는 데 있다. 다시 말해 합참에 의해 구상되는 광범위한 작전개념과 그에 부합되는 무기체계의 옵션들(Options)이 만들어지기도 전에 각 군에 의해 미리 특정의 무기체계 선택이 이루어지는 것이다. 이처럼 합참이 합동작전, 더 나아가 연합작전을 수행하는 데 필요한 광범위한 범위의 무기체계 대안선택을 둘러싼 경쟁이 소요요청 단계부터 배제되어 통합전투력 발휘를 극대화하는 데 필요한 소요창출이 어려워진다. 물론 현재 및 미래전의 특성이 각군(육·해·공군)의 단독작전으로 수행되어진다면 현재의 방식이 크게 잘못된 것으로는 볼 수 없다.[54] 하지만 미래전이 합동작전, 더 나아가 연합작전의 형태로 수행되어질 경우, 그리고 비대칭적 상황 하에서 군사작전이 수행되어질 경우 이에 대비한 군사력 건설을 우리가 한번 상정해 보면, 현재 우리 군의 무기체계 소요창출은 명확한 합동작전에 근거한 합참 중심의 하향식 접근방식으로 바뀌어져야만 한다.

또한 무엇보다도 합참의 군별 조정 및 통합노력이 필요하다. 현재와 같은 우선순위의 분류로는 첨예하게 대립되는 군별 이해관계의 합리적인 조정이 곤란하고, 우선순위의 조정을 각 군에 위임한 채 수수방관하는 모습을 되풀이하게 된다. 따라서 합참에서는 평소 준비한 군사전략, 비전, 합동작전개념 등을 구현하는 최상의 방법선정을 위해 관련부서 및 각 군과 심층 있는 검토를 거치면서 가장 근접한 방안이 무엇인지를 결정해야만 하고, M&S 기법을 활용하여 군사력건설의 우선순위를 명확히 제시하여야 하며, 국회나 다른 행정부와의 예산편성 및 집행과정에서도 가능한 계획대로 이루어지도록 노력하여야 한다.

54) 김종하, "무기체계 획득전략, 과정 그리고 조직구조의 개혁", 「군사논단」, 제36호(2003년 가을), pp.144~145.

다. 과학적 소요요청/제기 및 결정의 개선 노력 미흡

지금까지 우리 군은 전력증강을 추진해 오면서 그 단초가 되는 소요요청 및 제기를 담당하는 인력의 전문성이 부족하고, 과학적 소요분석수단(국방모의분석체계 등) 또한 부족하여, 통상적으로 서류작업(paperwork)과 업체가 제공하는 무기성능 자료를 참조하여 다다익선 방식으로 동급 최강의 무기를 요구하는 경향을 보여 왔다. 그리고 이러한 소요를 접수하여 검토하고 결정하는 상급부서 또한 분석 및 검증 능력과 조정 권한이 미약하여 소요요청 기관의 요구를 대체로 수용하는 소요제기 및 결정을 지속함으로써 우리의 기술 능력 및 발전 전략을 고려하지 않는 비합리적이고 비과학적인 소요요청/제기 및 결정이 관행화 되는 추세를 보여왔다. 과거 우리는 북한 현존위협의 급박성이 강조되었으므로 완성장비를 조기에 전력화할 필요성이 있었고, 또한 당시 국내의 기술수준 및 방산기반이 미약하여 대부분을 국외도입 함으로써 국내 기술축적 등 발전의 기회를 상실하였다. 그리고 소요결정시 작전운용성능(ROC)이 과도하였기 때문에 사업추진 중에 ROC를 빈번히 변경할 수밖에 없었고, 이에 따라 사업지연과 비용증가가 수반되었다. 이를 구체적으로 살펴보면 다음과 같다.

첫째, 소요요청 및 제기 인력의 전문성 및 과학적 분석 능력 부족이다. 순환보직(2~3년 단위)에 따라 장기간 근무가 불가능하여 전문성 축적이 곤란하여 그나마 종종 경험이 부족한 사람을 실무에 보직하기도 한다. 그리고 워게임, 시뮬레이션 모델 등 모의분석체계 · 전투실험기반이 매우 취약하여 과학적 · 계량적 분석 자료를 생산하지 못하기 때문에 서류작업 및 업체제공 자료에 의존하여 정성적 분석에 의존하는 경향이 있

어 왔다. 따라서 ROC, 소요량, 전력화시기의 현실성과 적정성을 검증하기가 대단히 어렵다.[55)]

최초 소요요청 단계에서 필요성 및 운영개념의 애매한 작성으로 인해 작전운용성능 설정의 어려움을 가중시키는가 하면, 개발자의 개발의지 약화 및 위험도를 증가시키는 등 많은 제한사항을 노출시키고 있다. 신규 소요요청시 개략적인 작전운용성능 기준제시 요구는 극히 제한된 참고자료와 한정된 정보에 의존할 수밖에 없는 현실을 감안할 때, 무기체계별 작전운용성능의 수치화된 정량화 요구수준의 제시로 유사장비 및 국외무기체계가 지닌 특성과 제원을 조합한 형태로 제시함으로써 처음부터 부실요인을 초래하게 되고, 무기체계 개발 및 획득의 융통성 제한과 기술력의 부족을 비롯한 여러 요인에 의한 개발기간의 지연은 물론 획득비용 절감의 기회상실, 과도한 작전운용성능의 제시에 따른 추가적인 수정요구 등 부정적인 요인을 내포하게 되었다.

둘째, 소요제기 부서의 분석·심의 능력 부족이다. 요청된 소요를 검토하는 사전분석부서(합참의 전력분석처)의 인력과 분석도구의 전문성은 오히려 요청부서보다 열악하다고 할 수 있다. 따라서 검토의 주안은 정책적, 개념적 분석에 치중할 수밖에 없으며, ROC를 비롯한 주요 소요제기 내용은 대체로 요청부서의 요구를 대부분 수용하고 있는 실정이다. 정보화 분야를 포함한 최근의 급격한 과학기술의 발전과 더불어 사회구조의 복잡화와 다양화는 사회 전반에 걸쳐 대두되고 있는 여러 가지 형태의 최적화 문제와 과제에 대한 전통적인 정량적 분석기법 적용을 어렵게 하고 있으며, 이러한 문제에 대해 적절한 대안으로 대두된 것이

---

55) 서정해, "정보화·과학화시대에 적합한 우리 군의 소요결정체계 정립방안", 한국국방연구원, 2002. 11.

M&S 기법이다.

특히 국방 분야에서 정보화 기술의 발전과 더불어 미래 전장환경이 디지털화하고, 위협의 형태와 양상이 다양해지고 있으며 첨단 과학기술을 기반으로 한 C4I체계와 무기체계는 가공할 파괴력과 치명성, 정밀성을 더해 가고 있다. 이러한 환경 하에서 한정된 국방 가용자원을 활용하여 급격히 증가하는 신규 작전요구를 충족시켜 최적의 군사력건설과 전투준비태세를 유지해야 하는 과제에 당면하게 되었다. 이처럼 신규 작전요구사항의 증가에 비해 가용 국방자원은 제한되나 최근의 급격한 지식정보기반 과학기술의 발달과 이에 따른 상대적 비용의 저렴화는 M&S를 국방 분야에 활용하는 것을 가능케 하고 있다. 국방 M&S는 은밀하게 필요한 군사작전 계획수립 및 연습실시, 군 구조개선, 신 작전술 교리발전, 무기체계 획득, 첨단 과학기술 연구개발을 포함하는 미래전을 대비한 전투실험도구 등 다양한 목적으로 활용될 수 있다. 이렇듯 국방 분야에서 소요결정의 합리화, 획득업무의 신속화, 부대운용의 선진화, 교육훈련의 과학화를 추구함에 따라 비용절감, 자원절약, 소요시간 단축 차원에서 과학적 기법에 기초한 경제적, 합리적, 체계적인 첨단 국방 M&S 필요성은 더욱더 증대되고 있다.[56]

선진국의 경우 국방 M&S의 활용은 〈그림 3-6〉에서 보듯이 광범위하게 적용되고 있으나, 우리 군의 경우에는 무기체계 수명주기 전 기간에 걸쳐 실질적으로 M&S를 활용한다고 보기에 미흡할 정도로 거의 활용되지 못하고 있는 실정이다.

주로 국방과학연구소를 중심으로 일부분 활용되고 있는 것으로 알려져 있다. 국방 M&S의 국방획득분야에서의 적극적인 활용을 위해서는

56) 정상윤, "국방 M&S의 개념과 현황", 한국국방연구원, 2005. 8, pp.15~19.

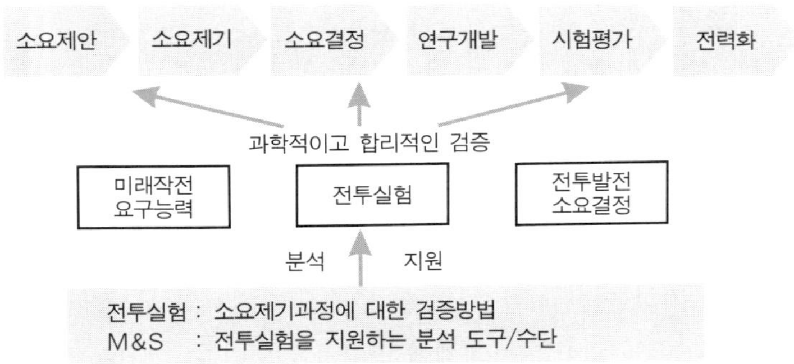

〈그림 3-6〉 소요제기-소요창출과 국방M&S 활용

무엇보다도 국방획득분야에 근무하는 요원들의 M&S에 관한 인식의 전환이 필요하다. 현재는 국방획득 업무를 수행하는 데 과학적, 경제적, 합리적 의사결정 지원수단으로서의 M&S의 필요성을 거의 느끼지 못하고 있는 것처럼 보인다.

지금까지 한국군 내에서 국방 M&S 관련 정책 총괄부서는 실질적으로 국방부 내에 존재하지 않았다. 다만 정보화 관련 M&S 분야(IT기술을 이용한 워게임용 M&S 모델 개발분야)는 정보화기획관실에서 제한적으로 담당해 왔고, 교육용 시뮬레이터나 소부대 훈련용 마일즈 장비 등의 교육훈련분야 M&S는 군수관리관실에서 담당해 왔다. 그 외 무기체계와 밀접한 시뮬레이터는 획득분야로 취급되어 왔으나 실질적으로 전력분야와 국방획득 분야에 대해서는 어느 부서에서도 제대로 정책적 관리를 하지 못하였다. 전반적으로 우리 군에는 종합적인 국방 M&S 조정・통제 기능이 부족하고 기관 간에 원활한 업무협조를 하기에는 규정, 관리제도, 예산 등이 불비하여 향후 국방개혁 2020을 추진하는데 필요한 필수적인 동력을 구비하지 못하고 있는 것으로 평가할 수 있다.

셋째, 과학기술 발전 속도에 부합되는 소요창출 능력의 미흡이다. 과학기술은 거의 18개월마다 혁명적으로 발전한다고 알려져 있으며, 특히 정보기술(IT)은 지수 함수적으로 발전하고 있다.[57] (〈그림 3-7〉 참조) 그리고 상용기술(특히 IT)의 발전 속도가 군을 월등히 능가하는 부분이 많기 때문에 이들의 군사적 활용기회가 급속하게 증가하고 있다.

전통적인 획득절차를 적용하기에는 기술의 발전 속도가 워낙 빨라서 소요결정시의 기술이 전력화되는 시점에서는 이미 진부화될 위험성도

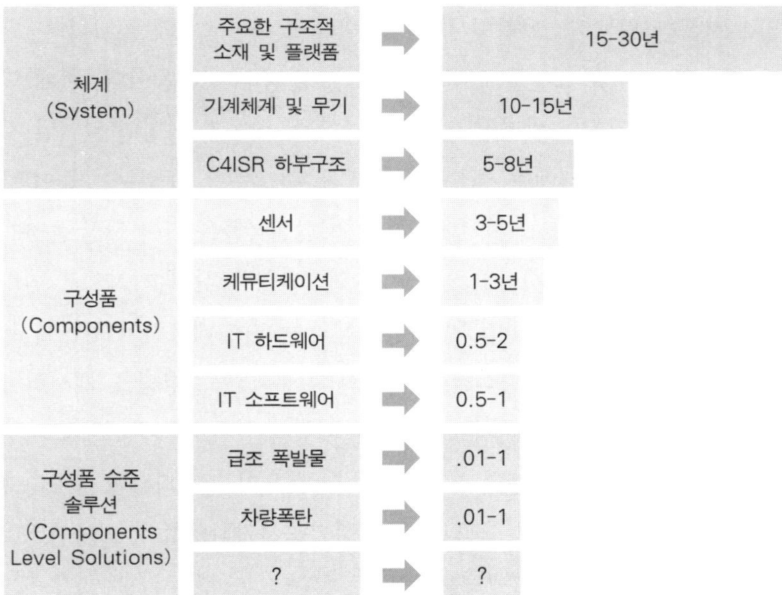

출처: John V. Farr, William R. Johnson, and Robert P. Birmingham, "A Multifliered Approach to Army Acquisition", Defense Acquisition Review Journal (April-July 2005), Vol. 12, No. 2, p.236.

〈그림 3-7〉 기술 사이클 시간(Technology Cycle Times)

57) 합참 작전본부 교리훈련부 군사연구과, "IT 군사혁명과 미래전망", 「군사참고」, 2001. 5, pp.15~18.

있다. 다라서 신기술의 조기 전력화 방법을 모색하지 않을 수 없는 실정이다. 예를 들어 미국의 경우에는 현재의 기술수준에 상응하는 핵심적인 무기체계를 신속히 개발하여 야전에서 운용하는 동안에 점진적인 성능 개량을 통한 단계적인 개발전략을 구사하여 급속한 기술변화에 대응, 기술의 진부화를 방지하고 있다. 그리고 축적된 민간기업의 첨단 기술력을 적시 적절히 활용함으로써 개발비용과 기간을 현저히 단축하고 있으며, 운용유지비용도 훨씬 절감하고 있다. 특히 소요제기 및 결정 이전에 가용한 기술에 대한 기술시범을 할 수 있다면 소요결정 이후에 신속히 그리고 시행착오를 최소화하면서 체계개발을 실시할 수 있을 것이다.

넷째, 첨단기술 개발을 위한 소요제기 · 결정의 어려움이다. 현재 및 미래의 가속적인 기술발전에 힘입어 계속하여 신무기 혁명이 일어날 것이며, 이에 따라 미래에는 시스템 복합체계, 정보무기, 무인무기 등이 보편화될 것으로 예상되고, 여기에 대응하여 선진국들은 이미 전장 운영개념을 혁신적으로 변화시키고 있으므로 전쟁양상 또한 획기적으로 변화될 것이다. 이러한 기술발전 및 전쟁양상의 변화에 대응하여 최근에 우리 국방부는 우리의 장기적인 군사혁신 비전과 구현방책을 제시하였다.[58] 여기서는 우리의 비전으로서 "21세기 첨단 정보 · 기술군"을 지향함에 따라 고가의 첨단 기술 집약형 전력의 소요가 불가피하게 증가하고 있다. 이러한 소요 중에는 국외도입이 불가능하거나(C4I 체계 등)선택적으로 독자적인 개발이 요구되는 분야도 많다.

그러나 다음과 같은 문제점으로 인하여 우리의 목표를 달성할 수 있을지 의문이 들지 않을 수 없다. 첫째, 외부적 문제점으로 선진국의 첨단

58) 국방부, 『정보 · 지식 기반 국방력 창출을 위한 한국적 군사혁신의 비전과 방책』, 국방부, 2002.

기술에 대한 독점 강화 추세로 첨단장비 판매를 거부하고 비첨단 완성장비 판매를 선호하는 등 첨단기술의 대외 이전을 철저히 통제하고 있으며, 둘째, 내부적인 문제점으로 국내기술 개발·축적 기회상실 및 방산기반 취약 심화로 국외구매 위주의 획득이 지속되면서 이에 따라 첨단기술의 종속화로 고비용·저효율의 후진적 군대를 유지할 수밖에 없는 악순환이 연속되는 것이다. 따라서 이 문제들을 해소하고 자주국방을 앞당기기 위해서는 첨단기술의 소요제기 및 결정을 과학화하고 합리화할 수 있는 대책이 필요하다고 판단된다.

제4장

능력기반 전력기획

제1절 능력기반 전력기획의 개념

능력을 기반으로 하는 전력기획은 국가이익59)의 보호를 위해 요구되는 능력을 구비할 수 있도록 군사혁신, 특히 'IT-RMA'(Information Technology Revolution in Military Affairs)60)를 추구하고, 전략적 요구와

59) 참고로 국가이익과 국가목표는 때때로 동일시되는 경우가 많으나, 국가이익이란 것이 국가목표를 추구하고 활용하기 위해서 국가의지를 결정할 때 기준이 되는 것이라면, 국가목표는 국력을 집중하여 노력을 지향해 나가는 구체적인 실체로 볼 수 있다. 따라서 국가이익은 기준 또는 분석의 개념(추상적 개념)이며, 국가목표는 국가이익을 극대화하기 위해 실질적으로 역량을 집중하는 구체적인 실체인 것이다. 해당 국가의 상황적, 인지적 변수에 의해 주로 결정되는 국가이익은 '사활적'(vital), '대단히 중요한'(extremely important), '중요한'(important), 그리고 '부수적인'(secondary) 이익으로 대별할 수 있으며, 이러한 국가이익의 서열화는 안보전략 및 외교정책, 그리고 국방정책의 초점을 어디에 우선적으로 두어야 하고, 나중에 두어야 하는지를 자연스럽게 가르쳐 준다.

60) IT-RMA란 '정보우위'(Information Superiority)에 정밀무기를 합하면 '승리'(Victory)가 된다는 것을 의미한다. '정보우위'는 '전장의 안개'를 제거하는 지배적인 전장지식을 바탕으로 승리를 보장한다. IT-RMA 논문들의 대표적 예로는, William A.Owens, *Lifting the Fog of War* (New York: Farrar, Straus and Giroux, 2000); David S. Alberts, John J. Garstka, and Frederick P. Stein, *Network Centric Warfare* (Washington, D.C.:

예상되는 작전형태를 고려하여 적정한 군사력 규모를 설정하고, 이에 적합한 맞춤식 기획을 하며, 현대전의 경험을 바탕으로 합동성과 통합성 제고를 위해 개념에 기초한 하향식(Top-Down) 전력기획을 하는 것을 말한다.(〈그림 4-1〉을 참조)

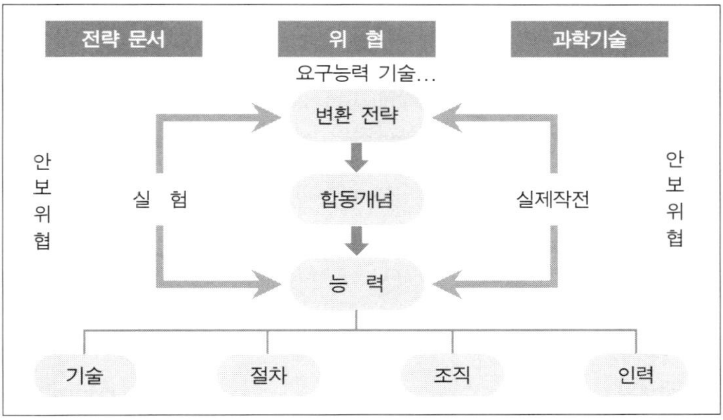

출처: Walter P. Fairbanks, 'Implementing the Transformation Vision', *JFQ/issue 42, 3rd quarter 2006*, p.39.

〈그림 4-1〉 능력기반 전력기획

이를 위해 합참에서는 합동개념을 개발하여 미래 표준능력을 정의하고 미래표준능력과 현 능력을 비교 분석하여 능력 차이를 식별하고, 부족능력을 전투발전요소(DOTMLPF)별로 분류하여 발전요소를 소요제기에 반영하는 전력기획을 수행한다.

Command and Control Research Program, office of the Asssiant Secretary of Defense [C3I], 1999); Stuart E. Johnson and Martin C. Libicki, *Dominant Battlespace Knowledge* (Washington, D.C.: National Defense Univ. Press, 1996); David A. Deptula, *Firing for Effect: Change in the Nature of Warfare*, Defense and Airpower Series (Arlington, Va: Aerospace Education Foundation, 1995); Fareed Zakaria, "Face the Facts: Bombing Works", *Newsweek* (3 December 2001).

이러한 전력기획은 전력운용의 효율성 향상을 위해 기획단계부터 합동성과 통합성을 강조하여 체계 종합적 관점에서 접근해야한다. 합동차원의 전력운영 관점에서 통합적으로 발전시킴으로써 중복을 최소화하고, 공통기반 위에서 각군의 노력을 통합하며, 단위체계별 개별적 접근보다는 '복합체계'(System of system)(〈표 4-1〉을 참조) 관점에서 통합접근을 강조하고 있다.

〈표 4-1〉 복합체계(System of system)

정보 · 감시 · 정찰 체계	지휘통제체계	정밀타격체계
AWACS	CGCS	SFW
RIVET JOINT	JSIPS	TLAM(BLK III)
JSTARTS	DISN	ATACMS/BAT
HASA	C4IFTW	SLAM
SBIR	TADIL J	CALCM
TIER 2+	TACSAT	AGM-130
TARPS	JWICS	HARM

출처: Theodor W. Galdi, "Revolution in Military Affairs : Competing Concepts, Organizational Responses", *Outstanding Issues*(Washington, DC. : December 11, 1995). http://www.fas.org/man/crs/95-1170.html

주해 : C4ISR 체계를 연결하게 되면, 정보우위(Information superiority) 혹은 지배적인 전장(Dominant battle-field) 지식을 제공할 수 있게 되며, 이것은 작전에서의 대약진을 가능케 하고, 비록 완전하지는 않다 할지라도 많은 부분에 걸쳐 소위 전장의 안개를 제거할 수 있을 것이다. 이러한 주장에 관해서는 Bill Owens with Ed Offley, *Lifting the fog of War*(New York : Farrar, Straus, Giroux, 2000)를 참조.; 전장의 안개(불확실성)란 개념은 프로이센의 군사전략가인 클라우제비츠가 자신의 저서인 전쟁론(On War)에서 처음으로 사용한 개념이다.

즉 구체적인 각 군의 플랫폼(Platforms)에 초점을 두는 것이 아니라, 오히려 그런 플랫폼의 효과적인 능력을 더 큰 전체 속으로 '통합'하는데 초점을 두고 전력기획을 하는 것이다.

이렇게 제기한 소요는 국내개발이 실행 가능한지를 결정하고 그 이후에 계획, 설계, 개발을 통해 더 큰 '구조'(Architecture) 속으로 통합하는 것이다. 이것은 이용 가능하고, 군사적으로 유용한 '능력'에 토대를 둔 체계를 제공하기 위해, 그리고 수년에 걸쳐 동시에 진화하는 체계, 구성품, 부품을 설계하는 반복적인 과정이며, 그것은 새로운 기술의 등장과 함께 능력과 성능을 향상시켜 나가는 '나선형 개발(Spiral Development)'61)을 통해 구현한다.(〈그림 4-2〉, 나선형 개발사례 그리고 〈표 4-2〉를 참조)

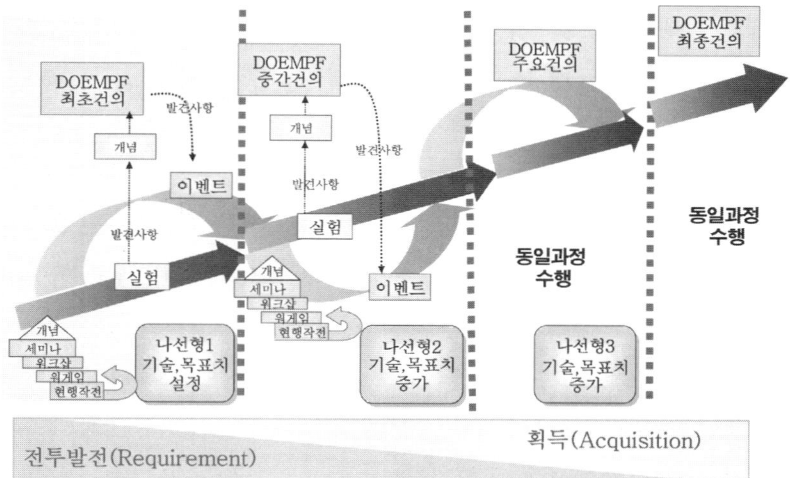

* DOEMPF: 교리(Doctrine), 구조 및 편성(Organization), 교육(Education & Training), 무기·장비·물자(Materiels), 인력(Personnel), 시설(Facilities)

〈그림 4-2〉 나선형 개발

나선형 개발(spiral development) 개념을 통해 탄생된 대표적인 무기체계 기종으로 미국의 글로벌호크(Global Hawk)를 들 수 있다. 2002년 2

61) "진화적 획득(evolutionary acquisition)"이라는 말을 손쉽게 이해할 수 있도록 비유로 설명하는 용어이다. 나사의 선처럼 최단거리로 진행하지는 못하고 다소의 시행착오는 겪지만 전체적으로는 올바른 방향으로 나가는 모양을 암시하고 있고, 그 당시 가용한 기술을 통하여 점진적으로 성능을 발전시켜 나갈 것을 강조하는 용어이다.

월 미국방부는 글로벌호크의 능력을 단계적으로 진화시키는 기획안을 승인하고, 동시에 미공군으로 하여금 미해군의 제안을 도와 글로벌호크를 광대역 해상 감시프로그램(Broad Area Maritime Surveillance Pro-gramme)을 위한 시험용으로 사용하도록 지시하였다.

나선형 단계1의 목적은 글로벌호크 기술시연기(Global Hawk Tech-nology Demonstrator)를 작동시키고 더불어 통신설비를 개선하고 임무 기획속도를 빠르게 하였으며, 노후된 부분을 지적하는데 있었다. 첫 항공기를 인도하면서 항공기 성능을 발표하였고, 이 항공기는 RQ-4A Block 10이 되었다. 최초의 '초기 저비율생산', 혹은 '초도생산'(LRIP : Low Late Initial Production)계약은 그 가치가 1억1백만 달러규모이며, 같은 달 노드롭사가 미공군에 초기 글로벌호크 2대를 공급했다. 1년후 노드롭사는 RQ-4A 4기에 대한 Lot 2 LRIP 승인을 받으며, 3억 700만달러 규모의 계약을 체결한다. 2003년 2월에는 1억8,500만 달러규모의 계약을 하여 미해군에 글로벌호크 2기를 공급하여 해군감시훈련을 지원하기에 이른다. 2003년 3월 미공군은 노드롭사와 1억4,700만 달러규모의 계약을 체결하여 RQ-4B 제작을 이끈 나선형 개발프로그램을 개시한다. 본 프로그램은 항공기의 운용능력을 개선하는데 목적을 두어 설계에 수정을가해 총중량, 내구성, 전력, 탑재능력 등을 개선하여 Block 20의 토대가 되었다. 신호정보에 ASIP라 하는 완전 신호정보(SIGINT: Signals Intelligence) LR-100 패키지가 더해지면서 센서범위가 최대 50%까지 확장되었다. 또한 신형 통합센서시스템(EISS: Enhanced Integrated Sensor System)을 함께 장착하였는데, 여기에는 개선된 전자광학장치(EO: Electro-Optical), 적외선(IR) 및 합성개구경레이더(Synthetic Aperture Radar) 패키지 등이 포함되어 있다. 또한 멀티 INT(Multi-INT) 기능을 가진 DoD가 있어 정찰

중 신호를 조합할 수 있다. 2003년 8월 최초로 제작된 표준 LRIP Lot 1 항공기 RQ-4A은 미공군으로 인도되었으며, 반면 최초의 Lot 2 항공기 AF-3기는 2003년 7월 1일 비행후 2004년 10월 28일 빌(Beale) 공군기지로 인도되었다. 같은 달 초순 N-1이라 지명된 초기 미해군 글로벌호크 해군작전항공기는 첫 번째 비행을 한다. 2006년 3월 28일, N-1은 에드워드(Edwards) 미공군기지를 출발해 연안을 따라 10시간 비행을 마친후 미해군기지 패투젠트리버(Patuxent River)로 인도되었고, 2006년 안에 두 번째 항공기가 인도될 예정이다.

나선형 단계 2는 해군용 글로벌호크 개발의 토대가 되었으며, 해군용 모드에는 레이시온 EO/IR과 SAR 센서 등의 전자장비를 추가하여 탑재능력을 측정할 수 있었다. 3,010만 달러규모의 계약에는 2003년 6월 Lot 3 항공기 4기에 탑재될 Long-lead LRIP 장비구입이 포함되었으며, 그 중 3대는 신형 RQ-4B Block 20 스탠다드(RQ-4B Block Standard)로 설계되었다. 2004년 3월 Lot 4 RQ-4B 항공기 4기의 Long-lead LRIP 장비에 대한 5,060만 달러규모의 계약이 체결되었다. 본 계약에 따르면 첫 번째 항공기는 나선형 단계 3 개발 계획아래 Block 30 스탠다드(Block 30 Standard) 장착이 포함되어 있었다. 나선형 단계 3 개발계획에는 '초기자가보호수트'(Initial Self-Protection Suite), 동시에 이미지 레코딩이 가능한 센서, 국제해상위성기구(INMARSAT : International Marine Satellite Organization)와 하이밴드(High-Band)로부터의 신호정보를 통한 위성통신이 포함되어 있다. 이러한 개선은 나선형 단계 4 개발기간동안 능동전자스캔어레이(AESA : Active Electronically Scanned Array) 멀티플랫폼 레이더기술 삽입프로그램(MP-RTIP : Multi-Platform Radar Technolcgy) 레이더가 통합을 위해 꾸준히 이루어졌다. 차세대 센

서는 노드롭사와 레이시온사에서 개발중이다.[62]

〈표 4-2〉 전통적 개발 · 획득과 나선형 개발 · 획득의 차이

구 분	전통적 개발 · 획득	나선형 개발 · 획득
단계수	3단계	제한없음
특 징	· 이상적 목표성능 설정 · 위험 축소 · 필요시 예산 증액	· 목표성능의 현실화 · 조기획득 추진 · 예산초과 최소화
성공요건	· 철저한 관리 · 감독	· 단계적 투자증대 · 경쟁체계 유지
장 점	· 완벽한 제품	· 사용 가능한 제품 * 추후 지속적 지원 전제
단 점	· 획득기간 장기화 · 예산초과 심각	· 상대적 위험부담 증가

이러한 기획에서 획득까지의 전과정에서 과학적 기법(전투실험[63], 가상현실기법, M&S[64]))을 활용한다. 새로운 개념의 입증 및 적용과 체계의 개발 가능성을 검토하고 확인하기 위하여 다양한 과학적 기법을 사용하며, 시험평가 기간 단축과 재원 절약을 위해 시뮬레이션을 통한 시험평가와 실 장비 시험평가를 병행해야한다.

또한 과학기술의 급속한 발전으로 의사결정 절차의 간소화 및 전력화 기간 단축 등 신속성이 강조됨에 따라 기술의 급속한 진보와 확산에 대처하고 전력화 기간 단축을 위해 '첨단개념기술시범'(Advanced Concept

62) 「월간항공」, 2006. 11, pp.12～13.

63) 전투실험이란 전투발전 분야(교리, 훈련, 리더십, 조직, 무기 · 장비 · 물자, 인력, 시설)에서 새로운 가설, 개념, 아이디어를 집중키 위해 연구분석, 모델링, M&S, 실험을 포함 점진적, 과학적 검증절차를 의미한다.

64) M&S 계층구조

Technology Demonstration : ACTD), '작전운용성능'(Required Operational Capability : ROC) 설정의 단계화, 점증적 획득방법의 채택65), 개념형성 단계부터 시험평가 참여, 사업관리의 융통성 부여 및 권한 위임 등의 다양한 제도가 필요하다. 사실 이러한 실험은 합동 및 요소(DOEMPF) 변화 권고, 그리고 요구능력을 찾아내기 위해 개념을 탐구하는 것이며, 실험과 평가는 바람직한 작전능력의 달성을 지속하는 '효과측정'(Mesures of

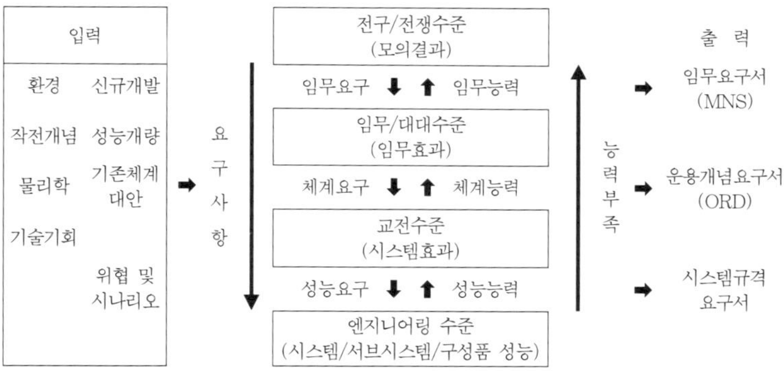

65) 진화론적 개발은 점증적 개발과 나선형개발의 복합형태라 할 수 있다.

○ 점증적 개발을 위한 소요결정

체계 개발			작전운용		
IOC(최초 운용성능)			FOC(최종 운용성능)		
탐색개발	체계개발/시범	생산/배치	운용 및 지원		
BLOCK I 체계			BLOCK II	BLOCK III	……

- BLOCK I에서 야전에서 사용가능한 수준(예 : 80%) 개발
- BLOCK II/III에서 목표성능의 95% 이상 만족토록 소요요청 및 결정
  ⇒ 기술발전 속도에 부합, 적기성 만족 ⇒ 기술선도 가능

○ 나선형 개발 개념 적용
- 점증적 개발 BLOCK I에서 「전투실험」과 「설계-제작 · 실험-평가」 과정을 반복적 적용
- 이를 통해 목표성능에 도달하는 방식의 개발
  * 이때 소요군, 개발자, 업체가 반복과정에 긴밀한 협력

Effectiveness : MOE)을 설정하는데 도움을 제공한다.

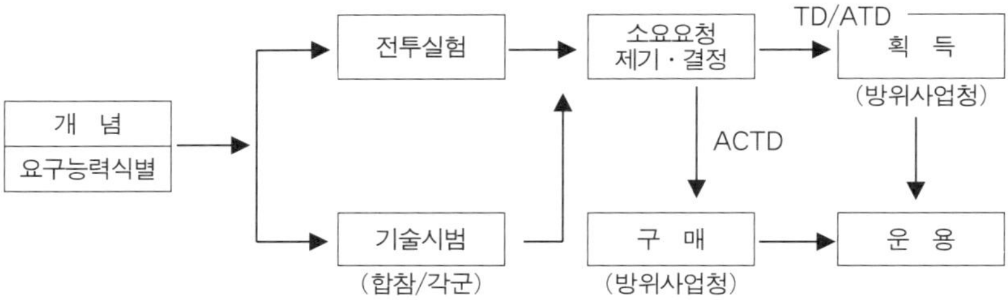

* ATD(첨단기술시범)는 체계개발로, TD(핵심기술시범)은 탐색개발/체계개발로 사업이 진행되어 무기체계를 획득하며, ACTD(첨단개념기술시범)는 소요결정이 되면 바로 구매로 이어져 무기체계를 획득한다.

〈그림 4-3〉 우리 군의 기술시범(예)

이러한 '능력기반 전력기획'은 국가전략적 목표를 달성하고 합동성에 입각한 무기체계 획득, 개발주기 단축, 효율적인 기획/획득 절차 등을 통해 전력기획을 수행하는데 있어 '유연성과 대응성'(Flexibility & Responsiveness)을 구현하는데 용이하고, 나아가 새로운 작전수행개념인 '효과기반작전'(EBO : Effects-Based Operations) 능력을 구현하는 적절한 기획으로 작용할 것으로 판단된다.

제2절 능력기반 전력기획 적용

1. 능력기반 전력기획의 적용 방법

4장 1절에서 설명을 하였듯이 능력기반 전력기획은 국가이익의 보호를 위해 요구되는 능력을 구비할 수 있도록 군사혁신을 추구하고, 전략적 요구와 예상되는 작전형태를 고려하여 적정한 군사력 규모를 설정하고 이에 적합한 맞춤식 기획을 말한다고 하였다. 그렇다면 과연 능력기반 전력기획에서의 적정 군사력 소요는 어떻게 판단할 수 있는가에 대한 의문이 제기된다. 따라서 본 절에서는 적정 군사력 소요를 어떻게 판단하느냐에 대한 모델을 제시해 보기로 한다.

먼저 능력기반 전력기획을 수행하기 위해 능력을 분석하고 평가하는데 고려되는 요소는 〈그림 4-4〉와 같이 나타낼 수 있다.

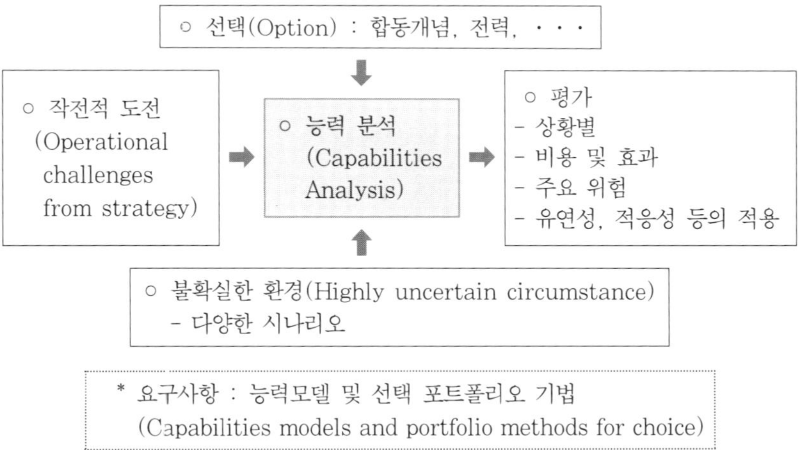

출처: Naval Analytical Capabilities : Improving Capabilities-Based Planning, http://books.nap.edu/catalog/11455.html

〈그림 4-4〉 능력기반 전력기획 고려요소

위의 〈그림 4-4〉와 같이 능력기반 전력기획은 불확실한[66] 안보환경에 대한 정확한 인식아래 다양한 시나리오를 고려하고, 잠재 위협국에

66) '불확실성'(Uncertainty)에 대해 잘 논의한 글은 Christopher D. Kolenda, "Transforming How We Fight: A conceptual Approach", *Naval War College Review*, Spring 2003, vol. LVI, No.2, pp.107~108을 참조.

대한 군사력 능력, 위협의 정도, 위협유형 등을 고려해야 할 뿐만 아니라, 우리가 추구하고 있는 국가목표, 군사전략목표, 합동개념 등을 고려하여 종합적인 능력분석(Capabilities Analysis)을 통해 평가해야 한다. 이와 같이 전력기획에 필요한 고려요소를 바탕으로 능력기반의 적정 군사력 소요를 판단하는 절차는 다음과 같다.

첫째, 안보상황에 대한 위협별 유형을 식별한다.

둘째, 식별된 위협별 유형에 대한 위협평가를 위협의 능력에 초점을 맞춰 분석하여 위협수준 평가 및 우선순위를 결정한다.

셋째, 능력에 초점을 맞춘 위협평가를 바탕으로 현재 우리의 작전임무 수행 능력 수준을 평가한다.

넷째, 마지막으로 우리가 필요로 하는 적정 잠재적 요구능력 수준을 판단하여 현 전력의 능력과 잠재적 요구능력의 차이(Gap)를 식별하여 그 차이만큼을 군사력 요구 소요로 산정하며, 가용재원을 고려하여 최종적으로 적정 군사력 소요를 판단하는 것이다.

이와 같은 절차에 따라 세부 검토방법을 제시해보면 다음과 같다.

가. 위협대상 및 위협유형 식별

모든 국가들은 추구하는 국가이익, 주변국의 지정학적 위치, 경제, 문화, 종교 등에 따라 잠재 위협국의 대상이 다르다. 이러한 잠재 위협국이 누구냐에 따라 위협유형이 다르고 이에 대응하는 정치, 경제, 군사 등의 방법 등이 달라진다. 따라서 잠재 위협국 대상을 식별하고 이에 대한 위협별 유형을 식별하는 것은 전력기획을 하는데 대단히 중요한 과정이다.

따라서 위협유형은 잠재 위협국의 전력보유 능력을 파악하여 분석하고 잠재 위협국이 한반도를 침범하여 무력화한다는 최악의 군사시나리오를 상정하여 다각적이고 실현 가능한 시나리오를 작성하여 이에 대한 세부 위협유형들을 식별한다. 또한 각각의 위협유형에 대한 우선순위를 선정하고 국방 재정 등을 고려한 전력획득 우선순위를 고려해야 한다.

〈그림 4-5〉는 북한을 대상으로 향후 15년에서 20년의 안보문제에 대한 제반 위협유형을 나타내고 있다. 예를 들어 북한의 위협유형을 해상/공중 병참선 공격, 후방지역 공격, 북한정권 붕괴 등을 위협유형으로 볼 수 있으며, 이러한 위협유형은 미래 한국의 작전환경을 묘사하고, 또 이러한 작전환경에 부합되는 필요 군사소요가 무엇인지를 분명하게 보여주고 있다.

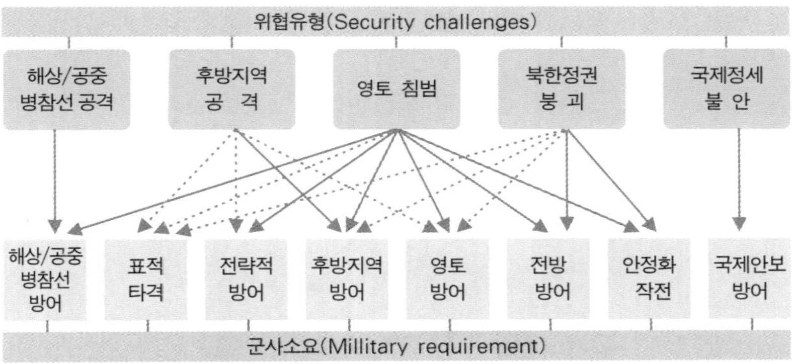

출처: Bruce W. Bennett, *A Brief Analysis of the Republic of Korea's Defense Reform Plan*(Santa Monica : RAND, 2006), p.9.

〈그림 4-5〉 위협유형와 군사소요의 관계

나. 잠재 위협국 위협 및 我 작전수행능력 평가

위의 가항에서 위협유형을 식별한 후 이에 대한 세부적인 위협평가는 적(위협)의 정치, 군사, 경제, 사회, 정보체계 및 기반체계(PMESII)[67]를 포괄적으로 분석하여 잠재 위협국의 전력수준과 필요시 강점과 단점을 평가하는 것이다.(아래 〈그림 4-6〉 참조)

적

· 정치, 군사, 경제, 정보, 사회기반 시설에 대한 체계상의 취약점 분석
· 전출처 종합/Data Base 구축

아

· 국가목표, 사령관지침 확인
· 아군의 능력 고려

작전환경
지리적 환경
공간적 환경(외교, 정치, 경제 등)

〈그림 4-6〉 적+아+작전환경의 포괄적 이해

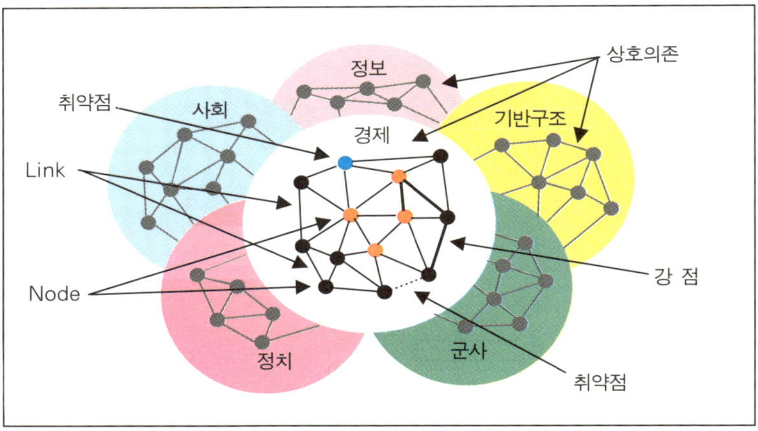

출처: 공군본부, 「한국공군 EBO 발전방향」, 2006, p.16.

〈그림 4-7〉 PMESII 구성체계

67) PMESII: Political(정치), Military(군사), Economic(경제), Social(사회), Infrastructure(기반시설), Infomation(정보).

그리고 현대전은 〈그림 4-7〉와 같이 전문적으로 분화된 상호 협력적이고 의존적인 복합체계라는 관점에서, 체계내 각각의 구성요소들과 노드가 상호 연계(Link)성으로 구성됨에 따라 위협평가라는 것은 이러한 여러 가지 복합적인 요소를 전부 고려해야한다는 어려움이 있다.

또한 군사적 측면에서의 전력체계에서도 전장감시체계(ISR), 지휘통제체계(C4I) 및 정밀타격체계(PF)간 상호 유기적인 통합을 통해 시스템 복합체계(System of system)로, 〈그림 4-8〉처럼 구성됨에 따라 과거와 같이 단지 적・아 각각의 플랫폼(Platform)의 성능 비교가 아닌 복합적으로 위협을 분석하고 평가해야 하는 어려움이 있다.

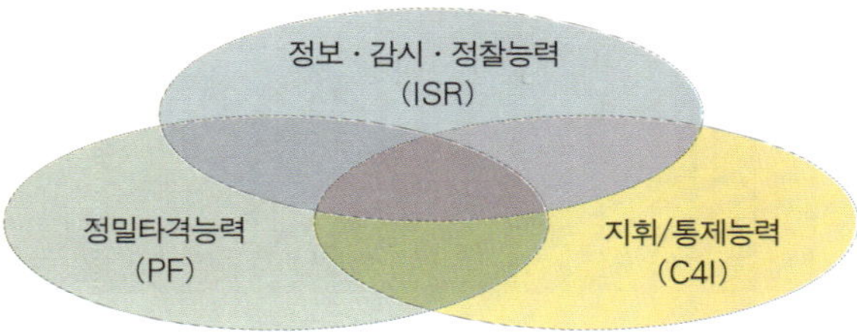

출처: 공군본부, 「한국공군 EBO 발전방향」, 2006, p.34.

〈그림 4-8〉 군사력 전력체계

예를 들어 "대탄도탄 공격"을 잠재위협국 위협유형이라 식별하였다면 이에 대한 평가는 잠재위협국의 탄도탄 성능 즉, 정밀타격 능력을 포함하여 실시간 지휘통제 능력 및 전장감시체계 능력 등을 종합적으로 검토하여 이에 대한 위협수준을 평가해야 한다는 것이다. 따라서 〈그림 4-9〉는 A 위협유형에 대한 평가를 전력체계를 기준으로 다양한 요소를 복합적으로 평가하여 A 위협유형에 대한 최종 능력수준을 도식화 한 것이며, 또한 아측의 작전임무수행 능력도 같은 방법을 통해 그림과 같이 비교할 수 있다. 즉, A에 대한 위협을 최소 위협수준에서 최대 위협수준까지 일정한 척도에 의해 정찰감시, 지휘통제, 정밀타격 등의 부문으로 나누어 평가한 후 이에 대한 종합적인 위협을 평가한다. A 위협에 대응할 수준도 최소 대응수준에서 최대 대응수준까지 위협평가와 동일한 척도로 정찰감시, 지휘통제, 정밀타격 등의 부문으로 나누어 분석 평가하여 대응수준을 종합적으로 판단하는 것이라 할 수 있다.

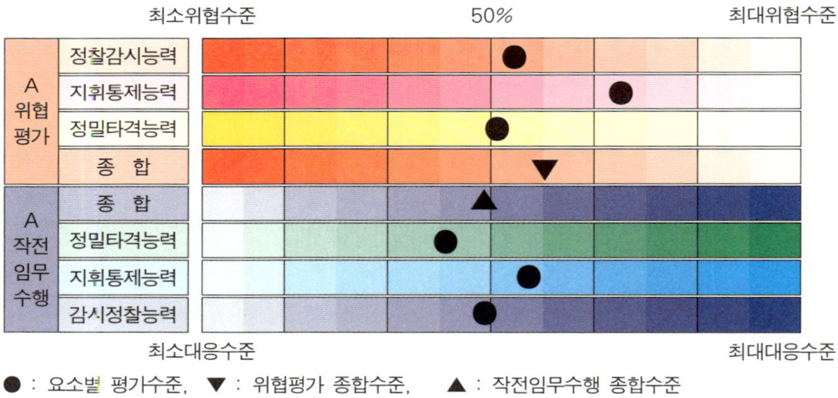

〈그림 4-9〉 위협평가 및 아 작전임무수행 능력 판단(예)

이와 같은 시스템 복합체계를 기초한 군사전력에 대한 올바른 분석[68]을 위해서는 정확한 기준하에 세부적인 분석 툴(Tool)이 필요하다.

68) 복합체계분석(SoSA: System of System Analysis)이란 오늘날 구조는 전문화, 분화된 상호 협력적이고 의존적인 복합체계라는 관점에서 노드, 노드간 상호 연계성(Link) 강/약점을 분석하는 작업이다.

다. 잠재적 요구능력 식별

잠재적 요구능력 식별은 합동개념을 개발하여 미래 표준능력을 정의하고 미래표준능력과 현능력을 비교 분석함으로써 부족한 필수 전력소요를 창출하기 위한 것으로 능력기반 전력기획에 있어 가장 중요한 과정이라 할 수 있다.

이러한 잠재적인 요구능력 식별은 미래전을 고려한 효과중심계획(Effects Based Planning)에 근간을 두고 식별해야 한다. 이를 위해서는 적+아+작전환경 전반에 대한 포괄적인 지식베이스(D/B)를 이용한 운영체계평가(ONA : Operational Net Assessment)[69]를 통해 '요망효과'[70]를 기초로 효과과정(E)-노드분석(N)-조치방안(A)-전력획득(R) 모델 기법을 이를 달성하기 위한 최적의 작전임무 수행 방안을 수립하고 그 작

---

69) 운영체계 평가(Opeational Net Assessment)란 작전수행에 영향을 미치는 적 · 아 및 작전환경에 대한 총체적 분석을 통해 효과(Effect)를 설정하고, 효과에 영향을 미치는 노드(Node)를 식별하며, 노드에 대한 조치(Action)와 가용한 전력(Resources)운용에 대한 연계성을 식별하여 작전수행에 필요한 지식을 제공하는 활동이다. 이에 대한 영문 정의는 다음과 같다. "A process and Product that integrates people, processes, and tools by using multiple information sources and collaborative analysis to build a shared holistic knowledge based on the Operational environment." Milan N. Vego, "Effects-Based Operations: A Critique", *Joint Force Quarterly*, issue 41, 2nd quarter 2006, p.56.

70) 요망효과는 접근방식에 따라 다음과 같이 표적에 기초한 방식, 목표에 기초한 방식 그리고 효과에 기초한 방식 등으로 비교할 수 있다. 표적에 기초한 요망효과는 적을 식별후 파괴하는 것을 목적으로 하며, 표적의 물리적 파괴효과에 중점을 두는 1차적 효과를 고려한다. 목표에 기초한 요망효과는 상위부서의 목표가 하위부서의 임무가 되며, 각 제대에 설정된 목표에 중점을 두어 목표달성을 위해 목표와 임무의 연계성을 고려한다. 효과에 기초한 요망효과는 표적 및 목표에 기초한 두가지 방법 모두를 포함하며, 전략적, 작전적 요망효과에 중점을 두어 조치와 효과사이의 인과관계를 설정하여 적의 시스템속의 시스템을 파악, 적의 대응을 고려한다. 포괄적인 효과평가를 통해 요망효과를 평가한다.

전임무수행에 필요한 필수 전력소요를 식별함으로써 잠재적 요구능력을 평가하는 것이다. 운영체계평가(ONA)에서의 E-N-A-R 과정을 도식화하면 다음 〈표 4-3〉과 같다.

〈표 4-3〉 E-N-A-R 과정

구 분	1과정(E) ⇨	2과정(N) ⇨	3, 4과정(A, R)
목 적	· 효과의 내용, 범위 검토	· 효과달성과 관련된 모든 노드 식별	· 노드별 타격을 위한 작전수행, 전력 검토
중 점	· 효과별로 내용을 구체화하고 범위를 한정	· 잠재위협국 전력체계 분석 · 분석결과를 기초로 효과달성과 관련된 노드 식별	· 노드별로 효과달성을 위한 최적의 작전임무 수행 및 투입전력 선정
예	· 원거리에서 공중공격 거부 * 위협유형 : 항공력에 의한 공중강습	· 전투기 · 정보(감시, 정찰)체계 · 전자전체계 등	· 원거리 작전수행 · 조기경보 작전수행 · 전자전 작전수행

이를 구체적으로 설명하면 먼저 1과정(Effect)은 나항에서 언급한 잠재 위협국의 유형별 위협평가를 근거로 합동군사목표를 달성하기 위해 우리가 요망하는 효과 즉, 위협 유형별 작전적 목표를 좀 더 구체화하고 범위를 한정시킨다.

다음 과정으로 제 2과정은 우리가 요망하는 효과를 달성하기 위해 관련된 모든 잠재 위협국의 노드(Node)[71]를 식별, 분석하여 요망하는 효과를 극대화할 수 있는 최적의 잠재 위협국의 취약 노드들 판단한다. 마지막 3, 4과정으로 잠재 위협국에 대한 취약 노드를 공격하기 위한 노드별 효과적인 작전수행 능력이 무엇인가를 파악하고 이러한 작전수행 능

71) 적 체계의 기본요소인 인원, 장소 또는 물체(물체의 예: 전력발전소 C4I시설).

력을 효율적으로 발휘하기 위한 필수 전력이 무엇인가를 식별한다. 이러한 과정을 수행함으로써 효과를 중심으로 한 잠재적 요구능력을 식별하게 되고 미래 표준능력을 설정할 수 있는 기준점을 도출 할 수 있게 되는 것이다.

이러한 방법은 운영체계평가(ONA)를 위한 구체적인 분석 툴(Tool)의 개발이 필요하며, 일정한 기준하에 과정을 수행해야 한다.

라. 능력기반 전력기획 소요판단

위의 같은 과정을 거쳐 최종적으로 나온 결과인 각 위협유형별에 대한 잠재적 요구능력 수준을 현재 계획된 능력을 포함한 작전임무수행 능력수준과 상호 비교하여 그 차이(Gap)의 부족전력이 바로 적정 군사력 소요인 것이 바로 능력기반 전력기획이다. 이와 같은 방법을 그림으로 표시하면 〈그림 4-10〉과 같다.

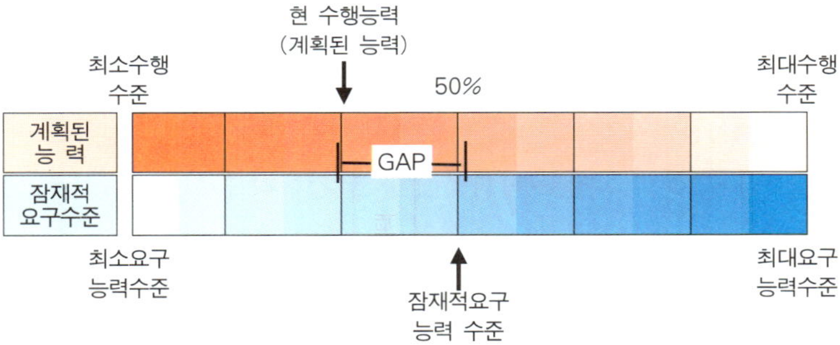

〈그림 4-10〉 적정 전력 소요판단

따라서 이와 같은 전력기획은 과거 위협기반 전력기획 시, 최대 요구

수준 능력을 고려한 전력기획이 아니라 미래전을 고려한 '효과중심기획'(Effects-Based Planning)에 근간을 두고 판단한 잠재적 요구능력수준을 근간으로, 계획된 현 능력과의 차이만큼 전력을 기획하는 것이 능력기반 전력기획인 것이다.

마. 재원수준의 위험(Risk) 평가

위와 같은 절차를 통해 현 능력과의 차이만큼 적정 전력소요를 판단하고 이에 대한 전력획득 우선순위를 선정함으로써 전력을 기획하고 획득하게 된다. 그러나 필요한 전력소요 획득 물량은 반드시 국방 가용재원 범위 내에서 이루어지기 때문에 가용재원을 고려해야 한다는 것은 전력기획에 있어 큰 변수가 되고 있다.

국가별로 군사력, 경제력, 위협정도 등에 따라 국방재원의 사용한도가 다르나, 대부분의 국가는 국방재원이 무한정 있는 것이 아님에 따라 가용재원 범위 내에서 전력을 기획해야하는 어려움을 가지고 있다. 이에 따라 적정 전력소요를 판단하더라도 국방재원의 제약으로 인해 적정 전력을 획득할 수 없는 상황에 항상 직면하게 된다. 그러므로 국방재원 제약으로 인한 전력기획의 위험(Risk) 평가를 통해 가용재원 제약에 따른 부족소요에 대한 위험정도를 파악해야 할 것이다.

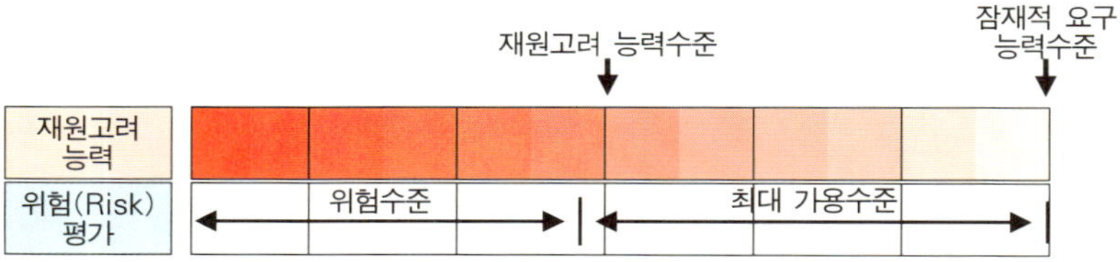

〈그림 4-11〉 재원수준의 위험평가

위 〈그림 4-11〉은 0가용재원 수준을 고려한 위험평가의 예이다. 위의 예처럼 잠재적 요구능력 수준이 100%라고 가정할 때, 재원을 고려한 능력수준이 50% 수준 밖에 안된다면 잠재적 요구능력수준에 못 미치지만 위험평가를 통해 최대 가용수준 범위내에 있으므로 전력기획의 위험도는 낮은 것으로 판단할 수 있다. 만약 가용재원을 고려한 능력수준이 40% 수준이라면 위험평가의 범위가 위험수준에 해당되므로 전력기획의 위험도가 높다고 판단할 수 있다.

이러한 분석을 위해서는 가용재원을 고려한 능력과 위험을 평가하는 세부 분석 툴(Tool)이 필요하며, 국방재원을 고려한 능력수준이 위험수준에 있다면 최대 가용수준으로 포함시키기 위한 다각적인 검토가 필요하다. 국방재원 수준의 위험평가를 고려하는 것은 능력기반 전력기획에 있어 반드시 고려되어야 할 요소이다.

2. 능력기반 전력기획의 방법 적용(예)

능력기반 전력기획의 적용을 위해 현재 우리의 안보상황을 한반도 차원, 동북아 차원 및 글로벌 차원에서 위협을 평가하고, 현대전 및 미래전의 양상을 파악하여 잠재 위협국에 따른 우리 군의 요구능력을 설정하며, 요구되는 전력을 기획하는 과정을 예를 들어 살펴보겠다.

현 한국의 상황을 한반도 차원, 동북아 차원 및 글로벌 차원에서 위협을 판단하면 다음과 같다.

첫째, 한반도 차원에서는 확고한 대북억지 및 군사우위 유지가 관건으로 90년대 이후 지속된 북한의 경제적 몰락과 러시아의 지원 중단 결과로 북한 경제가 총체적 몰락의 과정에 있다. 이는 북한의 군사적 위협이 과거에 비해 현저히 약화되었음을 지적하는 논거로 많이 활용되고 있다. 그러나, 비록 북한 경제가 약화되기는 했지만 북한의 재래식 전력 위협은 결코 가볍게 볼 문제는 아니다. 6·15 남북공동선언 이후 남북관계의 커다란 진전에도 불구하고 북한군은 전진배치된 부대를 그대로 유지한 채 기습공격 태세를 조금도 변화시키지 않고 있다. 더구나 휴전선에서 수도권까지의 직선거리가 40km에 불과한 점을 고려하면 문제는 더욱 심각해진다. 비록 북한군의 전투장비 중 상당수가 노후화된 구형 무기라고 하더라도 기습 공격할 경우, 전쟁 초기 선제공격으로 우리에게 타격을 주기에는 충분하기 때문이다. 예를 들어, 북한군 총 전투병력의 70%에 상당하는 70만명과 야포 8,000문, 전차 2,000대는 비무장지대에서 100km이내에 배치되어 있다. 이 전력의 대부분은 현기지에서 최소한의 준비로도 공격을 가할 수 있을 정도이다. 따라서 한반도에 실질적인 평화체제가 구축되어 북한이 근본적으로 변하지 않는 한 북한의 위협은 우리가 대비해야 할 첫번째 위협대상이다.[72]

둘째, 동북아 차원에서는 방어충분성에 입각한 전력증강과 한·미 연합방위태세의 발전적 변환으로 한반도 주변 강대국들의 발빠른 군사력 증강과 현대화 움직임에 대비하여 우리는 무엇을 해야하는지 깊이 고민해야 한다.

우리를 둘러싼 주변 군사강대국들의 경우, 군사력의 양적 규모는 계속 축소시키는 반면, 질적인 능력, 특히 해·공군 전력을 첨단화시키는

---

72) 참고로 북한은 핵 및 생화학무기와 같은 대량파괴무기를 제외하고도 거의 경고를 발할 여유를 주지 않고 야포와 장갑 및 기계화부대를 동원하여 공격을 할 수 있는 재래식 전력을 건설, 유지하고 있다. 또 북한은 한반도 전체와 동북아 지역의 대부분을 위협할 수 있는 거대한 미사일 전력을 보유하고 있다. 북한군은 세계 5위라는 규모이외에도, 50여년 이상의 주체사상교육으로 강화된 전의를 불태우고 있다.

방향으로 나아가고 있다. 특히 장거리 첨단 투사전력(해외투사력)을 중점적으로 발전시키는 질적 확대전략에 전력증강의 초점을 두고 있다.

중국은 최근 기존의 본토 및 연안방어 작전개념을 완전히 던져 버리고 지역내 세력투사 개념으로 전환하여 2010년까지 남지나해 및 동지나해에서의 군사적 지배권을 갖는 목표를 설정하여 군사력을 획기적으로 발전시켜 나가고 있다.[73] 더 구체적으로 말하자면, 1990년대에 설정한 그린라인(Green Line : 조어도-대만-인도네시아)에서 2020년경에는 블루라인(Blue Line : 쿠릴열도-마리아나 군도-파푸아뉴기니)으로 확장하고, 2010년까지 탄도미사일 1,000기와 크루즈미사일 10,000기를 확보할 수 있는 능력을 보유하려 노력하고 있다. 그리고 사정거리 3,000km에 이르는 KH55 장거리 순항미사일 6기를 우크라이나로부터 구매했으며, 미국의 보잉 737 여객기를 2대 도입하여 미사일 발사시험과 정찰에 사용할 수 있는 군용기로 개조하기도 했다.[74] 또한 '첨단기술 조건하의 국지/제한전'/'핵 억제하의 정보전'에서 승리하기 위해서 정보화와 기계화를 병행 추진하고, 동시에 점혈(點穴) 전쟁 - 첨단 군사기술을 보유한 국가와의 전쟁에서 승리하려면 상대의 강점이 내포하고 있는 취약점(점혈, 급소)을 이용해서 강점을 무력화시킬 수 있는 비대칭적인 독특한 방책 - 이라는 비대칭전략을 추구하고 있다. 일례로 육·해·공군에 이은 제4군인 사이버군을 창설한 것을 들 수 있다. 현재 중국의 사이버전쟁 전력은 첨단무기와 전투능력면에서 최강 미군에 견줘도 결코 뒤지지 않는 것으로 평가받고 있다.[75]

73) John Downing, "China Equips Itself for Power Projection", *Jane's Intelligence Review*, February 2000.

74) 국방일보, 2005년 2월 5일.

일본은 세계최고의 첨단 군사력을 이미 보유하고 있을 뿐만 아니라, 단시일 내에 전략무기를 확보할 수 있는 상용베이스의 선택권도 보유하고 있다. 일본은 이미 방위선을 1,000해리에서 2,000해리로 확대하였고, 최근에는 이라크전을 수행하고 있는 미군을 지원한다는 명분을 기회로 삼아 멀리 인도양까지 진출할 정도로 해외로 무력을 투사하는 능력을 획기적으로 증대시키고 있다. 해상자위대는 이지스함 1-2척을 주함으로 헬기를 탑재한 대형구축함(지휘함), 방공능력을 갖춘 미사일 구축함 및 일반 구축함을 8척 보유하여 독립적인 원해 작전수행 능력을 구축하고 있으며, 공군의 경우 기존의 F-15J 및 F-4EJ를 주축으로 하여 최근에는 최첨단의 F-2기를 미국과 공동으로 개발하여 실전배치 중에 있으며, 육군은 기존의 사단구조를 여단구조로 개편하여 기동력과 타격력을 더욱 강화하고 있다. 특히 일본의 군사정보 수집, 공중조기경보 및 통제능력은 세계 2위로 1998년과 1999년에 배치한 E-767 AWACS기 그리고 인공위성을 비롯한 다양한 공중감시 장비를 배치하여 한반도를 비롯한 아시아태평양 대부분 지역을 감시할 수 있는 능력을 갖추고 있다.

그리고 러시아는 푸틴 대통령 치하에서 신 안보개념과 전방위 기동전략을 채택하여 핵전략을 예방적 차원의 핵 선제공격 가능성을 열어두고 핵 억지력을 유지하고 차세대 전략무기 개발을 가속화하고 있다. 또한 최신무기의 보충과 무기획득 체계 개선을 통한 군사력의 현대화로 지상군은 T-95 전차 개발과 T-62 전차의 지속적인 개량을 통해 상시 전투부대 체제로 개편하고 있으며, 해군의 경우는 핵 잠수함 3척, 다목적 코르베트함 5척 및 신 항공모함 1척 등을 건조할 계획이며, 공군은 신형 ALCM 개발, TU-95 전략폭격기 및 IL-76 수송기 개량, AN-70 수송

75) 중앙일보, 1999년 11월 19일.

기 160대 도입 등 전력증강을 계획하고 있다. 우주군 및 전략로켓군은 위성시스템 보강 및 현대화를 위해 차세대 위성 우주로켓 개발과 미국의 MD 구축에 대비 대응전략 강화를 모색하고 있다.

중국, 일본, 러시아 등 한반도 주변 3개국들은 2030년 이후까지 멀리 내다보면서 군사혁신을 완수할 목표를 세우고 추진하고 있다. 이들 3개국의 최근 군사발전 동향을 분석하면 몇 가지 공통점을 발견할 수 있다. 이들 3국은 제공권과 제우주권의 장악이 미래전의 승패를 좌우할 것이라는 판단하에 인공위성을 기지로 한 정보정찰과 지휘통제 및 타격수단에 비상한 관심을 표명하고 있다. 또한 미국의 시스템복합체와 유사한 개념으로 보다 멀리 보고(Sensors), 보다 정확히 타격하며(Shooters), 보다 광범위한 전장을 실시간에 자동적으로 통제(C4I)할 수 있는 수단들을 개발하는 데 역점을 두고 있다. 이를 위해 민·군 겸용기술을 이용한 우주, 항공 및 정보통신 분야에 역점을 두는 동시에 전력의 합동성 및 통합성을 강조하고 있다.

셋째, 글로벌 차원에서는 세계적 군사혁신과 변환 추세에서 낙후되지 않으면서 테러, 대량살상무기확산 등의 불특정 위협에 대비해야 한다. 한국은 지금까지 대체로 테러의 주변지역으로 간주되어 왔으며, 때문에 테러에 대해서는 거의 무방비 상태라고 해도 과언이 아니다. 과거 한국이 경험한 테러는 대부분 북한과의 대치상태에서 KAL 폭파사건, 아웅산 테러, 김신조 일당의 청와대 습격사건 등 북한에 의한 테러를 일방적으로 당한 경우였다. 앞으로는 북한 이외의 세력에 의한 테러가 증가할 가능성도 배제할 수 없다. 한국도 이라크 파병 및 PKO 군사활동 등으로 이라크 및 이슬람 저항 세력의 테러 대상이 될 가능성이 있기 때문이다. 또한 테러와 더불어 대량살상무기의 위험성은 갈수록 심각해지고 있다.

글로벌 차원에서 가장 위험한 상황은 대량살상무기가 국제테러와 결합되는 경우로서, 대량살상무기가 테러수단으로 사용될 경우 그 피해는 상상하기조차 어려울 정도이다. 오늘날 대량살상무기는 'CBRNE' (Chemical, Biological, Radiological, Nuclear, Enhanced high explosives) 무기로 그 개념이 대폭 확대되고 있는 추세에 있다. 그리고 환경, 에너지, 인구, 난민, 국제범죄 등 초국가적 위협 또한 21세기 위협의 주요 항목이 될 것으로 예상된다. 안보적 측면에서 9.11 테러 이후 '완벽한 국가안보'라는 개념은 이제 하나의 신화가 되었으며, 세계화・정보화 시대에 완벽한 안보와 방어는 불가능하다는 인식이 전세계로 확산되고 있다. 21세기에 들어서면서 국가안보는 테러와 반테러 간의 전쟁, 인종・종교・문화 등 인간 '정체성'(Identity)에 관련된 갈등, 경제적 빈부 격차, 정치적 억압과 폭력, '실패한 국가'(Failed States)들의 인권 및 참상 같은 눈에 보이는 반평화의 요소들뿐 아니라 지구 온난화, 에너지와 물 부족, 도시화・정보화 심화에 따른 인간소외와 비인간화 등 인간 문명의 모든 측면과 직・간접적으로 연관되어 있다.[76]

이처럼 안보위협이 갈수록 포괄적 성격으로 변하는 추세를 감안할 때 미래지향적 군사태세는 미래의 불특정 위협에 대비하는 방향으로 준거의 틀을 넓혀야 할 것이다. 아울러 현재의 중점인 대북 억지 위주에서 점차로 동북아 차원과 글로벌 차원으로 안보전략 수립의 시야를 넓힐 필요가 있는 것이다.

전력기획에서 요구되는 능력을 현대전 및 미래전 양상과 과거의 전쟁 양상을 비교하여 도출해 보면 다음과 같다.

---

76) 이상현, 「9・11테러 이후 안보위협 요인과 대책」, 세종연구소 정책보고서 2004-8 (2004.10) 참조.

현대전이 과거의 전쟁양상과 다른 점은, 첫째, 정보지식체계에 기초한 작전수행방식의 변화이다. 미국은 걸프전과 이라크전에서 절대 우위에 있는 정보기술을 활용하여 전장공간77)에 대한 충분한 지식정보를 확보함으로써 전쟁을 주도하였다. 따라서 미래의 전쟁은 안개에 싸여 예측할 수 없는 불확실의 전쟁이 아니라 우주 및 네트워크(Network)를 이용한 정보력에 의해 파악이 실시간으로 가능한 전쟁이 될 것이다. 단적인 예로 최초 이라크전에서 미군은 정보지식을 바탕으로 한 첨단 무기체계로 작전수행방식에 근본적인 변화를 가져옴으로써 이라크군의 작전활동과 의도를 정확히 파악하고 무력화시켜 전쟁에서 승리하였다.

특히, 미국은 정보지식의 순환체계인 종합적 전투의사결정체계로 이라크군을 초전에 마비시켰다. 이라크 자유작전에서 미공군은 미지상군이 이라크군과 접적 전진을 하기 오래전에 이라크의 핵심지상군에게 대

77) 전장공간이란 군사력이 운용되는 물리적 공간(physical volume)을 의미한다. 전통적으로 전장공간은 표적을 포착할 수 있는 거리와 무기체계의 사거리에 의해 그 경계가 정해졌다. 지상군은 항상 적의 지상군과 전투를 벌였고, 해군과 공군도 마찬가지로 적의 해군 및 공군과 전투를 수행하였다. 그러나 감시정찰체계 및 전장관리체계의 발전, 그리고 무기체계의 사거리 확대 등으로 인하여 전장공간이 지상 · 해상 · 공중에 이어 우주까지 확장되기에 이르렀고 최근에는 사이버공간까지 확장되어 이제는 전장공간이 5차원으로까지 확대되기에 이르렀다. 예를 들어 제1차 세계대전 이전에는 전장이 지상 · 해상의 2차원 평면에 국한되어 있었으나, 항공기가 출현하면서 전장이 지상 · 해상에 이어 공중의 3차원으로까지 확장되었다. 걸프전(1991)을 기점으로 우주를 활용하는 센서체계와 통신체계의 발달로 인해 전장공간이 4차원으로 확장되었다. 그리고 코소보전(1999)에서는 인터넷을 이용한 기간산업의 정보/통신체계의 기능을 마비시키는 해커전 및 사이버전과 같은 사이버공간을 활용하는 5차원으로 전장공간이 확장되었다. 지금까지는 지상 · 해상 · 공중의 전장공간이 거의 분명하게 분리 · 구분되었기 때문에 작전개념과 조직편성의 발전이 대부분 각 군별로 추구되었으나, 앞으로는 감시 · 통제 · 타격시스템의 도달거리가 획기적으로 증대되고, 사이버공간을 통한 공격이 전 지구적 범위에서 수행될 수 있기 때문에, 각 군별로 건설 유지하고 있는 전투력을 목표와 임무에 따라 통합시키는 추세로 발전하고 있는 것이다.

규모 피해를 입혀 공세적 지상작전에 결정적 역할을 하였다. 미공군은 미지상군이 접적할 때까지 이미 이라크 공화국수비대에 대규모의 물리적 피해를 입혔다. 그리고 많은 경우에 이라크 지상군의 결속은 미지상군과 접적 이전에 와해되었고, 이는 이라크군의 전투에 방해가 되었으며, 미지상군으로 하여금 이라크부대들을 안전하게 우회하여 전방을 압박하도록 만들었다. 이것은 미국의 압도적인 첨단 정보감시 자산과 정밀유도무기체계와의 체계 연동으로 신속하게 이루어질 수 있었던 것이다. 미국의 범세계적 위치식별체계위성(Global Positioning System : GPS)은 실시간 자료를 지・해・공 부대에 제공하였다. 데이터 링크 시스템(Data Link System)에 의거 전략・전술 정찰기, 공중조기경보 및 통제체계(Airborne Early Warning & Air Control System : AWACS) 및 합동감시표적획득레이더체계(Joint Surveillance Target Acquisition Radar System : JSTARS) 항공기를 통해 실시간 적 표적확인과 더불어 전투관리를 할 수 있게 되었다. 과거 2차 세계대전시에는 전장상황을 판단하고 의사결정을 행동화하는데 약 1주일의 소요시간을 요구하였으나, 이라크전에서는 거의 실시간대로 근접하였다. 이는 정보, 지식 획득체계인 우주체계, 유・무인 정찰기, AWACS, JSTARS와 지휘통제체제인 C4I의 역할이 크게 증대하고 있음을 뚜렷하게 보여주고 있는 것이다.

둘째, 비대칭전력의 구성과 운용이다. 이라크전쟁 중 미국과 이라크의 전력구성상 가장 큰 특징은 비대칭성이었다. 1991년 걸프전시 미국은 정찰감시, 지휘통제 및 항공우주전력과 체계, 장비를 보유하는 반면 병력은 이라크군의 절반 수준인 50만여 명 수준이었으나, 이라크군은 전차나 야포는 양적으로 대등 수준이고 병력은 103만여 명이었다. 2003년 이라크 전에서 미국은 정찰감시, 지휘통제력, 항공기와 정밀무장을 보다 강화하였고, 미군의 병력수는 대폭 축소하여 초기 13만여 명을 투입하였다. 전차와 장갑차의 경우에도 걸프전에 비해 약 1/2이하로 대폭 축소 투입하였으며, 특히 야포나 로켓의 경우 걸프전 대비 1/9수준으로 제한하고 대부분의 화력지원을 항공력으로 대체시키는 과감한 변화를 취하였다. 미군은 이라크 전장에서 지상 야포의 사용을 거의 줄이고 항공력으로 대체하여 지상군의 기동력을 걸프전시 시속 16km에서 시속 60km로 대폭 향상시킬 수 있었다.

이를 한반도 작전전구에 대입하면 걸프전 당시 이라크 병력과 무기가 북한과 거의 대등한 수준이다. 만약 한・미 동맹 하에서 미증원 전력의 규모가 항공기 2,000여대, 함정 160여 척, 항모 5개 전단 수준이 될 것이라고 가정해 보면, 그것은 걸프전과 유사한 비대칭성의 전력구성이 되기 때문에 한국군은 최대 50만 수준의 상비병력만 보유하면 북한을 무력화시킬 수 있다는 추론이 충분히 가능하다.

셋째, 항공우주력에 의한 전략적 주도권 장악이다. 현대전의 전장은 평면전장 중심에서 입체전장 중심으로 전환되었고 항공우주전역이 주전장이 되었다고 해도 과언이 아니다. 전통적인 지상군 중심의 전쟁은 지상군 전략이 가지는 기동과 화력운반의 한계성으로 인하여 외곽에서 중심부분으로 지향하게 되었다. 과거전쟁은 초기 적 전력을 최대한 약화시키기 위해 충분한 전력을 결집시켜 집중공세를 취하는 형태로 전개하며 대개 항공전력을 보조전력으로 사용하는 개념이었다. 그런데 이러한 전통적인 지상군중심의 전쟁은 그 특성상 기간이 장기화되며 다수의 희생자가 발생되고 국토가 황폐화되는 치명적인 문제가 있었다. 제 1, 2차 세계대전과 한국전쟁이 그 실례이다.

그러나 걸프전(1991), 코소보전(1999), 아프카니스탄전(2001), 이라크전(2003)에서는 항공우주력이 주축이 되어 작전을 수행하고 전략적, 작전적, 전술적 중심을 동시에 공격하여 무력화함으로써 초기에 전쟁주도권을 완전히 장악하였다.78) 이러한 전쟁은 미래전의 모델을 보여준 셈이다. 과거에는 지표면이 주전장으로 활용되고 공중전장은 보조개념이었으나, 걸프전과 이라크전에서는 수직공간인 항공우주전역이 주전장으로 사용되고 평면인 지상과 해상이 보조적인 역할로 바뀌었다. 미국은 항공우주력으로 개전초기에 전략적 주도권을 장악한 후 신속하게 전쟁을 종결함으로써 인류역사상 최단기간에 '최소의 희생'과 전비로 전쟁목적을 달성한 것이다.(〈표 4-4〉를 참조)

〈표 4-4〉 미군이 참가한 주요전쟁과 사상자 수

전 쟁	기 간	사 상 자			
		계	전 사	비전투사망	부 상
독립전쟁	1775-1783	10,623	4,435		6,188
남북전쟁	1861-1865	634,703	184,594	373,458	412,175
1차대전	1911-1918	320,710	53,513	63,195	204,002
2차대전	1941-1945	1,078,162	292,131	115,185	670,846
한국전	1950-1953	136,935	33,651		103,284
월남전	1964-1975	211,471	47,369	10,799	156,606
걸프전	1991	760	148	145	467
아프칸전	2001-2002	55	27	28	
이라크전	2003	538	117	22	399

출처: 유무봉, "EBO에 대한 고찰", 「군사평론」 제368호(육군대학, 2004.6), p.175.

78) Andrew Richter, "Lessons From the Revolution: What Recent US Military Operations Reveal About the Revolution in Military Affairs and Future Combat", *Journal of Military and Strategic Studies*, Spring 2005, Vol.7, Issue 3.

따라서 현대전은 공중과 우주전역을 장악하는 제공권과 제우주권이 전쟁의 승패를 좌우한다는 확증을 명확하게 제공하였다. 현대전에서 병력밀집형의 대부대 운용은 한계를 겪었다.79) 이러한 지상전력의 한계성을 첨단기술인 항공우주력으로 극복하여 적의 전략적 중심을 핵심표적으로 무력화시킴으로써 승리를 가져온 것이다.

넷째, 원거리공격과 정밀공격능력을 가진 정밀유도무기체계의 활용 증대이다. 걸프전(1991)에서부터 이라크전(2003)에 이르기까지 뚜렷하게 드러난 추세 가운데 하나는 정밀유도무기(PCMs : Precision-Guided Munitions)의 사용이 꾸준히 증가하는 비율을 보이고 있다는 점이다. 걸프전 8%, 코소보전 30%, 아프카니스탄전 60%, 이라크전 70% 정도이다. 또 다른 추세는 출격마다 전달되는 PGMs 및 악천후에서도 전달되어질 수 있는 PGMs 숫자의 증가비율이다. 최근 전쟁에서 운용된 비행소티와 정밀유도무기의 비율은 〈표 4-5〉에서 알 수 있듯이 점차 사용비율이 높아지고 있는 추세에 있다.

〈표 4-5〉 최근 전쟁에서의 정밀유도무기 사용 비교

구 분	걸프전(1991)	코소보전(1999)	아프칸전(2001)	이라크전(2003)
전쟁일수	43일	78일	50일	22일
총 비행소티	118,700	37,500	29,000	41,404
공격소티	41,300	10,808	17,500	20,733
총 투하무기량[1]	265,000발	23,000발	22,000발	29,199발
정밀유도무기[2]	20,450발	8,050발	12,500발	19,948발
비 율(2/1)	7~8%	35%	56%	68%

출처: 국방대학원 "이라크전후 새로운 안보질서와 한반도" 국방대학원(2003), p.53.

79) 이런 논의에 관해서는, John Gordon IV & Jerry Sollinger, "The Army's Dilemma", *Parametes*, Summer 2004를 참조.

걸프전과 이라크전의 또 다른 특징은 원거리 정밀 항공우주력과 장거리 미사일 운용이었다. 항공기의 경우 수백 km의 작전반경에서 공산오차(CEP : Circular Error Probability) 10ft 이내로 정밀폭격을 가했으며 미군이 사용한 순항미사일을 1,500~2,000km 떨어진 목표물을 정확히 타격하였다. 미군이 사용한 항공정밀유도무기는 걸프전 당시 전체 항공무기의 7~9% 수준이었으나, 이라크전의 경우는 69%로 급증하였다.

현재 산업형 군대가 사용하고 있는 대부분의 야포는 최대사정거리가 40km 정도(예 : K-9 자주포)에 불과하다. 따라서 원거리 정밀 항공력과 장거리 미사일 운영으로 인해 주로 접적 상태에서 화력을 사용하던 과거의 개념에서 탈피하여 격리된 거리에서 화력을 사용하는 개념, 즉 선형전투의 개념이 무너지고 전·후방 개념이 없어졌으며 비선형 전투개념이 일반화된 것이다.

이제 병력밀집도가 높은 대부대 운용은 정밀무기로 인해 대량살상을 면할 수 없게 되었으며 부대규모는 소형화, 기동화되고 배치는 분산화될 수밖에 없는 상황으로 바뀌고 있다. 향후 한국전쟁 당시 중공군의 인해전술과 같은 것은 완전히 불가능해진 것이다. 지상화력이 거의 다 항공전력으로 대체된 것이다.

적의 정밀무기로부터 우군의 피해를 감소시키려면 병력 및 부대의 분산배치가 불가피하며 역으로 아군이 충분한 정밀무기운용 능력을 보유하고 있을 경우 군이 다량의 병력 손실을 가져올 수 있는 병력밀집부대를 운용할 필요가 없게 된 것이다.

다섯째, 지상전과 해상전의 전통적 역할도 재인식되었다. 현대전은 첨단기술장비에 의한 비선형 전장임에도 불구하고, 전쟁을 종결시킴에 있어서 지상군의 전통적 중요성이 재인식되었다.[80] 특히, 전쟁 이후의 군사작전(MOOTW)에 있어 그 중요성이 새롭게 부각되고 있다.

지금까지 주변 안보환경과 현대전 및 미래전의 양상변화에 대해 설명을 종합 고려하여 우리가 필요로 하는 요구능력을 고려시, 글로벌차원에 대비한 군사력 건설 및 작전임무 수행능력을 구비하는 것이 이상적이나, 국가 정치적, 경제적 지위, 군사력의 능력 및 국방재정 등을 종합 고려시 동북아 차원의 위협에 대비, 미래전 양상에 맞는 작전임무 수행능력을 구비하는 것이 능력기반 전력기획이라 판단된다.

다음으로 전력기획 방법에 따라 동북아 차원의 위협유형이 무엇인가를 판단해야 할 것이다. 위협의 유형이란 즉 북한을 포함한 잠재 위협국이 한반도를 침범하여 무력화한다는 최악의 시나리오를 상정하고 이에 대한 잠재 위협국이 한반도에 위협을 가할 수 있는 유형을 판단하는 것이다. 예를 들어 한반도 지리적 조건과 미래전을 고려시 "항공력에 의한 공중강습"이 위협의 한 유형이라고 가정할 수 있다.

이러한 위협유형을 판단하였을 시 잠재 위협국의 항공기 성능과 대등한 성능을 가진 항공기를 선정하여 대등한 수량의 전력을 확보하는 것이 일반적인 위협기반의 전력기획이나, 능력기반 전력기획은 위협유형에 따라 잠재 위협국에 대한 위협을 평가하고, 또한 우리의 작전임무수행능력을 평가하여 정확히 적・아 능력을 식별하고, 우리가 추구하는 전략적 목표를 달성 가능케 하는 잠재적인 요구능력 수준을 판단함으로써 현작전임무수행 능력과 잠재적인 요구능력의 차이(Gap)만큼 소요기획을 수행하는 것이 능력기반 전력기획이라 할 수 있다. 예를 들면 "항공력에 의한 공중강습"이라는 위협유형에 대한 평가는 전투기 성능, 보유대수뿐

80) 이에 관해서는 Bruce W. Bennett, *A Brief Analysis of the Republic of Korea's Defense Reform plan,* occasional paper 2006, RAND 참조.

만 아니라, 군수지원능력, 훈련정도, 지휘통제 능력, 정찰능력, 전자전 능력 등 항공력에 영향을 주는 유·무형 자원을 종합하여 정성적이거나 또는 정량적으로 위협을 종합 평가하는 것이다.

마찬가지로 우리의 작전수행능력도 잠재 위협국에서 분석한 내용을 근거로 우리의 능력을 정확히 판단하여 정성적으로 또는 정량적으로 도식화한다. 여기에서 잠재 위협국의 위협평가나 우리의 작전수행능력을 정확히 평가하는 것은 상당한 기간이 요구되며 전문성이 요구됨에 따라 전문성을 가진 사람들간 Task Force를 구성하여 심도 있는 연구가 필요하며 이를 평가하기 위한 세부 분석 툴(Tool)이 개발되어야 할 것이다. 만약 잠재 위협국에 대한 위협평가나 현시점에서의 우리의 능력을 정확히 판단하지 못한다면 전력을 기획하는데 있어서 처음부터 많은 오류를 가지고 출발할 수밖에 없을 것이다.

다음은 잠재적인 요구능력의 판단이다. 통상 우리가 이상적으로 보유하고 싶은 군사력의 최대의 요구능력은 예를 들어 한반도에 잠재 위협국이 공중 강습시 적을 방어, 격퇴할 뿐 아니라 잠재 위협국에 대한 보복공격을 통해 전쟁의지를 말살하여 완벽한 승리를 거두는 것이다. 그러나 이와 같은 최대의 요구능력은 군사기획을 하는데 있어서 많은 국방재원과 국가적 정치, 경제 능력이 뒷받침되어야 하고 잠재 위협국을 능가하는 군사력을 보유해야하기 때문에 최대 요구능력을 구비한다는 것은 현실적으로 많은 제약을 받게 된다.

따라서 잠재적 요구능력의 판단은 현 국가적 위치와 전략적 목표, 국가의 가용재원 등을 종합 고려하여 궁극적으로 국가이익과 군사전략목표를 달성할 수 있는 최적의 요구능력을 판단하는 것으로 합참차원에서 추구하는 군사전략목표가 무엇인가를 명확히 파악하고, 또 미래전을 고려한 효과중심기획(Effects-Based Planning)에 토대를 둔 위협유형별 효과적인 작전수행 방안을 식별, 이에 대한 필요전력을 판단하여 잠재적 요구능력 수준을 분석하는 것이 바람직하다. 예를 들어 잠재 위협국에 대한 군사전략목표를 "거부적 방위전략"[81]으로 가정하고 잠재 위협국의 위협유형이 "항공력에 의한 공중강습"이라 가정한다면, 요망효과 즉, 작전적 목표는 "항공력의 기습공격 거부", "원거리 타격으로 우군지역 피해 최소화" 등이 될 것이다.

이러한 군사전략목표와 요망효과 달성을 위한 전력기획은 효과중심기획(Effects-Based Planning)을 토대로 판단해야 한다. 즉, 적 위협에 대한 노드(Node)인 전투기, 지휘・통제시설, 감시시설 등을 모두 식별하고, 노드별 취약한 부분을 식별하여 효율적인 작전수행 방안을 수립하고, 이에 필요한 필수전력을 판단하는 것이다. 예를 들어 "원거리 타격으로 우군피해 최소화"에 대한 요망효과 달성을 위해서 신속대응을 통한 원거리 타격임무를 작전수행 방안으로 수립하였다면 이에 필요한 감시・정찰 자산확보, 장거리 투사능력이 가능한 항공전력 확보 등이 작전수행을 위한 필수전력으로 식별이 된다. 이러한 필요전력의 소요물량은 적위협의 취약노드를 타격할 수 있는 적정 소요량을 선정하여 종합적으로 잠재적 요구능력 수준을 판단한다.

이러한 방법으로 판단된 잠재적 요구능력 수준은 현재의 능력 또는 계획된 능력의 상호 비교를 통해 부족한 차이를 판단, 잠재적 요구능력 수준으로 소요를 반영하는 것이 능력기반 전력기획인 것이다. 또한 이러한 전력을 기획한다 하더라도 실현 가능한 기획을 위해서는 국가의 국방

---

81) 거부적 방위전략이란 영토 밖에서 적의 침공을 격퇴하여 원상을 회복하고, 적에게 심대한 타격을 가해 적의 의지변경을 강요하는 전략이다.

재원을 반드시 고려해야만 한다. 즉, 가용 국방재원 수준을 고려한 위험 평가를 통해 최대 가용수준 범위 내에서 전력을 기획한다면 실현 가능한 적정 군사력 건설이 될 수 있을 것이다.

제5장

맺음말

지금까지 본서에서 논의된 내용을 다시 간략히 요약해 보면 다음과 같다.

과거 우리 합참에서 수행하였던 전력기획의 방법은 위협기반의 전력기획으로서 누가 또는 어디서 우리에게 위협을 가할 것인가라는 질문에 초점을 둔 전력기획이었다. 이런 전력기획이 초래한 문제들로는 첫째, 합동작전에 근거한 소요창출의 미흡으로 미래의 안보환경을 올바로 평가하여 국가안보전략을 구현할 수 있는 군사전략개념의 설정과 이러한 군사전략개념을 충족할 수 있는 합동작전개념이 정립되고, 나아가 합동작전을 수행하는 데 필요한 무기체계에 대한 소요창출이 이루어지지 못하고 있으며 둘째, 하향(Top down)식 소요창출체계의 미흡으로 현재까지 수행되었던 상향(Bottom Up)식 소요창출은 무기체계 획득이 요구되는 군사적 임무와 과업을 체계적으로 세분화하는 전략가들에 의해 시작되는 것이 아니라, 소요군(육·해·공군) 및 기관의 소요요청으로 시작되어 합동작전 차원의 전투력 발휘를 위해 고려대상이 될 수 있는 잠재적인 무기체계의 개념범위를 좁혀버리는 결과를 초래하였다. 셋째로는 과학적 소요요청/제기 및 결정의 개선노력 미흡으로 과거의 소요요청 및 제기 담당인력의 전문성 부족과 과학적 소요분석수단의 부족 등으로 통상적인 서류작업과 업체가 제공하는 무기체계 성능자료를 참조하여 다다익선 방식으로 동급 최강의 무기체계를 획득하는 경향을 보여왔다.

위와 같은 전력기획의 제 문제를 해결하기 위해서는 '누가 또는 어디서 우리에게 위협을 가할 것인가?' 라는 위협기반 전력기획보다는 '우리가 어떤 식으로 위협을 당할 것이며, 그러한 위협을 저지하고 방어하기 위해서는 어떤 것이 필요한가?' 즉 어떻게 싸울 것인가?(How to Fight?)에 더 치중하는 능력기반 전력기획으로의 전환이 필요하다.

능력기반 전력기획은 불확실한 안보환경에 대한 정확한 인식아래 다양한 시나리오를 고려하고, 잠재 위협국에 대한 군사력 능력, 위협의 정도, 위협유형 등과 우리 군이 추구하고 있는 국가목표, 군사전략목표, 합동개념 등을 고려하여 종합적인 능력을 분석하는 것이다.

능력기반 전력기획을 위한 적정 군사력 소요를 판단하는 절차는 첫째, 안보상황에 대한 위협별 유형을 식별하고, 둘째, 식별된 위협유형에 대한 위협평가를 위협의 능력에 초점을 맞춰 분석하여 위협수준 평가 및 우선순위를 결정하고, 셋째, 능력에 초점을 맞춘 위협평가를 바탕으로 현재 우리의 작전임무수행 능력수준을 평가하며, 마지막으로 우리가 필요로 하는 적정 잠재적 요구능력 수준은 미래전을 고려한 효과중심기획(Effects Based Planning)에 근간을 두고 식별하여 현 전력과 잠재적 요구능력의 차이(Gap)만큼을 군사력 소요로 판단하되, 최종적으로 재원수준의 위험(Risk)평가를 통해 적정 군사력 소요를 판단한다.

이러한 능력기반 전력기획 방법을 현재 우리의 안보상황에 적용하고, 현대전 및 미래전의 양상을 파악하여 잠재 위협국에 따른 우리 군의 요구능력을 설정한다면 다음과 같다.

현 안보위협을 동북아 차원에서 평가하면 중국, 일본 및 러시아 이들 3개국은 더 멀리 보고(Sensors), 더 정확히 타격하며(Shooters), 더 광범위한 전장을 실시간에 자동적으로 통제(C4I)할 수 있는 무기체계 획득에 역점을 두고 있다. 이러한 한반도 주변 강대국들의 발빠른 군사력 증강과 현대화 움직임에 대비하기 위해서는 방위충분성에 입각한 전력증강과 한・미 연합방위태세의 발전적 변환을 시도하여야 한다. 또한 정보지식체계에 기초한 작전수행방식의 변화, 항공우주력에 의한 전략적 주도권 장악, 원거리공격과 정밀 공격능력을 가진 정밀유도무기체계의 활용증대 등의 미래전의 변화도 고려하여야 할 것이다.

따라서 이러한 주변 안보환경과 현대전 및 미래전의 양상변화를 종합고려하여 우리가 필요로 하는 요구능력을 고려시, 동북아 차원의 위협에 대비하고 미래전 양상에 맞는 작전임무 수행능력을 구비하는 것이 우리군에 맞는 능력기반 전력기획이라 판단된다. 이러한 능력기반 전력기획은 잠재 위협국의 위협유형에 대한 위협을 평가하며, 또한 정확히 적・아 능력을 식별하여, 우리가 추구하는 전략적 목표를 달성 가능케 하는 잠재적인 요구능력수준을 효과중심기획(Effects Based Planning)에 근간을 두고 판단함으로써 현 작전임무 수행능력과 잠재적인 요구능력의 차이(Gap)만큼 소요기획을 수행하는 것이 능력기반 전력기획이다. 또한 이러한 전력기획은 가용 국방재원 수준을 고려한 위험수준 평가를 통해 최종 군사력 적정 소요를 결정하게 된다.

이상과 같이 요약한 전력기획 방법론은 능력기반의 전력기획으로 효과중심(Effects-based)의 소요기획 적용을 중심으로 제시하였다.

다음은 본서의 한계점으로 4장에서 언급하였듯이 효과중심의 소요기획에 있어서, 잠재적 요구능력 수준 및 적·아 능력수준을 올바르게 평가하기 위해서는 '운영체계평가'(ONA: Operational Net Assessment) 분석을 통해 적정 군사력소요를 판단하여야 한다. 그러나, 본서에서는 운영체계평가에 대한 구체적인 분석 툴(Tool)을 제시하지는 못하였으며, 위험(Risk)평가에 있어서도 위험수준 평가를 위한 구체적인 분석 툴(Tool)은 제시하지 못하였다. 따라서 효율적인 전력기획체계 개선, 발전을 위해서는 운영체계 평가 및 위험평가 분석을 위한 구체적인 분석 툴(Tool)의 개발과 지속적인 후속 연구가 필요하며, 이러한 연구를 통해 일정한 기준하에 체계적인 전력기획체계 과정이 정립될 수 있도록 노력해야 할 것이다.

이상과 같이 본서의 내용과 연구의 한계점에 대하여 논하였다.

지금까지 논한 전력기획의 방법은 과거 전력기획과 다른 새로운 전력기획체계 방법으로, 기존의 전력기획체계 틀을 타파하고 새로운 체계로 적용, 구축한다는 것은 상당히 어려울 것으로 예상된다. 왜냐하면 전력기획체계 연구는 "군사전략(작전교리)", "기술", "경제" 변화에 대한 끊임없는 지적 탐색(Intellectual Search)을 요구하는 대단히 어려운 작업일 뿐만 아니라, 이러한 이론적 연구를 실제 적용시킨다는 것은 더욱 더 부단한 노력과 혁신이 필요하기 때문이다.

그러나 전력기획체계의 새로운 이론적 연구가 실제 적용이 어렵다고 해서 마냥 과거의 전력기획체계를 답습하는 것은 비효율적인 군사력 건설의 악순환을 초래하는 요인으로 작용하게 될 것이다. 최근 우리를 둘러싼 글로벌 안보환경이 불확실하고, 새롭게 부상하는 다양한 잠재적인 위협들은 우리의 안보에 매우 도전적이다. 이러한 도전들에 효과적으로 대처하기 위해서 우리 군은 새로운 군사전략 개념을 수립해야 하고, 또한 그것에 부합할 수 있는 군으로의 변혁을 시작해야만 하는 것이다. 이를 위해 먼저 미래의 안보환경을 올바로 평가하여 국가안보전략을 구현할 수 있는 군사전략개념의 설정이 우선 이루어져야 한다. 또한 이러한 군사전략개념을 충족할 수 있는 합동작전개념이 정립되고 나아가 합동작전을 수행하는 데 필요한 무기체계에 대한 소요창출이 이루어져야만 일관된 군사력 건설이 가능하다. 따라서 현 시대적 흐름의 중요성을 인식하고, 지금부터라도 전력기획체계를 개선하기 위해 합참 및 각군 차원의 강력한 추진 노력이 절실히 필요한 시점이다.

마지막으로 2020년을 목표로 합참에서 추진하고 있는 국방개혁 2020에 부응하고, 전력기획체계의 체질 개선을 위해서는 혁신차원에서의 대변혁이 필요하며, 이를 위해 전력기획체계 개선의 강력한 추진과 뼈를 깎는 각고의 노력이 필요하다는 것을 다시 한번 강조하면서, 본서가 향후 효율적인 전력기획체계 개선에 조금이나마 도움이 되고 한국군의 효율적인 군사력 건설에 참고자료가 되기를 간절히 기대한다.

참 고 문 헌

I. 국내문헌

1.1. 단행본

고성윤 외. 「2003~2004 동북아 군사력」, 서울: 한국국방연구원. 2004.

공군본부. 「한국공군 EBO 발전방향」, 대전: 2006.

공군전투발전단. 「미 공군 변혁과정」, 대전: 2006.

국가안전보장회의. 「평화번영과 국가안보: 참여정부의 안보정책 구상」, 서울: 국가안전보장회의 사무처, 2004.

국방부. 「율곡사업의 어제와 오늘 그리고 내일」, 서울: 1994.

국방부. 「한국적 군사혁신의 비전과 방책」, 서울: 2002.

김종하. "미래전장환경에 대비한 국방조직 발전방향", 「세계적 국방개혁 추세와 한국의 선택」, 서울: 도서출판 오름, 2006.

김형균. 「군수산업의 사회학」, 부산: 세종출판사, 1997.

박우서 · 박경원 역. 「현대기획이론」, Alexander, E. R. *Approaches to Planning Introducing current planning theories, concepts and issue*, 서울: 나남출판, 1995.

이상현. 「9 · 11테러 이후 안보위협 요인과 대책」, 세종연구소 정책 보고서 2004-8, 서울: 2004.

이선호. 「신한국국방론」, 서울: 도서출판 정우당, 1991.

전재성. "미국의 세계전략 변화와 한반도", 「협력적 자주국방과 국방개혁」, 서울: 오름, 2004.

황동준 · 한남성 · 이상욱. 「미국의 對韓 안보지원평가와 한 · 미 방위협력전망」, 서울: 민영사, 1990.

합동참모본부. "IT 군사혁명과 미래전망", 「군사참고」, 2001.

한용섭 역. 「냉전에서 경제전으로」, Schweizer, Peter. *The Reagan Administration's Secret Strategy that hastened*, 서울: 오름, 1998.

1.2. 논문

김종하. "무기체계 획득전략, 과정 그리고 조직구조의 개혁", 「군사논단」, 제36호, 2003.

서정해. "정보화 · 과학화시대에 적합한 우리 군의 소요결정체계 정립방안", 「주간국방논단」, 서울: 한국국방연구원, 2002. 11.
정상윤. "국방 M&S의 개념과 현황", 「주간국방논단」, 서울: 한국국방연구원, 2005.8.

1.3. 기타

국방부. 「국방기획관리제도 소개」, 국방부 강의자료, 2006.

II. 국외문헌

2.1. 영문 단행본

Abrams, Charles. *The Future of Housing.* New York : Harper & Bros.. 1946.
Albert David S., and Others. *Network Centric Warfare : Developing and Leveraging Information Superiority.* Washington D.C.. : National Defense University Press. 1999.
Aspin, Les, *The Bottom-UP Review.* Washington D.C.. : Government Printing Office. 1993.
______. Secretary of Defense. *Annual Report to the President and the Congress.* Washington D. C.. : FPO. Jan. 1994.
Chadwick, George. *A System Views of Planning.* Oxford : Pergamon Press. 1971.
Chenny, Dick. *Defense Strategy for the 1990s : The Regional Defense Strategy.* Washington D. C. : DOD. January 1993.
Cohen, William S., Secretary of Defense, *Quadrennial Defense Review.* Washington, D. C. : DoD. 1996.
Cordesman, Anthony H.. *Instant Lessons for the Iraqi War.* Washington D.C. : Center for Strategic and International Studies, 2003
Davis, Paul K., *National Security Planning in an Era of Uncertainty.* Santa Monica : RAND, 1992
Davis, Paul K., ed.. *New Challenge for Defense Planning*, Natl Book Network. 1994.
Davis, Paul K. and Lou Finch. *Defense Planning for the Post-Cold War Era*, Santa Monica : Rand, 1993
Davis, Paul K., Richard L. Kugler and Richard J. Hillestad. *Strategic Issue and Options for the Quadrennial Defense Review.* Santa Monica : RAND. 1997.
Department of Defense. "Conduct of the Persian Gulf War", *Final Report to Congress.*

Washington D.C. : Government Printing Office. April 1992.

Dupuy, Trevor N., *Attrition : Forecasting Battle Casualties and Equipment Losses in Modern War*. Arlinton, VA. : Hero Books, 1990

Dyckman, John W.. *Introduction to Readings in Theory of Planning : The State of Planning Theory in America*. mimeond. 1963.

Faludi, A. *Planning Theory*. Oxford : Pergamon Press. 1973.

Farr, John V., William R. Johnson and Robert P. Birmingham. "A Multifiered Approach to Army Acquisition, Defense Acquisition", *Review Journal*(April-July 2005), Vol. 12, No. 2,

Haffa Jr., Robert P. *Planning U.S. Forces*, Washington D.C.: National Defense University Press, 1988

________. *The Half War: Planning U.S. Rapid Development Forces to Meet a Limited Contingency, 1960~1983*. Boulder and London : Westview Press, 1984

Newman, William H.. *Administration Action.* New Jersey : Pentice Hall. 1963.

Rohn, Laurinda L.. *Conventional Forces in Europe : A New Approach to the Balance, Stability, and Arms Control.* Santa Monica: Rand. 1990.

Weinberge, Casper W.. *Annual Report to the Congress : FY 1986*. Washington D.C.: Government Printing Office. 1985.

U.S. Army, "An Approach to Long Range Strategic Planning", *Carlisle Barracks*, PA: U.S. Army War College, 1973

2.2. 영문 논문

Bartlett, Henry C.. "Approaches to Force Planning". *Naval War College Review.* 1990.

Brown, Hatold. "What's Behind the B-1 Cruise Missile Decision", *Commanders Digest*. 15 September 1977.

Connetta, Carl, "9/11 and the Meanings of Military Transformation", *Project on Defense Alternatives*, 2003

Davis, Paul K., David Gompert and Richard L. Kugler. "Adaptiveness in National Defense : The Base of a New Framework". *Issue Paper.* Santa Monica : RAND. August 1996.

Dror, Yehezkel, "The Planning Process : A Facet Design", *International Review of Administrative Science*, Vol. 29, No. 1. 1963.

Merriam, Charles E., "The National Resources Planning Board", *Planning for America*,

New York : Henry & Co., 1941
Nitze, Paul H., "Arms Strategy and Policy", *Foreign Affairs*, January 1956
Perry, William J., "Desert Storm and Deterrence", *Foreign Affairs*, vol. 70, Fall 1991
Snow, Donald M. "Levels of Strategy and American Strategy Nuclear Policy". *Air University Review*, Nov-Dec.. 1983.

2.3. 기타

Geiser, Francis. 공군혁신세미나 발표자료. 대전: 공군본부. 2006.
http://books.nap.edu/catalog/11455.html. Naval Analytical Capabilities : Improving Capabilities-Based Planning.
http://www.defenslink.mil/news/Sep2001/t09252001sd.html. Secretary of Defense Donald H. Rumsfeld. "DoD News Briefing - Secretary Rumsfeld".
htttp://dtic.mil/doctrine/jel/jfq_pubs/issue42.htm. "Implementing the Transformation Vision".

부록

"능력기반 소요발전" 지침서

(美 공군)

본 번역문서는 美 공군대령 Alfred L. Pitts가 2004년 7월에 작성한 美 공군지침서로서 한국군의 소요발전에 많은 참고가 되기를 바라는 마음으로 본서에 번역수록하게 되었다.

이 출간물의 영문본은 AFDPO 웹사이트에서 디지털 버전(Digital version)으로 획득 가능하다. (http://www.e-publishing.af.mil 참조)

제1장 비전 및 실행 개념

1.1. 비 전

이 지침의 의도는 전투 지휘관에 의해 요구되어지고 허용가능하고 지속증력이 있고 작전능력의 신속한 개발과 야전배치를 촉진시키기위한 것이다. 일차적 목표는 효과기반(중심)을 가진 진술된(명시된) 국방전략요구와 무기체계 및 비무기체계 해결책을 충족시키는 것이다. 국가안보전략(National Security Strategy: NSS)의 최우선 전략 지침과 더불어 4개년 국방방위보고서, 전략기획지침(Strategic Planning Guidance: SPG), 합동계획지침(Joint Programming Guidance: JPG), 및 변혁기획지침(Transformation Planning Guidance: TPG)에 명시된 기획지침 등은 공군의 요구능력을 위한 기반을 형성한다. 이러한 전략들(경로)의 지원 하에 효과(목적)를 달성하기 위한 능력(수단)에 사용된다. 공군은 현재 및 향후 국방전략 자원을 기획하는데 있어 혁신적이고 유연성있는 기획이 필요하며, 이를위해 전략기획, 능력기반기획, 능력기반 소요창출, 획득, 유지 활동 및 기획과 예산집행의 기능들을 서로 통합시킬 필요가 있다.

1.2. 합동능력통합 및 개발체계(Joint Capability Integration and Development System)

JCIDS 절차는 획득절차와 연계하여 통합되어 있으며, 국방전략 관련 요구사항을 식별, 개발 및 비준하기 위한 체계이다. JCIDS는 미 국방부의 전문가, 미 국방부 외부요원 및 민간사업을 적극 활용하여 합동전력 능력을 식별, 평가 및 우선순위를 부여하는 등 능력을 기반으로 하는 접근방식으로 시행하고 있다. 이 절차는 모든 범위의 무기체계 및 장비 그리고 비무기체계를 고려하는 동시에 전투수행 능력을 중요시 한다. 이러한 새로운 합동능력 구축은 가능한 범위 내에서 기획하는 것이 필수적이며, 시간, 국내기술수준 및 재원능력 등의 현실 상황에 의해 제한될 것이다. 미국방부 내에는 요구권한과 획득권한 사이에 분명한 분리가 있으며, 이 절차를 효과적으로 이행하기 위해서는 양 공동체 사이에 초기부터 지속적인 협조체계가 필요하다. 이러한 협력체계의 일환으로, 공군의 작전능력(ACAT 수준과 무관한)은 CJCSI 3170.01 및 CJCSM 3170.01에 명시된 대로 '합동참모기능능력위원회'(Joint Staff Functional Capabilities Board: FCB) 검토 절차에 의해 심의된다. 능력기반 접근을 수행하기 위해, FCB는 의도한 효과를 달성하기 위해 어떻게 능력이 사용될 것인지, 누가 사용할 것인지, 언제 필요할지, 왜 필요한지에 대해서 합동작전개념(Joint Operations Concept: JOpsC)을 바탕으로 고려되어야하며, 각각의 능력이 효과대비 부족시 작전 위험수준을 평가할 필요가 있다. 합동참모(Vice director J-8)는 감시자 자격으로 JCIDS 비준, 승인, 상호운용성 및 가용성 등을 기술하는 합동가능성 지명자(Joint Potential Designator: JPD)를 지정한다.

1.3. 획득범주(Acquisition Category: ACAT) 수준

ACAT은 국방부지침서(DoDI) 5000.2인 '국방획득체계운용'에 명시되어 있다. 세 단계의 ACAT 수준(ACAT I, II, & III)은 비중앙집권적인 의사결정을 돕고, 의회 및 국방부 지침을 준수하기 위해 확립되었다. 각군은 소요 스폰서의 지원과 함께 능력개발 중의 ACAT 수준을 결정한다. 시스템을 위한 획득수준은 통상 전체 RDT&E 혹은 획득비용에 따라 결정되나, 의사결정점 결정권한(Milestone Decision Authority: MDA)에 의해 선정될 수 있다.

1.4. 공군 능력기반 소요창출

〈그림 1.1〉은 공군 능력기반 소요창출에 영향을 미치는 여러요소들을 나타내고 있다.

1.4.1 능력기반기획. 능력기반기획은 SPG, JPG, 합동비전(Joint Vision), JOpsCs, 공군 비전/장기기획 소요, 작전개념 및 공군작전개념(Air Force Concept of Operations: CONOPS)을 반영한다. 이러한 목표는 향후 항공 및 우주전력이 언제 어디서든 전투에서 승리하는 작전 능력을 갖추게 해주는 능력기반기획 소요를 창출하는 것이다. 능력기반기획 과정에서 확인된 능력의 차이(Gap)/부족(shortfall)은 해결책을 모색할 필요가 있는지에 대해 '능력검토 및 위험평가'(Capabilities Review & Risk Assessment: CRRA)에 의해 검토되고 우

선화 된다. 해결책을 찾을 가치가 있을 경우, AF/XOR이 주요 사령부 및 사무국에 초기능력서(Initial Capabilities Document: ICD) 작성을 지시할 수 있다.

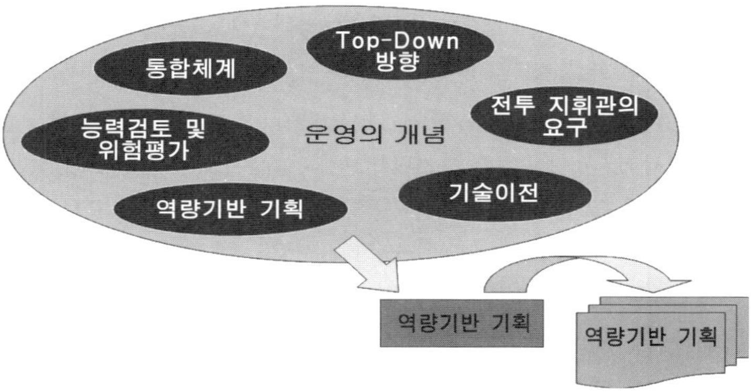

〈그림 1.1〉 공군 능력기반소요에 기여하는 요소

1.4.1.1 능력검토 및 위험평가(Capability Review and Risk Assessment). CRRA는 공군의 역량을 발휘하는 능력과 의도한 효과를 달성할 수 있는 가능성을 평가하기 위해 운영된다. 기존의 투자 결정과 작전적 위험에 기반하여, CRRA는 공군이 필요한 능력을 얼마나 효과적으로 개발, 전력화하고 그것을 유지하는 것이 가능한지에 대해 평가하는 것이다. CRRA는 기획, 소요, 획득 및 유지 관련부서간 지속적인 협조가 필요하며, 공군 능력의 필요부분이 무엇인지 식별해내고 그것을 우선순위화하도록 체계화되어 있다. 각군의 작전개념을 독립적으로 평가한 후 CRRA를 통해 전체적으로 통합, 평가한다. CRRA 활동의 목표는 선임지도부에게 전력투자를 결정하는데 있어 능력기반을 중점으로 한 의사결정이 될 수 있도록 자료를 제공하는 것이다. 이러한 능력기반을 중점으로 한 평가 결정은 초기능력서(ICD) 작성, 위험 수용 혹은 재우선순위화 등의 다양한 검토결과를 야기할 수 있다. CRRA를 포함한 공군의 능력기반 기획절차에 대한 내용은 AFI 10-604(능력기반기획)에 설명되어 있다.

1.4.2 통합구조(Integrated Architecture). 능력기반기획이 개발됨에 따라,

통합 설계는 능력과 지원능력의 차이/부족을 식별할 수 있는 틀을 제공하고, 합동전쟁수행능력을 향상시키는 대안 비교 및 조합된 자료 결과를 식별한다. 합동기능개념의 개발 및 통합 설계가 완전히 완성될 때까지, 중추소요서(Capstone Requirements Documents: CRDs)는 능력기반소요문서 개발의 방향제시를 위한 작전개념틀을 제공한다.

1.4.3 상위하달 지침(Top down Direction). 상부 부서는 해당관련 부서(대)에게 새로운 능력의 개발 및 전력화를 지시할 수 있다. 공군참모총장(CSAF), 혹은 합참으로부터의 지침은 필요능력의 식별을 필요로 하는 AFPD 10-6 요구를 충족시킨다. 그러나 계획된 해당관련 부서는 지속적으로 효율적인 능력기반 요구서를 생산해내야 할 책임이 있다. 또한 JCIDS 절차는 하향식(Top-down)과 능력기반 중심으로 임무를 수행하기 때문에 복합체계(System of System(SoS)) 혹은 시스템패밀리(Family of System(FoS)) 접근을 통해 여러가지 문제점 해결방안을 제시할 것이다. AF/XOR은 관련부서가 초기능력서(ICD) 착수하기전에 모든 Top-down 지시된 내용을 검토해야 한다.

1.4.4 전투 지휘관의 요구(Combatant Commander's Needs). 전투지휘관의 요구는 보통 획득 절차 혹은 AFI 63-114(신속대응절차)와 **별첨 3**에 명시된 신속대응과정(Rapid Response Process: RRP)를 통해 충족될 수 있는 능력의 차이/부족을 식별할 수 있다. 정상적인 획득의 경우, 전투지휘관은 필요전력을 주요사령부에 제기할 수 있다. 다음으로, 주요사령부(작전개념 조직을 통해)는 ICD 개발 시작전에 필요성을 평가하기 위해 AF/XOR과 협조해야 한다.

1.4.5 기술이전활동(Technology T8ransition Activities). 능력기반요구 개발절차에 따라 공군은 운영자에게 우수한 기술을 제공하기 위하여 많은 노력을 기울이고 있다. 기술 전환을 위한 방식은 첨단기술시범(Advanced Technology Demonstrations: ATDs), 첨단개념기술시범(Advanced Concept Technology Demonstrations: ACTDs), 합동 및 공군배틀랩 실험(Joint and Air Force Battlelab experiment), 작전적 훈련, 워게임, 국방부와 공군실험실과 연구 프로젝트 및 국방과학 및 기술 프로그램(Defense Science and Technology (S&T) Program)등이 있다. 이러한 방식은 기술

전환을 촉진시키기 위해 스폰서 개발 ICD로 이어질 수 있다.

1.5. 실행(Implementation)

공군의 소요는 요망하는 효과 및 필요한 능력에 의해 주도된다. 획득 체계에 속해 있는 모든 이해관계자(stakeholder)는 왜 공군이 특정한 능력을 필요로 하는지, 어떻게 그리고 어디서 사용될 것인지, 누가 사용할 것인지, 언제 필요한 것인지, 그리고 어떻게 지원되고 유지될 것인지를 반드시 이해해야만 한다. 이러한 전력소요는 요구, 획득, 시험 및 평가(T&E)의 3개 체계로 구분된다. 이 세 가지 체계의 원활한 진행을 위해서는 조정자, 개발자, 획득자, 유지자, 및 검사자 간의 지속적인 협력이 필수적이다. 세가지 체계 모두가 상호 의존적이고 효과적으로 작동하기 위해서는 다른 두 가지 요소의 통합이 필수적이기 때문에, 한 전략만 독립적으로 작동해서는 효과적으로 운영될 수 없는 것이다.

1.5.1 협력(Collaboration). JCIDS가 활성화됨에 따라, 작전적 능력의 개발 및 유지를 촉진하는 3개의 상호 지원적인 공군 절차가 있다. 능력기반소요,

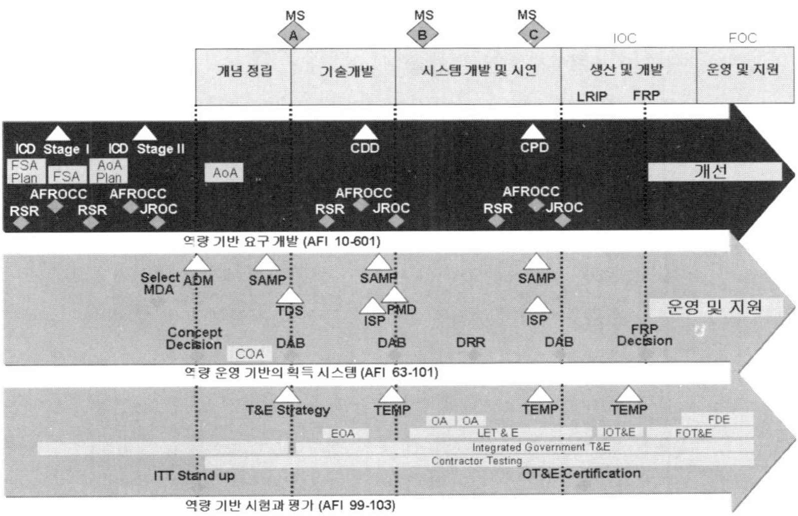

〈그림 1.2〉 소요 · 획득 · 시험 및 평가 절차의 통합

AFI 63-101, *Operation of the Capabilities Based on Acquisition System*에 서술된 능력기반획득 및 AFI 99-103 *Capabilities Based Test and Evaluation*에 서술된 시험, 검증이다. 이러한 절차들은 상호의존적이며 상호 협력이 필요하다. 세 개의 절차들은 시너지 효과 창출 및 노력을 통합하기 위해 세 개의 지침을 모두 고려해야 한다.

〈그림 1.2〉는 최우선 DoDI 5000.2 획득 틀과 관련된 세 절차의 통합을 묘사하고 있다. 이들의 세부사항들〔ACAT 수준, 합동잠재지명자(Joint Potential Designator: JPD)〕의 진행은 실제 상황과 다를 수 있다.

1.5.2 능력기반획득체계(Capabilities Based Acquisition System). 획득체계의 주 목적은 조정자의 기대에 부응하는 효율적이고 유지 가능한 전력을 신속히 전력화하는 것이다. 이 목적을 달성하기 위해서 모든 이해관계자(stakeholder)들은 새로운 작전능력의 개발, 전력화 및 유지로 이어지는 기획과 실행의 조화가 반드시 이루어질 수 있도록 해야한다. 최종 승인된 작전요구는, 새로운 능력의 개발, 시험과 평가, 생산, 획득, 유지하는데의 기준점이 되며, 획득자는 비용, 일정 및 요구수준 등이 기록된 능력기반요구서에 근거하여 추진한다.

1.5.2.1 진화적 획득(Evolutionary Acquisition: EA). 한번에 모든 능력을 전달하는 전통적인 획득접근과 다르게, 진화적 획득 접근은 능력을 점진적으로 증진시키는 것이다. 진화적 획득은 발전된 기술을 기반으로 필요한 능력을 신속히 획득하는 것으로 국방부가 선호하는 전략이다. 이 목적은 요구사항과 자원에 따른 잠재역량과의 조화를 이루고, 점진적으로 요구능력을 달성하는 것이다. 전략의 성공을 위해서는 안정되고 지속적인 능력 목표를 명확히 선정하고 기술수준을 고려한 획득의 체계적인 통제를 통해 획득절차를 수행해야한다. 진화적 획득에는 나선형(spiral) 개발 및 점진적(incremental) 개발의 두가지 접근방법이 있다. 나선형 개발에는 최종 요구사항을 완전히 알지 못한 채로 필요한 능력을 개발하기 때문에 조정자, 획득자, 개발자, 유지자, 및 검사자 간에 광범위한 협력을 요구하는 것을 포함한다. 획득하는 공동체의 조정자는 각 역량의 비교상의 중요

도, 입안된 일정, 요구되는 최종역량을 달성하기 위해 필요한 예상 비용 등을 반드시 고려해야 한다. 점진적 개발은 필요한 능력을 확인하고, 최종 요구사항을 사전 알고 있다는 점에서 나선형 개발 접근과 다르나, 현재 입수 가능한 발전된 기술에 의존하여 점진적으로 개발함으로써 요구사항에 부응한다.

1.5.3 통합 시험 및 평가(Integrated Test & Evaluation: Integrated T&E). T&E의 최우선 기능은 체계가 작전적으로 효과적이고 적절한지를 결정, 위험의 수준 및 미흡상태를 최대한 신속하게 식별하고 해결하는 것이다. 통합 T&E는 개발 및 작전 검사 목표를 최대한도로 결합하며, 작전적 환경에서 체계가 효과적이며 운용될 수 있는가를 보장한다. 검사자들은 새로운 능력을 전력화함에 있어서 위험요소를 최소화하고 성취도를 검증함으로써 요구사항에 맞는 획득이 될 수 있도록 한다.

1.6. 우주관련 능력기반소요

1.6.1 우주관련 능력기반소요 정책. 우주체계획득은 국가안보우주(NSS) 획득 정책 03-01인 '국방부 우주체계 획득절차를 위한 지침'에 의거하여 관리되나 모든 우주관련 능력기반소요는 AFI 10-601 진행과 동일한 절차로 진행되어진다.

1.6.2 JCIDS 문서 및 주요결정요지. NSS 획득정책 03-01이 의사결정점(Milestone) 대신 주요결정점(Key Decision Points: KDPs)를 사용하긴 하나, JCIDS 문서(ICD, CDD)의 KDP와 의사결정점 관련 타이밍은 본질상 동일하다. KDP A 결정전의 개념수립활동(Concept Refinement Activities) 및 대안분석(Analysis of Alternatives: AoA)을 위해서는 ICD가 필수적이며, KDP B 결정 지원을 위해서는 CDD가 필수적이다.

1.6.3 비준 및 승인 권한. NSS 획득정책 03-01은 국방부지침(DoDI) 5000.2 획득범주(ACAT I, II, III)를 사용하지 않는다. 대신 동등한 주요 국방획득 프로그램(Major Defense Acquisition Program: MDAPs)(ACAT I)을 위해 금액 최저치(thresholds)를 사용한다. DoDI 5000.2 ACAT 레벨 및 관련 금

액 최저치 가치는 우주-관련 요구들의 비준 및 승인 권한 수준을 결정하는데 사용된다. MDAP는 합동 프로그램이기 때문에, ACAT ID 프로그램과 동등하며, 추가로 우주획득프로그램은 ACAT II 혹은 III 동등한 운동일 수 있으며, 모든 우주획득프로그램은 JCIDS 비준 및 승인 진행 중 해당되는 동등한 ACAT 수준을 확인해야 한다.

제2장 개관: 공군능력기반소요

2.1. 목적

이 장에서는 공군의 능력기반 요구절차를 자세히 설명하고 공군의 요구 전략, 문서준비, 인증, 허가 등의 가이드라인을 제공한다. 일단 능력요구가 인증되고 공군이 그 요구 충족을 결정하면 능력기반 요구절차를 따르게 된다. 능력 필요사항은 절차를 통해 정의된 후 능력기반소요문서에 기록된다.

2.2. 능력기반소요문서

능력기반 소요문서의 3가지 종류는 초기능력서(ICD), 능력개발서(CDD) 및 능력생산서(CPD)로 구분된다. 능력기반요구에 영향을 주는 5개의 기획요소를 기초로 AF/XOR에서 ICD를 지휘통제 한다. 공군 ICD는 2단계에 걸쳐 발전된다. 첫 번째 단계는 능력기반기획문서를 제작하고(ICD 1단계) 추가 분석을 위한 기초를 정립한다. 이 단계에서는 능력 미달 사항과 교리, 조직, 훈련, 물자, 리더십과 교육, 인력과 시설(DOTMLPF)의 분석을 결정하고 인도한다(ICD의 1~5항). ICD 1단계의 결과가 작전능력위원회를 위한 공군소요(Air Force Requirements for Operational Capabilities Council: AFROCC)에 의해 검토 후 인증되면 후원부서가 기능해법분석(Functional Solution Analysis: FSA)을 시행하고 결론에 따라 능력기반 요구문서를 작성한다(ICD 2단계). ICD 2단계에서는 ICD 1단계를 기초를 진행되며 FSA 결과를 반영하고 ICD가 완료됨에 따라 JICD 단계로 진입한다(제1~7항). ICD 2단계는 대안분석, 기술개발전략(Technology Development Strategy: TDS),의사결정점 A 결정 및 이에 따른 기술 발전 활동을 지원한다. CDD는 ICD, AoA, TDS에 의해 조정되고 제기된 능력을 개발하기 위해 획득사업을 시작하기 위한 정보를 수집한다. CDD는 기존의 기술을 통한 향상 가능한 능력을 정의하고 의사결정점 B를 지원한다. CPD는 의사결정점 C를 지원하고 설계준비태세검토(Design Readiness Review: DRR)가 끝난 후 개발된다. CPD는 초도생산(Low Rate Initial Production: LRIP)과 초기운용시험 및 평가(Initial Operational Test & Evaulation: IOT&E) 이전에 허가되어야 된다. 이 문서들은 제4장부터 제6장에 자세히 설명된다.

2.3. 중추소요서(Capstone Requirements Document: CRD)

CRD는 기능지역, FoS 및 SoS 전반의 모든 것에 우선하는 일반기준을 제공함으로써 상호운용을 지원한다. 공군을 위해서, CRD 개시는 합동요구감시위원회의 결정을 통해서만 이루어지며, 모든 CRD는 JROC 관심으로 지명된다.(CRD에 관한 자세한 내용은 CJCSI 3170.01과 CJCSM 3170.01를 참조)

2.4. 소요 전략 개발

일단, ICD 1, 2단계, CDD, CPD를 개발하도록 후원부서가 지정되면 중요한 첫 번째 작업은 소요 전략을 개발하는 것이다. 소요 전략은 각 획득 단계의 성공적 진행을 위한 방법과 필요자원 구성을 통해 능력개발을 지원한다. 소요전략은 합동 및 공군 작전이론에 정의된 요구 능력, 능력 기반 기획서, CRRA 결과, CRD등의 가이드를 반영한다. 각 전략은 획득 단계에 따라 다듬어지고 연합 연동성, 예산, 일정, 검사, 훈련, 분석, 분배임무작전(Distributed Mission Operation: DMO), 인력 시스템 연동, 정보 우위, 잠재적 제한요소 등과 같은 전략요소들을 나열한다. 후원부서는 운영자와 함께 공군의 획득, 시험, 물류, FCB 그룹, 미국방부장관집무실/프로그램분석 및 평가(OSD/PA&E)와 그 외 관련부서들과 협력하여 관련부서들이 처음부터 과정에 참여할 수 있도록 소요 전략을 개발한다.

2.5. 공군소요전략검토(Air Force Requirement Strategy Review: RSR)

소요 전략을 개발한 후 능력기반 소요서 내에 필요전략을 작성하기 전에 후원부서는

RSR시 AF/XOR에게 소요전략을 전달한다. RSR 과정에서, AF/XOR은 소요 전략 검토, 운영부서의 필요사항을 평가하고 관련 공군/부처, OSD, 합동참모를 확인하며, 가장 효율적인 획득을 위한 지침을 제공한다. RSR은 AF.XOR의 소요전략 수정을 반영하기 위해서 고실행팀(High Performance Team: HPT)과의 회의 최소 30일 전에 이루어진다. RSR 브리핑은 지정된 AF/XORD HPT와 미 공군본부 관련사항전문가(Subject Matter Expert: SME)를 대상으로 이루어진다. AF/XOR의 허가 후, AF/XORD는 RSR 브리핑과 회의록을 공군 소요 문서 도서관에 보관한다.

2.6. 공군 고실행팀(Air Force High Performance Team: HPT)

HPT는 ICD 1, 2단계, CDD, CPD를 발전하는데 권장되는 방법이고 RSR시 AF/XOR가 면제시키지 않는 한 사용되는 방법이다. HPT는 lead(주로 후원부서), 핵심, 지원 팀으로 구성된다. RSR시 AF/XOR은 핵심 팀을 허가한다(이상적으로 7-11 멤버로, 공군, 정부부처 외 다른 기관의 SME으로 구성). 지원팀의 멤버는 핵심 팀에서 제공하지 않는 부분에 대한 전문가적 의견을 제시한다. HPT는 문서작성 과정의 신속성을 증가시키고 양질의 문서가 될 수 있도록 도움을 준다. HPT의 우선시 되는 것은 운영부서의 운영상 요구를 최단시간에 정리하고 문서화하는 것이다. HPT는 문서 개발 과정에 그들을 참가시킴으로써 전문가의 의견을 최대한 반영시킨다. MAJCOM/에이전시가 문서의 소유권을 가지고 있지만 허가가 날 때까지 HPT가 문서작성과 검토의 책임을 가지고 있다. AF/XORD에 의한 HPT의 가장 큰 장점은 허가 진행이 공군, 합참 등의 기관에 동시에 이루어진다는 점이다.

2.7. 문서 검토

문서 검토의 시작 시기는 후원부서의 요구 전략에 달려있다. 일단 검토가 시작되면 별첨 2에 나와 있는 절차와 일정을 따른다.

참고: AF/XOR은 AF Flag 단계의 모든 ICD(1, 2단계) CDD, CPD 검토업무를 AF/XORD에 이양하였고 AF/XORD는 이 업무를 처리하기 위하여 미 공부본부의 다른 본부조직을 재분배하였다.

2.8. 비준 권한

인증 단계는 AFROCC 또는 JROC가 작성한 능력기반 소요서를 요구되는 역량과 운영상 소요를 확인하기 위한 공식적인 검토 절차이다. 공군의 능력 기반 요구서의 비준 권한은 JPD에 따라 결정된다(〈표 2.1〉 참조).

〈표 2.1〉 비준, 승인 및 서명권한

	JROC 관심			합동 통합		독립	
	ACATI	ACATⅡ	ACATⅢ	ACATⅡ	ACATⅢ	ACATⅡ	ACATⅢ
공군비준	AFROCC	AFROCC	AFROCC	AFROCC	AFROCC	AFROCC	AFROCC
합동참모비준	JROC	JROC	JROC				
합동참모승인	JROC	JROC	JROC				
공군 승인/서명	CSAF	XO	XOR	XO	XOR	XO	XOR

2.8.1 AFROCC 비준. AFROCC 공군의 모든 ICD(1, 3단계), CDD, CPD 들의 검토와 비준을 수행한다. ICD 1단계의 경우 공식적인 검토과정은 AFROCC의 비준과 함께 끝나고 인증된 문서는 정보를 제공하는 목적을 위해 JCIDS의 Gatekeeper에게 전달된다. AFROCC의 비준 후 ICD(2단계), CDD, CPD는 JCID 부국장(J-8)에게 접수되고 JPD JROC의 관할에 있는 문서들만 JROC 비준/승인을 위해 Joint Staff Flag 검토를 한다. AFROCC의 결정은 AFROCC 문서에 기록되고 그 문서는 AFROCC 의장이 서명을 한다. 아래에 나온 사항은 AFROCC가 비준하지 않는 목록이다.

2.8.1.1 AF Form 1067(개선 신청)에 따라 이루어진 개선

2.8.1.2 정보 기술/국가 안보 시스템 요구 문서

2.8.1.3 전투 역량 문서(참조: AFI 63-114 & 별첨 3)

2.8.2 JROC 인증. JORC는 JORC 관할에 있는 모든 발안에 대해 검토와 비준을 한다. JROC의 결정은 JROCM에 의해 문서화 되고 JROC 의장이 서명한다.

2.9. 문서 허가/서명 기관

승인은 인증절차의 완결을 의미한다. 승인의 수준의 ACAT 수준과 JPD에 의해 결정된다.

2.9.1 ACAT I/IA와 JROC 관심의 JPD가 첨부된 ACAT Ⅱ/Ⅲ 프로그램. JROC는 ACT I/IA와 JROC 능력기반 요구 문서의 허가기관이다. AFROCC 비준은 합참 Flag 검토에 요구 되는 문서이다. JROC 승인은 JROCM에 의해 문서화 되고 JROC 의장이 서명한다. AF/XORD는 공군의 서명을 받기 위해 전달한다.

2.9.2 연합/독립 JPD의 ACAT II. AF/XO는 승인과 서명권을 가진 기관이다. AF/XORD는 AFROCC의 인증이 후 문서를 AF/XO에 전달한다.

2.9.3 연합/독립 JPD의 ACAT III. AF/XOR은 승인과 서명권을 가진 기관이다. AF/XORD는 AF/XOR의 비준이 후 문서를 AF/XO에 전달한다.

2.10. 예외허가 권한

AF/XOR은 이 규정의 예외허가 기관이고 예외허가 신청을 건별로 개별 검토할 것이다. 예외요청은 정당한 이유가 있어야 하고 AF/XORD를 통해 신청해야 한다.

2.11. 공군 요구 문서 도서관

AF/XORD는 공군의 요구 문서 도서관을 관리한다. 도서관은 허가된 공군 능력기반 문서의 전자 보관소를 포함한다. 문서 절차가 완료되면 AF/XORD는 공군 요구 문서를 도서관에 보관한다.

2.12. 합동 참모 JCIDS 문서 발간과 보관소

ACAT/JPD 여부와는 관계없이 모든 허가된 JCIDS 문서(비밀포함)는 JCIDS 문서의 전자 보관 도구인 지식 관리/결론 지원 도구(KM/DS)에 공지된다. 공군 요구 문서 도서관과 KM/DS의 내용의 정확성을 기하기 위해 KM/DS의 사서를 운영한다.

제3장 역할 및 책임

3.1. 목적

이 장은 공군 능력기반요구사항의 정의, 개발, 문서화, 비준, 승인 및 관리에 관련된 조직의 권한, 역할, 및 책임을 정의한다.

3.2. 권한

합동참모의장(Chairman of the Joint Cheifs of Staff)은 JROC의 의장이며, 모든 ACAT I 및 JROC 분야 program의 요구 비준 및 승인 권한을 갖고 있으며, 위 직능에 대한 책임은 합동참모차장으로 위임되어 있다. 항공우주작전참모차장(AF/XO)은 공군 능력기반요구사항에 대한 책임이 있으며, 공군 능력기반 요구진행 및 절차의 감독은 작전능력소요과장(AF/XOR)에게 위임되어 있다.

3.3. 역할 및 책임

이 장은 공군 능력기반소요 절차에 영향을 미치는 조직의 역할 및 책임을 정의한다. 이 목록은 총망라한 목록이 아니며, 이 장에서 서술되지 않은 조직이 공군 능력기반소요문서의 생산에 도움을 줄 수 있는 특정 상황도 있을 것 이다.

3.3.1 공군성 장관 산하(SAF/US)

3.3.1.1 우주 프로그램을 위한 공군 선임 획득행정관으로 근무.

3.3.1.2 우주-관련 획득 절차 및 능력기반요구사항 식별의 의향 및 운영자에게 능력, 지원 및 조력 등을 조율하는 진행을 감독.

3.3.1.3 능력기반요구서가 기술적 실행성을 반영하고 획득 정책에 적합 여부를 책임지는 고실행팀(HPT)에 참가.

3.3.1.4 계획 개발 및 국방부 구성요소를 주요 우주 프로그램 필수문서 및 국방정보공동체의 우주 관심의 옹호에 따른 필요와 필수여건 통합에 의한 국가안보우주(National Security Space: NSS)를 위한 전략 지도.

3.3.2 공군차관보, 획득조달담당(SAF/AQ)

3.3.2.1 비우주 프로그램을 위한 공군선임획득행정관 및 공군선임획득행

정관으로 근무한다.

3.3.2.2 공군 전체에서 의도한 역량, 지원 및/혹은 서비스 조정자에게 빠른 전달 촉진을 위한 획득 정책, 진행 및 프로그램을 선도, 통합 및 주관한다.

3.3.2.3 능력기반요구서가 획득정책과 적합한지를 판단하기 위해 HPT에 참가한다.

3.3.2.4 신속하고 긴급하게 필요한 운영자의 요구사항을 만족하기 위하여 신속 대응(AFI 63-114) 진행을 주관한다.

3.3.2.5 공군 수정 진행을 감독한다.

3.3.3 시설군수참모부장(HQ USAF/IL)

3.3.3.1 실행가능한 지원가능성 및 효과적인 전력화를 위한 유지 전략 포함한 능력기반요구서를 책임진다.

3.3.3.2 필수요건 전략개발 지원 및 역량의 장기 실행가능성을 제공위해 군수관한 문제점 해결에 책임을 지며, HPT에 참가한다.

3.3.3.3 공군 화학, 생물학, 방사선 및 핵 방어 체계 우려가 모든 합동소요사무실(Joint Requirements Office: JRO) 능력기반 요구서에 전달되고 승인된 JRO 능력기반 요구서 1부를 USAF/XOR HQ에 전달하는 책임을 진다.

3.3.4 실험평가실장(HQ USAF/TE)

3.3.4.1 공군 지도부의 T&E 수석 보좌관으로서의 기능을 갖는다.

3.3.4.2 요구전략개발 지원 및 능력기반 요구가 측정가능하고 검사 가능함을 확보할 수 있게 적절한 (직접 및/혹은 지명) HPT 참가에 책임이 있다.

3.3.4.3 작전, 효과, 적절성 있는 체계의 획득 및 유지를 위한 작전, 획득 및 유지 노력을 지원한다.

3.3.4.4 새로운 교리와 요구개발, 전술, 기술 및 절차의 필요한 정보를 작전 사용자들에게 제공한다.

3.3.4.5 개발 프로그램의 검사 결과를 SAF/AQ/US 및 XO 참모에게 제

공한다.

3.3.5 전투통합 참모부장(HQ USAF/XI)

3.3.5.1 기획 및 체계 설계가 능력기반요구서에 적절히 반영되었는지를 감독한다.

3.3.5.2 스펙트럼 접근 및 분배를 필요로 하는 모든 적용 가능한 체계 공군 스펙트럼 인증 준수를 책임진다.

3.3.5.3 배틀랩, 첨단개념기술시현(Advanced Concept Technology Demonstrations: ACTD) 및 실험 등의 공군 혁신 활동 정책 개발 및 절차 통합의 책임이 있고,

3.3.5.4 능력기반 요구개발 및 시뮬레이션 기반 획득의 지원 실행을 포함한 모델링 및 시뮬레이션 노력을 위한 정책을 확립한다.

3.3.6 항공우주 작전참모부장(HQ USAF/XO)

3.3.6.1. 공군 능력기반계획 및 필수요건 개발진행을 감독한다.

3.3.6.2. 공군 교리에 의한 능력기반 필수요건, 정책, 계획, 프로그램 및 전략의 지도를 확립한다.

3.3.6.3 군사 목표를 달성하기 위한 핵심 항공 및 우주 전력을 확립한다.

3.3.6.4 공군본부에 관련된 전문지식을 제공하기 위해 HPT에 참가한다.

3.3.7 ISR 실장(HQ USAF/XOI)

3.3.7.1 AFI 14-111에 의거한 전력 현대화 관련 프로그램, 활동 또는 정보 현안에 관한 공군 정책 지침을 제공한다.

3.3.7.2 모든 능력기반요구서가 정확한 위협 평가 및 정보지원가능여부와 기반시설 필수요건에 대해 검토한다.

3.3.7.3 CJCSI 3170.01, CJCSM 3170.01 및 CJCSI 6212.01 필수요건에 의거한 공군 정보인증 진행. DIA 승인을 위해 합동 군사 정보 필수요건 인증의 검토, 비준 및 요청을 한다.

3.3.8 작전능력 소요실장(HQ USAF/XOR)

3.3.8.1 연구, 개발, 검사와 평가 및 획득 예산의 모든 공군 능력기반 필

수요건을 AF/XO에게 인도한다.

3.3.8.2 AFROCC 의장.

3.3.8.3 NSS 03-01 및 DoD 5000 계열에서 CJCSI 3170.01 및 CJCSM 3170.01에 의해 관리되는 능력기반 요구 진행사항을 관리한다.

3.3.8.4 프로그램 개발과 획득을 위해 능력 책임의 SAF/AQ, SAF/US 혹은 공군본부로의 공식 이송을 협조한다.

3.3.8.5 다른 공군부대 부서와 요구 및 특수접근프로그램(Special Access Program: SAPs)을 포함한 모든 프로그램의 지급을 협조한다.

3.3.8.6 다른 군의 요구들이 적절한 공군 기능 검토를 받을 수 있도록 보장한다.

3.3.8.7 모든 공군 능력기반소요서와 타군/기관 및 합동참모조직과 협조한다.

3.3.8.8 RSR 감독 제공 및 모든 필수전략을 승인한다.

3.3.8.9 참모능력기반 요구서 및 의견해소 매트릭스(Comment Resolution Matrixes: CRMs) 검토를 위한 HQ USAF, 사무국, 주요 사령부, 기관 내에서 책임 있는 조직에게 지시하기 위한 업무 권한을 유지한다.

3.3.8.10 HPT 진행 협조, HPT 회원 승인 및 HPT 인도 및 회원 훈련을 제공한다.

3.3.8.11 모든 능력기반 요구서를 위한 참모를 지원한다.

3.3.8.12 작전적 관련을 확인하기 위해 대안책의 분석 및 기능적 해결분석(Functional Solution Analysis)을 통해 완료된 역량분석 검토 및 비준을 한다.

3.3.9 작전계획 및 합동 주제 실장(HQ USAF/XOX)

3.3.9.1 JROC 의사결정 회의를 위해 VCSAF 준비. 합동능력위원회(Joint Capability Board: JCB) 의사결정 회의 지원 및 국방부에서 열리는 FCB의 공군 주 대표자로 참석한다.

3.3.9.2 AFROCC에 의해 문서가 비준되면, JROC 진행을 통해 모든 공

군 ACAT I/IA 및 JROC 관심 프로그램의 후원 및 협조한다.

3.3.9.3 JCIDS 진행의 KM/DS로 들어가는 공군 문서에 대한 유일한 창구역할을 한다.

3.3.9.4 군 소속 혹은 ACAT 수준과 별도로 작전 필수요건과 관계있는 모든 JROCM을 위한 공군 position과 협조한다.

3.3.9.5 AFROCC와 JROC간의 정보 교류를 협조하기 위한 AFROCC에 참석한다.

3.3.9.6 합동성에 입각한 향후 공군 작전 개념을 제공한다.

3.3.9.7 작전개념 및 워게임을 통한 향후 공군 역량을 개발한다.

3.3.10 기획참모부장(HQ USAF/XP)

3.3.10.1 능력기반 계획 및 프로그램 지침과, 공군 전략계획 지침서(Air Force Strategic Planning Directive: AFSPD), 공군 변혁 비행 계획(Air Force Transformation Flight Plan: AFTFP), 공군능력투자전략(Air Force Capabilities Investment Strategy: AFCIS) 및 연간계획 과 프로그래밍 지침서(Annual Planning and Programming Guidance: APPG)를 제공한다.

3.3.10.2 공군 정책 지침서 90-11, 계획 체계에 의한 정책 방향 및 주요 사령부 및 기관 전략계획 활동 촉진을 위한 감독을 한다.

3.3.11 공군정보실장(AF-CIO)

3.3.11.1 의회 법령 및 국방부 규칙 필수요건(예: 클리어-코헨 법 및 국방부 5000 시리즈)에 필요한 효과적이며 효율적인 정보 기술 관리를 확보한다.

3.3.11.2 정책, 프로그램 감독 및 자원 분배를 통한 넷-중심 작전 이행시 공군 주도자로서의 임무를 수행한다.

3.3.11.3 요구전략 개발지원 및 HPT에서 IT 수명 관리 전문성을 제공한다.

3.3.12 공군 교육훈련사령부(AETC)

3.3.12.1 초기 숙련 훈련, 고등기술훈련, 인문학 교육대학원과정, 비행훈련지도의 개발, 지도 및 평가를 담당한다.

3.3.12.2 모든 공군 능력기반요구서 및 공군 훈련과 관계있는 타군 요구서와 협조한다.

3.3.12.3 모든 공군(및 합동군 일부) 능력기반 요구서에 훈련에 관련된 HPT 일원(적절성에 따라 핵심 혹은 지원)으로 임무수행한다.

3.3.13 공군작전 검사 및 평가 본부(AFOTEC)

3.3.13.1 AFI 99-103에 의거하여 공군 작전시험 및 평가(OT&E) 관리를 조치한다.

3.3.13.2 현재 및 향후 작전 필요성을 이해하기 위해 요구된 분석 및 계획 진행을 지원한다.

3.3.13.3 HPT의 핵심 팀 요원으로서 공군 능력기반 요구서 개발을 지원한다.

3.3.13.4 모든 능력기반 요구서 및 OT&E 현안에 대한 작전개념을 검토한다.

3.3.13.5 필요시 AoA, AF CONOPS 위험평가팀 회의, 개념 결정 및 연구, 기술개발전략, T&E 전략, 및 획득옵션개발에 참가한다.

3.3.13.6 능력기반요구서 및 AoA를 OT&E와 체계의 평가 작전 영향에 계획, 지휘 및 보고시 참고자료로 활용한다.

3.3.14 지휘사령부/야전 작전 기관(FOA)

3.3.14.1 주요사령부의 임무를 완수하기 위해 필요한 능력을 위한 능력기반 요구서를 지원한다.

3.3.14.2 전략 검토 필수요건에 참여, 협조 및 요청한 SME를 제공한다.

3.3.14.3 공군 및 합동군 필수요건을 지원하는 분석개발 및 조치를 한다.

3.3.14.4 문서개발 위한 HPT(HPT 인도 및/혹은 핵심과 지원 일원 - 필요 시) 참여 및 HPT에 AF/XOR 자문을 제공한다.

3.3.14.5 사령부급으로서 능력기반 요구서를 검토한다.

3.3.14.6 공군 작전개념 조직을 능력 틈새/부족점 식별 및 우선화 작업,

능력기반 계획진행에 대해 협조한다.

3.3.14.7 이해관계자 필수요건 입력을 HPT에 제공 및 RSR, AFROCC, 및 JROC에서 필요한 브리핑을 지원한다.

3.3.14.8 무기 체계가 미국 무기통제 조약의무(US Arms Control Treaty obligation)를 준수하여 개발되고 있는지를 확인한다.

3.3.14.9 AFI 63-114와 별첨 3에 명시된 신속대응을 시작하기 위한 CCD를 AF/XOR에 제출한다.

3.3.14.10 역량의 획득, 작전, 검사 훈련 및 유지를 위해 필요한 M&S와 설계를 문서화한다.

3.3.15 운영사령부

3.3.15.1 능력기반 요구서의 사령부급 검토를 조정.

3.3.15.2 능력기반 요구서 개발을 위한 핵심/지원 HPT일원을 제공한다.

3.3.15.3 공군 및 합동군 요구조건을 지원하기 위한 개발 및 분석한다.

3.3.16 이행사령부(공군 물자사령부(Air Force Material Command: AFMC) 및/혹은 공군 우주사령부(Air Force Space Command: AFSPC)).

3.3.16.1 능력기반 요구서 개발을 위한 핵심/지원 HPT일원을 제공한다.

3.3.16.2 지휘 사령부의 AoA 개발, 실행 혹은 요청자로부터 지원받은 개념연구를 위한 계약 준비를 지원한다.

3.3.16.3 모델링 및 시뮬레이션 요구사항이 역량개발 필수요건에 적절히 포함되었는지를 확인한다.

3.3.16.4 유지 계획 및 실행에 대한 지원 및 지침을 제공한다.

3.3.16.5 모든 능력기반 요구서 협조.

3.3.17 항공예비구성군(공군예비군(Air Force Reserve: AFR) & 공군주방위군(Air National Guard: ANG))

3.3.17.1 할당된 임무 완수에 필요한 역량을 위한 능력기반 요구서를 지원한다.

3.3.17.2 전략검토 필수요건에관한 참여 및 협조, 요청한 SME를 제공한다.

3.3.17.3 공군 및 합동군 필수요건을 지원하기 위한 분석개발한다.

3.3.17.4 능력기반 요구서 개발을 위한 핵심/지원 HPT일원을 제공한다.

3.3.17.5 능력기반 요구서 개발 및 제반 현안에 대한 사령부/기관과 협조.

3.3.17.6 공군 예비군 주무부서로 HQ USAF/REOR은 AF/XOR과 협력한다.

3.3.17.7 ANG/XOR(주방위군국 (National Guard Bureau: NGB))은 능력기반 필수요건의 ANG 주무부서로서 AF/XOR과 협력한다.

3.3.17.8 CCD 승인에 관련하여 AF/XOR에 권고한다.

3.3.18 공군 연구 및 분석국(AFSAA)

3.3.18.1 기능지역 및 작전개념 분석을 위한 전략분석 지침을 제공한다.

3.3.18.2 공군 주요사령부 간의 의견 종합 분석을 통해 OSD 공군 인터페이스 역할 제공.

3.3.18.3 개념 및 pre-AOA 심사 연구를 포함하기 위한 AFROCC 의장의 특수 및 지명 프로그램 분석고문으로 협조.

3.3.18.4 필수요건 스폰서 혹은 AFROCC의 요청이 있을 시 기술적 검토를 수행한다.

3.3.19 항공우주연구실(OAS)

3.3.19.1 품질, 일관성 및 가치의 확보로 모든 공군 AoA(후원부서의 요청이 있을 경우 FSA 역시)의 개발자로서 선두 사령부 및 야전 기관을 지원한다.

3.3.19.2 AFROCC 검토 이전에 모든 공군 AoA(스폰서의 요청이 있을 경우 FSA 역시)의 기술적 검토 및 평가를 제공한다.

3.4. 작전능력위원회를 위한 공군 소요(Air Force Requirements for Operational Capa-

bilities Council: AFROCC)

CSAF 및 SECAF의 기구인 AFROCC는 모든 공군 능력기반필수요건에 대해서 검토, 비준 및 승인을 추천하며 AFROCC는 공군 능력기반요구서가 공군 및 합동참모 지침에 의거하며 기존의 기준에 부합되고, 효율적인 공군 역량기준요구가 작성 되었는지를 확인한다. 또한 AFROCC는 ICD Stage I과 함께 FSA 계획을 검토한다. 후속 능력기반요구서를 위해서 AFROCC는 모든 공군 개발 AoA 연구 계획, 중간 상황 및 AoA 최종 결과를 비준한다. 이는 AF/XOR이 의장을 맡으며, 주요사령부 책임장, 사무국 및 공군본부 대표로 구성되어 있다. AFROCC 회원자격 및 기능은 AFROCC 헌장 개요에 설명되어 있으며, AF/XORD 웹사이트에서 찾아 볼 수 있다.

http://www.afreqs.hq.af.mil/ 및 http://www.afreqs.pentagon.smil.mil.

3.4.1 중역 AFROCC 중역 AFROCC 회의는 AFROCC 진행과 기타 적절한 주요 쟁점사항들을 검토하기 위해 모든 준장/소장 회원들을 소집하며, AFROCC는 통상 중역회의를 연간 2회 실시한다.

3.4.2 AFROCC 특별 회의 AFROCC 특별회의는 모든 공군의 능력기반소요에 대해 검토, 비준 및 승인한다.

3.5. 기능능력위원회(Functional Capabilities Boards: FCB)

JROC로부터 이행된 각 FCB는 선정된 합동기능 개념(Joint Functional Concept: JFC)에 대해 책임이 있다. 각 FCB위원은 JCIDS 절차 및 획득 추진 중에 합동성에 대해 지속적으로 조언하고 협조 할 것이다. FCB에 관한 추가적인 정보는 CJCSI 3170.01, CJCSM 3170.01 및 FCB 헌정에 제시 되어있다. 이 문서들의 사본은 AF/XORD 웹 사이트인 http:// www.afreqs.hq.af.mil 혹은 http://www.afreqs.pentagon.smil.mil에서 찾아 볼수 있다.

3.6. 합동소요감시위원회(Joint Requirement Oversight Council: JROC)

JROC는 JROC 선정된 주요현안에 대한 프로그램을 검토하며 획득, 검토, 진행을 지원한다. JROC는 자체 판단 하에 어떠한 능력기반 요구서 또는 합동성에 영향이 있다고 판단될 시 검토를 할 수 있다. JROC는 또한 계쟁(係爭)적이고 높은 관심사항에 대해 국방부 장관, 국방부 차관, USD(AT&L), USecAF(국방부 우주 중역 요원) 혹은 CIA 국장의 요청 하에 프로그램을 검토한다. JROC에 관한 세부적인 지침은 CJCSI 5123.01에 제공되며, 지침의 사본은 AF/XORD 웹사이트인 http://www.afreqs.hq.af.mil에서 찾아볼 수 있다.

제4장 의사결정점 A 획득결정을 지원하기 위한 소요활동

4.1. 목적

본 장에서는 획득결정을 지원하기 위한 요구 활동에 대한 설명을 제공한다(〈그림 4.1〉). 〈그림 4.1〉은 ICD을 발전 과정(ICD 1, 2단계)에서 개발하기 위해 필요한 활동을 그림으로 설명하였다. ICD II는 ICD I을 기초로 작성되며 이론 재정립 단계와 대안 분석(AoA), 기술발전 전략(TDS), 및 부수적인 기술발전 활동을 지원한다.

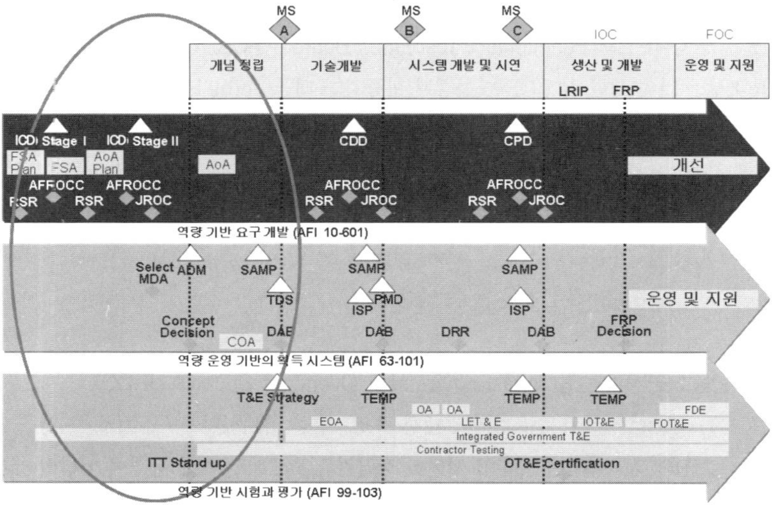

〈그림 4.1〉 의사결정점 A 획득결정 지원위한 활동

4.2. ICD 1단계

1단계에서는 능력의 부족을 확인하고 상부에 이를 보고한다. 이의 의도는 신속한 상황 판단을 통한 능력 부족의 대안을 분석, 확보하기 위한 것이다. CJCSM 3170.01에 따라, ICD 1단계는 제1항에 제5항에서 요구하는 정보를 포함하고 있다. ICD 1단계에서는 후속 분석, 혁신, 실험을 위해 능력의 부족과 작전의 영향을 확인한다. 여기에서 작전 이론과 기대효과를 바탕으로 운영적인 측면에서 능력 부족의 특성을 파악한다. 또한 능력부족이 어떻게 파악 되었는지(예: 능력기반 기획, Top -down 방식, 기술 삽입, 등), 왜 그 역량이 필요한지, 그리고 어떻게 그것이 이용될 것인가를 효과기반 작전과의 연계하여 설명한다. 1단계에선 관련부서에서 실행한 기능적 분석(FAA), 기능적 필요분석(FNA)의 결과를 문서화 한다. FAA에 확인사항을 토대로 작성한 FNA의 결과는 해결책을 필요로 하는 능력부족과 그 해결책의 필요시기를 나열한다.(더 자세한 FAA, FNA, FSA에 관련 내용은 CJCSM 3170.01를 참조)

4.2.1. 1단계 전략 개발 관련부서는 신뢰성 있는 사실, 시기, 기술의 제한등을 바탕으로 능력미달의 범위를 정확하게 파악해야 한다. 전략적 기획은 ICD 1단계를 발전시키는데 필요한 사항을 설명하고 그 절차를 지원하는데 필요한 자원과 부서를 설명한다. ICD 1 개발 의도가 실무자에게 알려지면 기능적 효과와 제한에 대한 정보를 얻기 위해 FCB 그룹에게 통보한다. FCB 그룹은 절차 참여에 필요한 JPD 지정, 해당부서 결정 등에 도움을 준다. 관련부서는 JROC 관할 발안건에 대해 공식적으로 OSD/PA&E에게 조언을 한다. 후원부서가 FCB 그룹, 군, AF/XO-CONOPS, HQ USAF SME, MAJCOMS/Agency, OSD/PA&E등과 협조하여 1단계를 개발하는 것은 주최부서들이 시작단계에서부터 적극적으로 참여시키기 위함이다. 또한, ICD 2단계와 FSA계획 개발지원을 위한 필요한 심층 분석을 고려해야한다. 보통의 경우 발안들은 ICD 1단계를 거쳐야 하지만 특수한 경우에는 AF/XOR이 1단계를 생략하고 2단계로 바로 넘어가도록 유도할 수 있다.

4.2.2. 1단계 요구 전략 검토 AF/XOR이 1단계 개발계획을 승인하는 역할을 한다. 승인을 받기위해선 관련부서나 공군 본부 SME는 1단계 개발을 위한 HPT을 구성하기 최소 30일전에 AF/ XOR에게 전략에 대해 보고해야 한다.

〈표 4.1〉에서는 ICD 1단계 RSR가 포함하는 정보에 대해 설명하고 있다.

〈표 4.1〉 ICD 전력검토정보(Strategy Review Information)

= 능력 미달을 작전적 용어로 설명(누가, 언제, 왜 필요한가 등)
= 어떻게 능력필요가 식별되는가(예: Top-down 지침, CRRA, 기타)
= 관련 개념:
- 합동작전개념(JOCs)
- 합동기능개념(JFCs)
- 통합구조(사용가능할 경우)
- 공군 작전개념
= OV-1
= FSA를 지도하기 위한 전략
= 잠재적 ACAT 레벨 및 JPD
= 제한요건(작전환경, 위협 등)
= HPT lead, HQ USAF SME, FCB Working Group, OSD, 각군 및 다른 참가 이해관계자들
= HPT 멤버십(핵심 & 지원 팀)
= ICD 단계 1 완성 예상시점/AFROCC 발표/문서 보관
= HPT를 지도하지 않는 정당성(XOR 승인 필요)

4.2.3. 1단계 HPT 계획 승인을 받은 후 관련부서는 ICD 1단계 HPT을 위한 최종 준비단계가 완료되었는지 확인한다.

〈표 4.2〉 ICD 1 단계 HPT 고려사항

= 다음을 확인:
- 핵심 팀 밑 지원조직의 참가
- HQ USAF SME, FCB 실무그룹, Service & OSD/PA&E 참가
- 시설관리자 및 시설 사용가능여부
= 다음을 제공:
- 핵심 팀 요원에게 전략 지침
- 팀요원에게 문서초안 전달(가능할 경우)
- HPT 훈련(필요에 따라)
= 다음을 할당:
- 팀 요원에게 pre-HPT 임무배정(필요에 따라)

4.2.4. 1단계 프로세싱 1단계 문서는 공군에서 생산한 것으로 공군 내부에서만 검토를 실시한다. 검토가 완료되면 관련부서는 FSA 연구 계획의 검토와 인증을 AFROCC에게 의뢰한다. 인증을 받은 후, ICD 1단계 문서 1부를 FCB 그룹에 제출하고(정보제공 목적) 인증된 문서를 공군요구 문서 도서관에 보관한다. 〈그림 4.2〉는 모든 ICD 1단계 문서 검토 작업의 흐름을 설명한다.

〈그림 4.2〉 ICD 1단계 검토 흐름도

4.2.5. 1단계 가이드라인 ICD 1단계를 개발하기 위해서 관련부서는 CJCSI 3170.01, CJCSM 3170.01, XORD에 서술된 가이드라인을 따라야 한다.

〈그림 4.3〉 ICD 1,2단계 개발 흐름도

4.3.1. 2단계 요구전략 개발 ICD 1단계에서 개발된 전략은 2단계 개발과정에서 확대되고 재정립된다. ICD 2단계에서는 능력 미달을 작전개념, 기대효과, 작전상의 효과 측면에서 재정립한다. 이단계에서는 능력 필요시기와 이유를 정의한다. 관련부서는 운영부서와 함께 1단계에서 시작한 공군 획득, 시험, 군수 부서와의 협력을 지속한다. 전략개발은 JPD 확인점검과 지원정보 분석 등을 획득하기 위해 FCB 그룹등과 같은 외부 기관과의 협조활동을 포함한다. 향후 JROC의 관할 발안건을 위해 후원부서는 OSD/PA&E와 협력을 지속한다. 또한, ICD

2단계와 AoA 연구 계획 지원을 위해 요구되는 제반 내용을 검토 한다.

4.3.2. **2단계 요구 전략 검토** AF/XOR은 ICD 3단계 개발을 위한 요구전략을 승인하는 부서이다. 승인를 얻기 위해서 지원부서 또는 공군 본부 SME는 요구사항에 대하여 보고를 하여야 한다. RSR 보고는 HPT를 하기 최소 30일 전까지 이루어져야 한다. 〈표 4.3〉은 ICD 2단계 RSR 과정에서 포함된 정보에 관한 설명이다.

〈표 4.3〉 ICD 2단계 요구전략 검토 정보

= 능력 미달을 작전적 용어로 설명(누가, 언제, 왜 필요한가 등)
= 어떻게 능력 필요가 식별되는가(예: top-down 지침, CRRA, 기타)
= 관련 개념:
- 합동작전개념(JOCs)
- 합동기능개념(JFCs)
- 통합구조(사용가능할 경우)
- 공군작전개념
= OV-1
= FSA(비물자/물자 접근을 식별) 및 AoA의 범위(필요에 따라)
= 잠재적 ACAT 레벨 및 JPD
= 능력개발 및 전력화를 위한 스케줄/일정 제안(MS A/B, 기타)
= 제한요건(작전환경, 위협 등)
= 자금조달 전략
= 다음과 같은 상호운용 및 지원가능성 요구:
- 범세계정보격자(Global Information Grid: GIG)
- 분배임무작전(Distributed Mission Operation: DMO), 기타
- 정보 및 위협 인증
= HPT lead, HQ USAF SME, FCB Working Group, OSD, Services, 및 다른 참가 stakeholders
= HPT 멤버십(핵심 & 지원 팀)
= ICD 단계 완성 예상시점/AFROCC 발표/JROC 발표/문서 보관
= HPT를 지도하지 않는 정당성(XOR 승인 필요)

4.3.3. **제2단계 HPT 계획** 허가를 받은 후, 관련부서는 ICD 2단계 HPT 준비 완료 여부를 확인한다.

〈표 4.4〉 ICD 2단계 HPT 검토사항

= 다음을 확인: - 핵심 팀 및 지원조직의 참가 - HQ USAF SME, FCB Working Group, Service & OSD/PA&E 참가 - 시설관리자 및 시설 사용가능여부
= 다음을 제공: - 핵심 팀요원에게 전략 지침 - 팀요원에게 문서초안을 전달(가능할 경우) - HPT 훈련(필요에 따라)
= 다음을 할당: - 팀요원에게 pre-HPT 임무배정(필요에 따라)

4.3.5. 2단계 프로세싱 모든 ICD 2단계 문서들은 전 공군에 걸쳐 검토된다. AFROCC 상위 부서의 검토는 문서의 JPD에 따라 결정된다(〈표 2.1〉). 관련부서는 승인를 받기 위해 ICD 2단계를 위한 AoA 연구 개획을 AFROCC에 제출한다. 〈그림 4.4〉는 ICD 2단계 검토 흐름도이고 요구 전략 개발과정에서 계획목적을 위해 사용되어야 한다.

4.3.5. 2단계 가이드라인 ICD 2단계를 개발하기 위해서 관련부서는 CJCSI 3170.01, CJCSM 3170.01, XORD 웹사이트에 서술된 가이드라인과 형식을 사용한다.

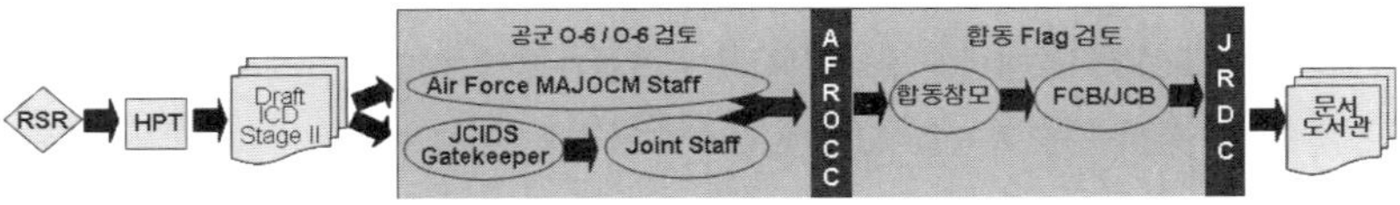

〈그림 4.4〉 ICD 2단계 검토 흐름도(JPD: JROC 분야)

4.4. ICD 사후 활동

지원부서는 의사결정점 A를 지원하는 개념을 시행하기 위해서는 ICD II단계와 AoA 연구계획의 승인을 획득해야 한다. 요구전략 개발단계에서 시작된 협조노력은 의사결정점 이전 A단계에서도 지속되고 AoA와 TDS를 직접적으로 지원한다.

4.4.1. 대안분석 ACAT Ⅰ의 건의가 있을 경우, DoDI 5000.2를 따라 AoA가 실행되어야 한다. AoA는 결재권자에게 예산적인 측면에서 가장 효율적인 작전적 능력기반 요구사항을 선정하는데 도움을 준다. 대안분석은 작전적 효과와 대안의 기대수명 동안의 자금의 분석이다. 모든 ACAT Ⅰ 프로그램에 요구되고 조건에 따라 ACAT II와 III에서도 요구된다. 공군의 대안분석은 예산적 효율성을 추구할 뿐 아니라 요구 능력의 군 효용적인 면에서도 언급하여야 한다.

4.4.1.1. 대안분석 실행과 검토 AFMC의 우주연구소의 협조를 받아 관련부서는 대안분석의 책임을 진다. 대안분석 연구팀은 MAJCOM, 미공군본부, 예하 사령부, OAS, 그리고 그 외 기관의 요원으로 구성되며 연구팀장이 지휘통제 한다. 기획 초기단계와 대안분석에서는 OSD/PA&E의 대안분석팀의 참여가 요구된다.

AFROCC는 AoA의 연구계획, 중간상황, 최종 분석 등을 검토/허가한다. 대안분석의 결과는 작전운영 대상의 능력요구의 충족여부를 확인하기위하여 FCB 그룹의 해당부서에 의해 검토된다. AFROCC는 대안분석의 결과를 필요에 따라 공군 의회에 보고 할 수 있다. 대안분석의 내용이 세부기술적인 경우 요구한 관련부서 또는 AFROCC는 기술검토 부서에 정식 기술평가를 의뢰할 수 있다.

4.4.1.1.1. 대안분석 연구 계획 MDA에 의해 제시된 사항을 충족하기 위해 대안분석 연구팀은 연구계획을 수립한다. 대안분석의 세밀한 사전준비는 분석결과의 질을 향상시키며 예산과 일정에 맞게 진행되게 한다. 대안분석 연구 계획을 AFROCC에 승인을 얻기 위해 해당 ICD 2단계에 문서와 함께 제출한다.

4.4.1.1.2. 대안분석 최종 보고 관련부서는 최종 대안분석을 작성하고 AFROCC의 승인을 위해 대안분석결과를 보고한다. AFROCC의 승인 후, 관련부서는 Air Staff SME에게 보고서를 전달한다. Air Staff SME는 AFROCC 승인된 최종 결과를 OSE/ PA&E와 MDA에 열람하기 위해 각서를 참고 한다. 최후 대안분석 보고서는 OSD/PA&E에게 획득 위

원회가 의사결정점 A 또는 KDP을 결정하기 최소 60일 전에 제출하여야 한다. 합동참모는 CDD 검토가 이루어지기 전까지는 대안분석 최종 보고의 의사결정점 A를 검토하지 않는다. 관련부서는 최종 대안분석 보고서를 CDD와 함께 AF/XORD에게 제출하고 이에 따라 AF/XORD는 두 문서를 FCB에게 제출한다. Lead FCB는 보고서에서 작전운영 능력 요구가 충족되었는지, 접근방법이 타당한지를 검토한다.

4.4.1.1.3. 의사결정점 B/C 지원을 위한 대안분석 MDA는 의사결정점 B/C를 시작하기 전에 누락된 부분이나 이전과정에 변경 사항을 반영하기 위하여 대안분석의 수정이나 새로운 대안분석을 요구할 수 있다. AF/CV에게 제출하는 절차는 대안분석 연구 계획을 제출할 때와 같다.

4.5. ICD의 변경사항

일반적으로 ICD는 업데이트되지 않는다.

제5장 의사결정점 B 획득결정을 지원하기 위한 소요활동

5.1. 목적

이 장은 의사결정점 B 획득 결정(〈그림 5.1〉)을 지원하기 위해 시행되는 능력에 따른 요구 절차를 상세히 설명한다.

5.2. 요구전략 개발

전략은 CDD 개발을 위한 기초를 만들고 단일증분(single increment)을 위한 체계개발과 증명단계를 지원한다. 관련부서는 운영자와 공군 획득, 시험, 군수관계자들(그리고 기타 관련 SMEs)과 함께 ICD 개발에서 개시된 협력을 지속한다. 전략개발은 JPD를 재확인하고 지원하는 정보 및 분석을 수집하기 위한 관련부서가 FCB 실무그룹을 포함하는 기9타 관계부서 및 서비스와 협력하는 것을 포함한다. JROC 분야 구상을 위해 관련부

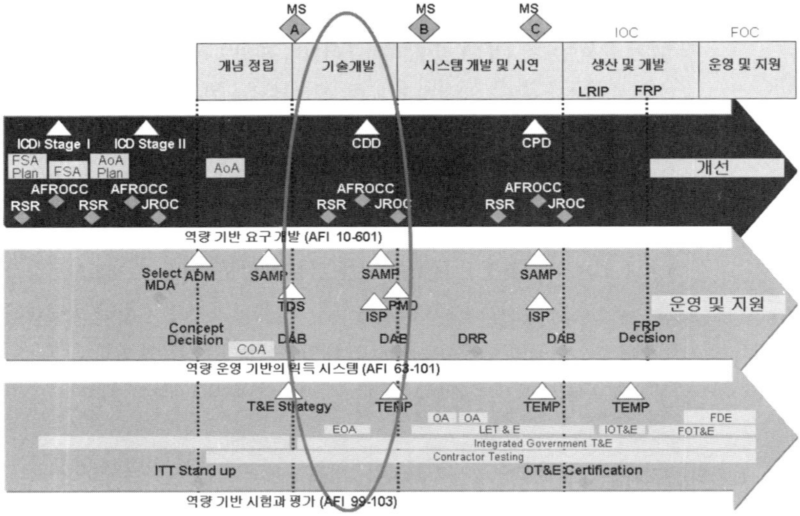

〈그림 5.1〉 의사결정점 B 획득결정 지원을 위한 활동

서는 OSD/PA&E와의 협력을 지속한다. 관련부서는 개념정립 및 기술개발단계, 그리고 실험, 검사 및 평가, 그리고 역량/일정 교환 등에서 얻은 교훈을 적절히 적용해야 한다. 추가적인 전략 개발 지침은 AF/XORD 웹사이트(http://www.afreqs.hq.af.mil)에서 찾을 수 있다.

5.3. 요구 전략 검토

AF/XOR는 CDD를 시작하기 전에 요구 전략을 승인한다. 이러한 승인을 얻기 위해 후원조직 또는 HQ USAF SME는 필요조건 전략에 대해 AF/XOR에게 브리핑한다. RSR 브리핑은 적어도 HPT를 시작하기 30일 전에 이루어진다. 〈표 5.1〉은 RSR 동안에 제공된 정보의 유형을 설명한다. RSR 발표와 HPT 일정계획 요청에 대한 추가적인 사항은 AF/XORD 웹사이트(http://www.afreqs.hq.af.mil)에서 찾을 수 있다.

〈표 5.1〉 CDD 요구전략 검토 정보

= 능력 필요 및 승인된 ICD와의 연관성 설명
= 관련 개념:
- 합동 작동개념(JOCs)
- 합동 기능개념(JFCs)
- 공군 운영개념(CONOPS)
= CDD가 FoS 또는 SoS인지 설명하고, 관련 CDD/CPD 확인
- CRD crosswalk 확인
= ACAT 수준과 JPD
= AoA 요약결과(해당할 경우)
= 기술 개발 전략 요약
= OV-1 & SV-1 최소(기타 견해 가능)
= 위협 요약
= 주요성과 계수(KPPs) 및 주요체계속성(KSAs)
= 획득 및 지속 전략
= 자금조달 및 시험 전략
= 역량개발 및 배치를 위해 제안된 계획 및 일정(MS B/C, 등)
= 제약사항(기술 수준, 획득방법, HIS 고려사항, 등)
= 상호운용성 및 지원성 필요조건:
- 스펙트럼 접근과 할당
- 배분임무작전(DMO), GPS Utility/Denial, 등.
- 정보, 위협, 그리고 비민감무장인증(Insensitive Munitions Certifications)
= HPT는 HQ U.S.A.F SME, FOB Working Group, OSD, 서비스 및 기타 관련 참가자들을 주도한다.
= HPT 회원(핵심 및 지원팀)
= 예상 CDD 완료/AFROCC 발표/JROC 발표/문서보관
= HPT 미실시 정당성(XOR 승인필요)

5.4. HTP 계획

전략 승인 이후, 관련부서는 HPT를 위한 마지막 준비가 완료되었는지 확인한다. 〈표 5.2〉는 고려해 보아야 할 정보의 유형을 설명한다.

〈표 5.2〉 CDD HPT 고려사항

다음을 확인: - 핵심팀과 지원조직 참가 - HQ USAF SME, FCB Working Group, 기관 & OSD/PA&E 참가 - 시설관리자 및 시설 사용가능여부
다음을 제공: - 핵심 팀 요원에 대한 전략 지도 - 팀 요원에게 초안 작성(가능할 경우) - HPT 훈련(필요에 따라)
다음을 할당: - 요원에게 Pre-HPT 할당(필요에 따라)

5.5. CDD 지침서

CDD는 고도의 기술을 기초로 효과적인 군사 능력 구축을 위해 필요한 정보를 지원한다. CDD는 제안된 체계를 구상하고 지속 시행하기 위해 필요한 KPPs, KSAs 및 기타 사항들을 제공한다. CDD는 또한 각 방안 평가를 토대로 필요한 능력을 획득하기 위한 방법을 제시할 뿐만 아니라, 현재 전력현황 제시 및 전반적인 프로그램 전략의 큰 그림을 제공하기도 한다. 진화적 획득 프로그램에서는 요구능력 충족을 위해 CDD는 최신 증분(increments), 진행 중인 증분, 미래 증분(존재한다면)들을 정리한다. CDD 개발을 위해서는 CJCSI 3170.01, CJCSM 3170.01의 지침과 형식을 따르고 AF/XORD 웹사이트(https://www.afreqs.hq.af.mil/)에서 찾아 볼 수 있다.

5.5.1. 의사결정점 B.를 지원하는 AoA 의사결정점 B 이전에, MDA는 이전 단계에서 발생한 어떤 변화에 영향을 주는 요인들을 설명하기 위해 이전 AoA에 대한 새로운 AoA, 혹은 업데이트가 필요할 수 있다. AoA는 의사 결정자에 의해 그 방향이 결정된다. 의사결정점 B에서 AoA는 체계와 기술의 정립, 기능/기술의 통찰력, 상호 운용성 및 지원성, 운영시 위험 및 효과중심 업데이트, 위협과 생존능력 업데이트, 비용 대비 효과 등을 제시 한다.

5.5.2. 성과요소 CDD는 KPP와 KSA를 포함하는 성과요소를 목표가치 및 최저치와 함께 제공한다. CDD에 제공된 운용성과 속성은 단지 단일증분(single increment)에 적용되므로 KPP는 현재 증분에만 적용되거나, 완전한 능력에

대한 한단계 방식으로는 전체 체계에 적용되는 것이다. CDD 개발을 위해 CJCSM 3170.01과 본 AFIC의 지침과 형식을 따른다.

5.6. CDD 요구 상호관계(RCT)

RCT는 세 개의 다른 표로 구성되어 있다. CJCSM 3170.01에 이미 요구된 속성 표에 주요체계속성(KSA)을 추가하고 KPP를 확장시킨다. 운영자가 식별한 KPP를 열거하며 속성, 동반하는 최저치, 목적가치, 각각의 가치를 정당화하는 지원근거, 지원하는 원문이 CDD 안에 문서화 되어 있는 문단 번호를 열거한다. RCT의 주요 목적은 의사결정자들이 정보를 바탕으로 결론 및/혹은 결정을 내릴 수 있도록 간결한 요약을 제공하는 것이며, 이는 또한 운영자에게 확인된 APB의 성과 섹션에 포함시키기 위한 주요 성과 파라미터를 제공한다. RCT는 모든 공군 작성 CDD 및 CDD 별첨에 의무적으로 포함되어야 한다.

5.6.1. RCT 구조 RCT는 세 개의 분리된 표로 KPP, KSA, 및 속성(〈표 5.3〉) 등으로 이루어져 있다.

5.6.1.1. KPP 표 KPP 표는 증분(increment) 중에 전체적으로 필요한 역량을 달성하기 위해 필요한 최소 작전 효과(다른 필수적인 지원 관련 KPP)를 갈무리하는, 적은 수의 KPP(일반적으로 8보다 적은)를 포함한다. KPP 최저치 가치 미충족은 재검토, 재평가 혹은 프로그램의 폐지를 가져올 수 있다.

5.6.1.2. KSA 표 KSA 표는 적용할 수 있는 증대 중에 조정자가 전체적으로 필요한 역량을 달성하기 위해 필수적이라고 정의하는 작전효과를 갈무리하는 적은 수의 KSA(일반적으로 8보다 적은)를 포함한다. KSA는 의사결정자에게 조정자 식별 속성의 추가적인 우선화 레벨을 제공한다.

5.6.1.3. 속성 표 속성 표는 적용할 수 있는 증대 중에 중대한 기여를 하는 속성들을 포함한다. 이 속성들은 의사결정자가 최저치와 규정된 속성의 목적 가치 사이에서 거래를 안내 혹은 지도하기 위해 사용된다.

5.6.2. RCT 서식 모든 세 표들은 제목 열(예: KPP, KSA, 속성)을 제외하면 같은 서식으로 구성되며, 다음의 정보들은 RCT의 각각의 열에 필요한 것들이다.

5.6.2.1. 문단 번호 CDD 안에서 KPP/속성의 위치가 있는 문단의 번호를 표시한다.

5.6.2.2. KPP/KSA/속성 표에 따라(예: KPP, KSA, 및 속성), 최저치 및 목적이 CPD 문서에 일람 되어있는 KPP/속성을 확인한다.

5.6.2.3. 개발 최저치 관련 속성의 유익이 보장되지 않을 수치보다는 높게, KPP/속성 관련 최소 기준에 맞는 작전 가치를 삽입한다. 프로그램의 이 시점에서는 생산 가치는 주지된 가치이며, 그러므로 "추후결정"으로 열람된 가치는 없을 것이다.

5.6.2.4. 개발 목표 추가적인 증가가 추가적 비용 발생이 되지 않기 이전의 KPP/속성 관련 필요 작전 목표 가치를 삽입한다. 목표 가치는 최저치 이상으로 중요한 운영적 증분이다.

〈표 5.3〉 CDD RCT 서식

파라미터	KPP	생산 최저치	생산 목표	비고
	KPP 1	Value	Value	
	KPP 2	Value	Value	
	KPP 3	Value	Value	

표 X.X. 성취 파라미터 표

파라미터	KSA	생산 최저치	생산 목표	비고
	KSA 1	Value	Value	
	KSA 2	Value	Value	
	KSA 3	Value	Value	

표 X.X. 주요 체계 속성 표

파라미터	속성	생산 최저치	생산 목표	비고
	속성 1	Value	Value	
	속성 2	Value	Value	
	속성 3	Value	Value	

표 X.X. 속성 표

5.6.2.5. 근거/분석 참조 CPD의 섹션 6의 본문안에 제공된 KPP/속성 관련의 근거/분석 참조를 간결하게 요약한다(글머리표 4개 이하). 최저치 가치를 정당화하고 실체화시키는 자세한 연구, 분석, 위협평가, 모델링 혹은 다른 참조(세련된 군사적 판단 포함)를 기술하며, 각 최저치의 가치는 임무 성공과 그 가치가 어떻게 유도되는지 관계를 반드시 설명하여야 한다.

5.7. CDD 진행

모든 CDD는 공군을 통해서 협조된다. AFROCC를 넘어선 검토 수준은 문서의 JPD에 좌우된다(〈표 2.1〉). 〈그림 5.2〉는. "JROC 분야"를 위한 CDD 검토 과정을 보여주고 요구전략개발단계에서 계획 목적을 위해 사용되어야 한다. CDD를 위해 첨부 2의 검토와 승인 절차를 따르고 구체적인 검토에 대한 일정은 AF/XORD 웹사이트 (http://www. afreqs.hq.af.mil)에서 참고할 수 있다.

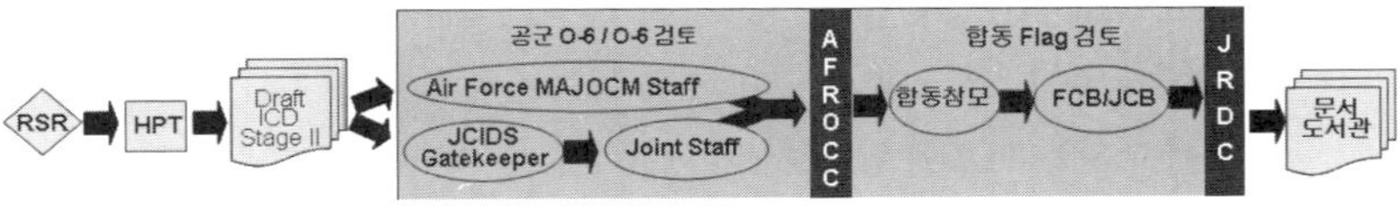

〈그림 5.2〉 CDD 검토 과정(JPD: JROC 분야)

5.8. CDD 사후 활동

승인시 CDD는 의사결정점 B 결정을 지원하고 그 구조를 업데이트하며, 의사결정점 B 사후활동의 지침이 된다. 진화적 획득 프로그램의 각 증분은 보통 고유의 CDD와 의사결정점 B 결정을 가진다. 후원부서는 후속증분이 전혀 새로운 CDD가 될지 혹은 기존 CDD에 추가되어도 무방할지에 대해 제안하고 요구승인 관계부서가 이를 승인한다.

5.9. CDD 변경사항

5.9.1. CDD 업데이트 하나의 증분 혹은 후속 증분 내에서 체계개발 및 시현

과정 동안 혹은 그 전 발생한 정확한 변경사항을 알기 위해서 승인된 CDD의 업데이트가 필요할 수 있다. CDD 업데이트는 예상치 못한 프로그램 변화(KPPs 변경, 예산삭감, 일정연기, 기술관련사항, 지휘관 관여 문제, 획득전략 변경 등)의 발생이 원인이 될 수 있다. 후원부서는 의사결정점 B 이전 또는 이후 CDD를 업데이트할 수 있다. 보통 문서준비, 형식, 검토, 비준, 업데이트 기록은 CDD 원본과 같다. AF/XOR은 CDD 업데이트에서 요구된 검토 수준 및 승인부서를 결정한다. CDD 업데이트와 관련한 추가정보는 AF/XOR의 웹사이트(http://www.afreqs. hq.af.mil)를 참고한다.

5.9.1.1. CDD KPP 변경사항 기존 비준된 KPP에서의 변경사항을 포함하는 모든 CDD 업데이트는 JPD와 상관없이 AFROCC 비준을 받아야 한다. AFROCC 비준 이후 JROCC 분야에 지정되어지는 CDD는 JROC 비준/승인을 받아야만 한다(JROC에 의해 다른 곳으로 지정된 CDD의 경우는 제외).

5.9.2. CDD Annex 하나의 증분 혹은 후속 증분 내에서 승인된(원본) CDD에 역량의 추가가 필요할 수 있다. 증분 또는 후속 증분이 CDD 원본의 전략과 일치하고 원본 CDD에 입력될 변경사항이 간지 역량 추가(그리고 필요한 지원정보)뿐이라면 적절한 CDD 원본 첨부물을 작성하여 승인 받을 수 있다. 후원부서는 CDD 첨부물에 문서에 새로운(추가되는) 정보만을 기입한다. CDD 원본에서 변경사항이 없는 모든 항에 대해서는 "미변경"이라는 문구로 대신한다. CDD 원본은 문서 검토시 첨부물과 함께 제출되고 AF/XOR이 승인부서와 검토수준을 결정한다.

주의 : CDD 원본에 KPP에 대한 변경이 필요시 CDD 첨부물은 사용될 수 없다. CDD 업데이트에 대한 추가정보는 AF/XOR의 웹사이트(http://www.afreqs. hq.af.mil)를 참고한다.

제6장 의사결정점 C 획득결정을 지원하기 위한 소요활동

6.1. 목적

이 장은 의사결정점 C 획득 결정 지원 위한 능력기반소요 절차 지휘의 높은 수준의 묘사를 제공한다(〈그림 6.1〉). 능력생산서(Capability Production Document: CPD)로 이어지는 필수요건 전략 개발, RSR 및 HPT 활동의 개요를 보여준다. CPD는 생산과 전개 및 작전과 지원 단계를 직접적으로 지원한다. CPD의 개발근거는 AoA의 결과(달성된 경우), 설계준비태세검토(Design Readiness Review), 획득프로그램기선(Acquisition Program Baseline), 체계 시현(System demonstration) 및 초기 검사 결과를 통해 제공하며, 승인된 CPD는 의사결정점 C 결정을 위해 반드시 필요하다.

6.2. 소요전략개발

요구 전략은 CPD 개발의 기반을 닦으며, 생산 전개 단계의 한 단계 증가를 지원한다.

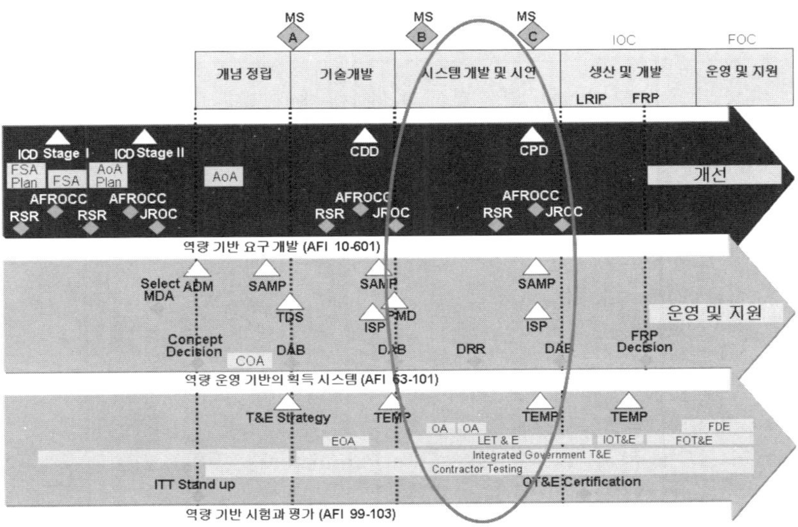

〈그림 6.1〉 의사결정점 C 획득결정지원을 위한 활동

후원부서는 조정자와 함께 CDD 개발에서 시작된 공군 획득, 검사 및 군수 당국(와 다른 적절한 SME)와의 협력을 지속함. 전략 개발은 후원부서의 적절한 FCB Working Group을 포함한 타군 및 기관과의 상호작용(필요할 경우)을 포함한다. 후원부서는 학습한 것, 디자인 검토의 결과, 한 단계 증가를 위한 성취특성을 다듬는 검사 결과를 적용한다. 요구 전략은 생산되고 공군 중장기 무기체계 발전기획서될 역량의 작전 성취 기대를 확립한다. 전략 개발에 관한 추가적인 지침은 AF/ XORD 웹사이트(http://www.afreqs.hq.af.mil)에서 찾을 수 있다.

6.3. 요구 전략 검토

AF/XOR은 CPD를 시작하기 이전 요구 전략을 승인함. 승인을 얻기 위해서, 조직 스폰서 혹은 HQ USAF SME가 요구 전략에 대해 AF/XOR에게 브리핑한다. RSR 브리핑은 HPT 시작 최소 30일 이전에 행해짐. 〈표 6.1〉은 RSR 중에 발표되는 정보의 종류를 설명함. RSR 발표 및 HPT 일정요청에 관한 추가적인 지침은 AF/XORD 웹사이트(http://www.afreqs.hq.af.mil)에서 찾을 수 있다.

〈표 6.1〉 CPD 요구 전략 검토 정보

- 승인된 ICD 및 CDD의 역량 필요 및 연합에 대한 묘사
- 관련 링크:
- 합동 작전 개념(JOCs)
- 합동 기능 개념(JFCs)
- 공군 작전개념(AF CONOPS)
- CPD가 FoS 혹은 SoS일 경우 기술하며, 관련된 CDD/CPD 식별
- CRD crosswalk 식별
- ACAT 단계 및 JPD
- 검사 결과 요약
- OV-1 & SV-1 minimum(지시받은 다른 관점도 가능)
- 위협 요약
- 주요성과 패러미터(Key Performance Parameters: KPPs) 및 중요 체계 속성(Key System Attributes: KSAs)
- 초기작전능력(Initial Operational Capability: IOC) 및 완전작전가능(Full

Operational Capability: FOC) 표준
- 연동 및 지원가능 요구
- 스펙트럼 접근 및 분배
- 분배임무작전(Distributed Mission Operations: DMO), GPS 사용/거부, 기타
- 정보, 위협 및 비민감무장인증 (Insensitive Munitions Certification)
- 획득 및 유지 전략
- 자금조달 전략
- 체계 개발 및 시현을 통한 학습결과
- 능력전력화를 위한 신청한 일정/스케줄(의사결정점 C, IOC, FOC, 기타)
- 구속점(기술 성숙도, 획득 접근, HSI 고려점 등)
- HPT lead, HQ USAF SME, FCB Working Group, OSD, Service, 및 다른 참가하는 이해관계자들(적절할 경우)
- HPT 회원(핵심 및 지원팀)
- CPD 완성/AFROCC 발표/ JROC 발표/문서 기록보관
- HPT를 지휘하지 않는 이유의 정당화(XOR 승인 필요)

6.4. HPT 계획

RSR 승인 후, 스폰서는 HPT를 위한 최종 준비가 완료되었음을 확인한다. 〈표 6.2〉는 고려해야할 정보의 종류를 기술한다.

〈표 6.2〉 CPD HPT 고려사항

확인할 것:
• 핵심 팀 및 지원조직 참가 • HQ USAF SME, FCB Working Group, Service, & OSD/PA&E 참가 • 시설 사용가능 여부 및 시설책임자
제공할 것: • 핵심팀요원에게 전략지침 제공 • 팀 요원에게 문서 초안 제공(가능할 경우) • HPT 훈련(요구된 대로)
지명할 것: • 기계획 HPT 임무(요구된 대로)

6.5. CPD 지침서

CPD는 획득 프로그램의 생산 및 전개 단계에서 확고하고, 계측가능하며 검사가능한 요구를 제공한다. ICD, CDD, 검사 결과 및 디자인 검토는 CPD 개발을 인도해주며, CPD는 DRR 이후 최종화되며, 의사결정점 C 결정 이전에 비준되고 승인된다. CPD는 역량 증대의 생산 및 유지를 지원하는데 필요한 정보를 획득한다. CPD는 KPP, KSA 및 생산과 전개 지도를 위해 CDD에서 비준된 성취 속성을 다듬으며, 지침 및 CPD 개발 위한 서식은 CJCSI 3170.01 및 CJCSM 3170.01을 따른다. 추가적이 내용은 XORD 웹사이트(http://www.afreqs.hq.af.mil)에서 찾아볼 수 있다.

6.5.1. 의사결정점 C 지원을 위한 AoA 의사결정점 C 이전에, MDA는 새로운 AoA 혹은 기존의 AoA에 지난 단계부터 수정된 모든 요소를 기술한 최신정보로의 경신을 요구할 수 있다. AoA는 MDA 및 기획가로부터의 지침에 맞춰 짜여진다. 의사결정점 C를 위해서 AoA는 생산 역량, 시스템베드다운(system bed-down)과 사용, 전력구조 최적화, 연동과 유지성, 작전적 위협과 작전적 효과 경신(update), 위협과 생존성 업데이트, 비용과 성취 동력의 민감성 등의 이유로 행해질 수 있다.

6.5.2. 성취 속성 CPD는 성취 및 KPP와 KSA를 포함하는 최저치와 목적 가치와 모든 지원관련 속성을 제공한다. CPD에 제공된 작전 성취 속성이 한 단계 증분에만 적용되기 때문에, KPP는 오직 현재 증분 혹은 한 단계 전체역량 접근을 통한 전체 체계에 적용된다. 지침 및 서식은 CJCSM 3170.01 및 CPD 개발을 위한 이 AFI에 명시된 것을 참조할 것이다.

6.6. CPD 소요상관관계표(Requirement Correlation Table: RCT)

공군창출 CPD에 한정하여, RCT는 최저치 및/혹은 목적 가치로 CPD 문서 안에 일람된 모든 희망하는 능력의 요약이다. RCT는 세 개의 분리된 표로 구성되어 있다. RCT는 주요 체계속성(Key System Attribute: KSA) 표를 추가하며, CJCSM 3170.01에 이미 요구되어있는 KPP와 속성 표로 확대함. RCT는 조정자가 확인한 KPP와 속성, 조정자의 동반하는 최저치와 목적 가치, 각 가치들을 정당화하고 지원하는 이론적 설명 및 CPD에 지원 문안이 문서화되어 있는 문단 번호를 일람한다. RCT의 주 목적은 의사결정자가 필요한 정보를 가지고 정보에 의한 결론 및/혹은 결정을 내릴 수 있도록 간결한 요약을 제공하는 것이며, RCT는 또한 조정자에게 APB의 성취 부분 포함을 위해 확인된 주요 성취 변수를 제공한다. RCT는 모든 공군 창출된 CPD 및 CPD 별첨에 의무적이다.

6.6.1. RCT 구조 RCT는 세 개의 분리된 표로 KPP, KSA, 및 속성(〈표 6.3〉) 등으로 이루어져 있다.

6.6.1.1. KPP 표 KPP 표는 증분(increment) 중에 전체적으로 필요한 역량을 달성하기 위해 필요한 최소 작전 효과(와 다른 필수적인 지원 관련 KPP)를 갈무리하는, 적은 수의 KPP(일반적으로 8보다 적은)를 포함한다. KPP 최저치 가치 미충족은 재검토, 재평가 혹은 프로그램의 폐지를 가져올 수 있다.

〈표 6.3〉 CPD RCT 서식

파라미터	KPP	생산최저치	생산 목표	비 고
	KPP 1	Value	Value	
	KPP 2	Value	Value	
	KPP 3	Value	Value	

표 X.X. 성취 파라미터 표

파라미터	KSA	생산최저치	생산 목표	비 고
	KSA 1	Value	Value	
	KSA 2	Value	Value	
	KSA 3	Value	Value	

표 X.X. 성취 파라미터 표

파라미터	속 성	생산최저치	생산 목표	비 고
	속성 1	Value	Value	
	속성 2	Value	Value	
	속성 3	Value	Value	

표 X.X. 속성 표

6.6.1.2. KSA 표 KSA 표는 적용할 수 있는 증대 중에 조정자가 전체적으로 필요한 역량을 달성하기 위해 필수적이라고 정의하는 작전효과를 갈무리하는 적은 수의 KSA(일반적으로 8보다 적은)를 포함한다. KSA는 의사결정자에게 조정자 식별 속성의 추가적인 우선화 레벨을 제공한다.

6.6.1.3. 속성 표 속성 표는 적용할 수 있는 증대 중에 중대한 기여를 하는 속성들을 포함하며, 이 속성들은 의사결정자가 최저치와 규정된 속성의 목적 가치 사이에서 거래를 안내 혹은 지도하기 위해 사용된다.

6.6.2. RCT 서식 모든 세 표들은 제목 열(예: KPP, KSA, 속성)을 제외하면 같은 서식으로 구성되며, 다음의 정보들은 RCT의 각각의 열에 필요한 것들이다.

6.6.2.1. 문단 번호 CPD 안에서 KPP/속성의 위치가 있는 문단의 번호를 표시한다.

6.6.2.2. KPP/KSA/속성 표에 따라(예: KPP, KSA, 및 속성), 최저치 및 목적이 CPD 문서에 일람되어있는 KPP/속성을 확인한다.

6.6.2.3. 생산 최저치. 관련 속성의 유익이 보장되지 않을 수치보다는 높게, KPP/속성 관련 최소 기준에 맞는 작전 가치를 삽입한다. 프로그램의 이 시점에서는, 생산 가치는 주지된 가치이며, 그러므로 "추후결정"으로 일람된 가치는 없을 것이다.

6.6.2.4. 생산 목표 추가적인 증가가 추가적 비용 발생이 되지 않기 이전의 KPP/속성 관련 필요 작전 목표 가치를 삽입한다. 목표 가치는 최저치 이상으로 중요한 작전적 증대이다.

6.6.2.5. 근거/분석 참조 CPD의 섹션 6의 본문안에 제공된 KPP/속성 관련의 근거/분석 참조를 간결하게 요약한다(글머리표 4개 이하). 최저치 가치를 정당화하고 실체화시키는 자세한 연구, 분석, 위협평가, 모델링, 혹은 다른 참조(세련된 군사적 판단 포함)를 기술한다. 각 최저치의 가치는 임무 성공과 그 가치가 어떻게 유도되는지 관계를 반드시 설명하여야 한다.

6.7. CPD 진행

모든 CPD는 공군을 통해 협조된다. AFROCC 이상 검토의 레벨은 문서의 JPD(〈표 2.1〉)에 의존한다. 〈그림 6.2〉는 ACAT I 및 JROC 관심 노력의 CPD 검토 흐름을 묘사하며, 요구 전략개발 중에 계획 목적으로 사용되어야 한다. 별첨 2에 전달된 CPD의 검토 및 승인 진행과 AF/XORD 웹사이트(http://www.afreqs.hq.af.mil)에 위치한 자세한 협조 일정을 따른다.

〈그림 6.2〉 CPD 검토 흐름(JPD: JROC 분야)

6.8. CPD 사후 활동

승인 후, CPD는 의사결정점 C 결정을 지원, 구조 업데이트, 생산 활동 개시 및 의사결정점 C 활동 이후를 지휘한다.

6.9. CPD 변경사항

6.9.1. CPD 업데이트 CPD는 언제나 단일 생산 증대에 관해 한정적이며, 통상 수정되는 일은 없다. 그러나 생산 및 전개 이전에 혹은 도중에 일어나는 변경점을 정확하게 문서화하기 위해서 승인된 CPD의 업데이트가 필요해질 수 있다. 문서 준비, 서식, 검토, 비준, 승인 및 차후 업데이트의 기록은 원본 CPD와 같음. AX/XOR은 검토의 레벨 및 CPD 업데이트를 위해 필요한 승인 권한을 결정한다.

6.9.1.1. CPD KPP의 변경 이전에 비준받은 KPP의 변경을 포함하는 모든 CPD 교정은 AFROCC 비준을 필요로 하며, AFROCC의 비준 후, JROC 분야로 지명된 CPD는 반드시 JROC 비준/승인(JROC로부터 다른 곳으로 권한위임이 된 경우를 제외하고)을 받아야 한다.

제7장 개선을 지원하기 위한 소요활동

7.1. 목적

이 장은 개선 지원 위한 능력기반 요구진행 활동 수행의 묘사를 제공한다(〈그림 7.1〉). 이 장은 공군의 전력화 및 관리되는 체계를 위한 개선의 관리 지원에 필수적인 요구 활동의 개요를 설명하고 있다.

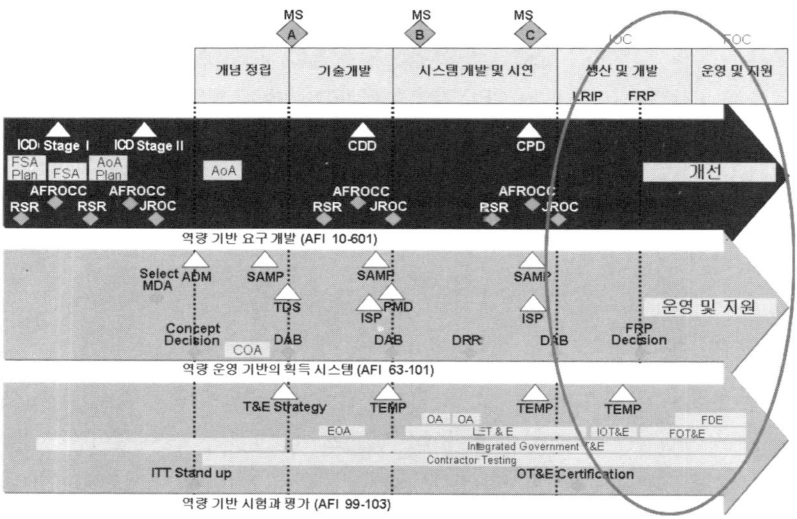

〈그림 7.1〉 개선 지원을 위한 활동

7.2. 개선

개선이란 항목의 형상, 적합성, 및/혹은 인터페이스를 바꾸는 최소한으로 구성 항목(Configuration Item: CI)의 개조로 정의된다. CI에 대한 개선은 개선 도구(modification kit)를 통해서 시행되며, Group A 및 Group B 항목으로 구성됨. Group A 항목들은 영구적으로 혹은 임시적으로 CI에 설치되어 Group B 키트(kit) 안의 장비를 지원, 보안, 상호연락 혹은 수용해주는 구성 요소 혹은 부분(소프트웨어 포함)임. Group B 항목들은 CI에 설치되면 개선을 완성 짓는 구성 요소 혹은 부분(소프트웨어 포함)이며, 보통 쉽게 제거 가능하다. AFI 63-1101, 개선 관리는 개선 진행을 더욱 정의하고 묘사하며, 개선 관리의 지침 및 절차를 제공한다. 이어지는 검토에서는 개선을 지원위해 필요한 능력기반소요문서화에 대해 서술하고 있다. AF Form 1067은 Net Ready-Key Performance Parameter (NR-KPP)의 항목에 준수하는 어떠한 개선을 위해서는 사용될 수 없다. NR-KPP 요구의 모든 기술을 위해서는, CJCSI 6212.01을 참조할 것이다.

7.2.1. 영구개선 영구개선은 획득 프로그램으로 관리되며, 그러므로 승인된 요구를 반드시 충족시켜야 한다.

7.2.1.1. AF Form 1067 개선 제안인 AF Form 1067은 DoDI 5000.2(동봉 2)에 명시된 ACAT II 지명 프로그램의 최소 발단 가치의 10%를 넘지 않는 것으로 산출된 영구 개선 요구의 의뢰, 검토 및 승인을 문서화한다. ACAT II 최소 발단 가치의 10%가 넘을 경우(예: 회계연도 2000년에 1400만 달러 RDT&E 혹은 6600만 달러 획득 자금조달), 이전에 승인된 ICD, CDD, 혹은 CPD에 있지 않을 때엔 능력기반요구서가 반드시 준비되어야 한다.

7.2.1.2. AF Form 1067 승인 Lead 주요사령부 및 체계의 프로그램 관리자는 영구개선을 위해 AF Form 1067을 반드시 승인해야 한다. 회계연도 2000년 기준으로 3000만 달러 이상의 비용이 예상되는 개선은 적절한 재프로그래밍이 완료되었는지 확인하이 위해 AF/XOR에 의한 승인을 받아야 한다.

이 경우, 주요사령부 소요 책임자가 근거 이유와 분석(CPD RCT 속성 표를 AF 1067 표에 나온 대로 사용)과 함께 모든 속성을 포함한 투과성 메모 및 의무적인 발단과 목적 표를 동반하여 완성된 AF Form 1067을 AF/XOR에게 제출해야 한다. AF/XORD는 AF/XOR 검토/승인 이전에 적절한 항공 참모 조직과 AF Form 1067(설정된 JCIDS 일정을 사용하여)에 협조한다.

7.2.2. 일시 개선 일시 개선은 비행 혹은 지상 검사 목적 또는 특정한 임무의

수행을 지원하기 위해 체계의 구성을 바꾸는 것이다. 승인된 AF Form 1067은 체계의 일시 개선을 위해 능력기반소요문서화로 사용될 수 있다.

7.2.3. In-production System AF Form 1067은 DD-250에 의거하여 정부에 전달된 항목에만 적용 가능하다. 전달되지 않은 항목에 대한 개선 혹은 구성 변화는 기초가 되는 요구에 의해 의도된 변화가 아닐 경우에는 새로운 혹은 업데이트된 능력기반소요문서를 필요로 하지 않다.

〈표 7.1〉 개선 thresholds(non NR-KPP initiatives)

개선 금액	요구 문서	승인권한
ACAT II 최소 최저치의 10% 미만* 그리고 전체비용 3천만 달러 미만**	AF Form 1067	Lead MAJCOM & PM
ACAT II 최소 최저치의 10% 미만* 그리고 전체비용 3천만 달러 초과**	KSA 및 속성(CPD RCT 서식 사용)을 위한 RCT 첨부된 AF Form 1067	HQ USAF/XOR
ACAT II 최소 최저치의 10% 초과*	ICD, CDD, CPD	AFROCC 혹은 JROC

* RDT&E 및 획득 금액 모두에 고려사항이 반드시 들어가야 함

** 총 금액은 회계연도 2000년 constant 달러에 기반을 둠

7.3. 채택된 서식

AF Form 1067, 개선 제안, DD Form 250, 물질 검사 및 수신 보고.

|참|조|

Title 10, United States Code, Armed Forces, §139, §2366, §2399, and §2400

DoD C4ISR Architecture Framework

DoDD 5000.1, *Defense Acquisition System*

DoDI 5000.2, *Operation of the Defense Acquisition System*

CJCSI 3170.01, *Joint Capabilities Integration and Development System*

CJCSM 3170.01, *Operation of the Joint Capabilities Integration and Development System*

CJCSI 3180.01, *Joint Requirements Oversight Council (JROC) Programmatic Processes for Joint Experimentation and Joint Resource Change Recommendations.*

CJCSI 5123.01, *Charter for the Joint Requirements Oversight Council*

CJCSI 6212.01, *Interoperability and Supportability of Information Technology and National Security System (IT and NSS)*

Joint Publication (JP) 1-02, *Department of Defense Dictionary of Military and Associated Terms*

Air Force Enterprise Architecture Framework

Air Force Requirements for Operational Capabilities Council Charter

AFDD 1-2, *Air Force Glossary of Standardized Terms*

AFPD 10-6, *Mission Needs and Operational Requirements*

AFPD 10-9, *Lead Operating Command Weapon Systems Management*

AFPD 10-28, *Air Force Concept Development*

AFPD 37-1, *Information Management*

AFPD 90-11, *Planning System*

AFI 10-602, *Determining Mission Capability and Supportability Requirements*

AFI 10-604, *Capabilities Based Planning*

AFI 10-2302, *Advanced Concept Technology Demonstration (ACTD)*

AFI 10-2303, *Battlelabs*

AFI 14-111, *Intelligence Support to the Air Force Acquisition Process*

AFI 16-1002, *Modeling and Simulation (M&S) in Support of Acqusition*

AFI 33-103, *Requirements Development and Processing*

AFI 33-108, *Compability, Interoperability, and Integration of Command, Control, Communications, and Computer (C4) Systems*

AFI 33-124, *Enterprise Information Technology Architecture*

AFI 63-101, *Operation of the Capabilities Based Acquisition System*

AFI 63-114, *Rapid Response Process*

AFI 63-1101, *Modification Management*

AFI 99-103, *Capabilities Based Test and Evaluation*

AFMAN 37-123, *Management of Records*

NSS Acquisition Policy 03-01, *Guidance for DoD Space System Acquisition Process*

약 어

ACAT - Acquisition Category - 획득 범주

ACTD - Advanced Concept Technology Demonstration - 첨단개념기술시범

ADM - Acquisition Decision Memorandum - 획득결정각서

AFR - Air Force Reserve - 공군예비군

AFROCC - Air Force Requirements for Operational Capabilities Council - 작전능력위원회를 위한 공군소요

AFROCCM - Air Force Requirements for Operational Capabilities Council Memorandum - 작전능력위원회 각서를 위한 공군소요

AMA - Analysis of Material Approaches - 물자접근분석

ANG - Air National Guard - 공군주방위군

AoA - Analysis of Alternatives - 대안분석

APB - Acquisition Program Baseline - 획득프로그램기선

APOM - Amended Program Objective Memorandum - 수정프로그램목표각서

ATD - Advanced Technology Demonstration - 첨단기술시범

C4I - Command, Control, Communication, Computers, and Intelligence - 지휘, 통제, 통신, 컴퓨터 및 정보

CBRN - Chemical, Biological, Radiological, Nuclear - 화생방

CCD - Combat Capability Document - 전투능력서

CDD - Capability Development Document - 능력개발서

CI - Configuration Item - 구성항목

CJCS - Chairman, Joint Chief of Staff - 합참의장

CJCSI - Chairman, Joint Chief of Staff Instruction - 합참의장지시

CJCSM - Chairman, Joint Chief of Staff Manual - 합참의장교범

C-MNS - Combat Mission Need Statement - 전투임무요구서

COA - Course of Action - 방책

CONOPS - Concept of Operations - 작전개념

CPD - Capability Production Document - 능력생산서

CRD - Capstone Requirement Document - 중추소요서

CRM - Comment Resolution Matrix - 의견분석메트릭스

CRRA - Capabilities Review and Risk Assessment - 능력검토 및 위협평가

CSAF - Chief of Staff of the United States Air Force - 미공군참모총장

DCI - Director of Central Intelligence - 미중앙정보국장

DIA - Defense Intelligence Agency - 국방정보국

DMO - Distributed Mission Operation - 분배임무작전

DOD - Department of Defense - 미 국방부

DOTMLPF - Doctrine, Organization, Training, Material, Leadership & Education, Personnel, & Facilities - 교리, 조직, 훈련, 무기체계 및 장비, 리더십과 교육, 인력 및 시설

DRR - Design Readiness Review - 설계준비태세검토

DTIC - Defense Technical Information Center - 국방기술정보본부

DT&E - Developmental Test and Evaluation - 개발시험 및 평가

EA - Evolutionary Acquisition - 진화적 획득

EBO - Effects-Based Operations - 효과중심작전

EOA - Early Operational Assessment - 초기작전평가

FAA - Functional Area Analysis - 기능영역분석

FCB - Functional Capabilities Board - 기능능력위원회

FNA - Functional Needs Analysis - 기능요구분석

FOA - Field Operating Agency - 야전작전기관

FOC - Full Operational Capability - 완전작전능력

FoS - 시스템 패밀리

FOT&E - Follow-on Operational Test and Evaluation - 후속작전시험 및 평가

FRP - Full Rate Production - 최대생산

FSA - Functional Solutions Analysis - 기능해결분석

FY - Fiscal Year - 회계연도

FYDP - Future Years Defense Program - 향후년도국방프로그램

GIG - Global Information Grid - 범세계정보격자

HPT - High Performance Team - 고실행팀

HSI - Human Systems Integration - 인적시스템통합

ICD - Initial Capabilities Documents - 초기능력서

IOC - Initial Operational Capabilities - 초기작전능력

IOT&E - Initial Operational Test and Evaluation - 초도작전시험 및 평가

IRSS - Information & Resource Support System - 정보및자원지원체계

ISP - Information Support Plan - 정보지원계획

ISR - Intelligence, Surveillance, and Reconnaissance - 정보, 감시 및 정찰

IT - Information Technology - 정보기술

IT/NSS - Information Technology/ National Security System - 정보 기술/국가 안보체계

JCB - Joint Capabilities Board - 합동능력위원회

JCIDS - Joint Capabilities Integration and Development System - 합동능력통합 및 개발체계

JCS - Joint Chiefs of Staff - 합동참모의장

JOC - Joint Operating Concept - 합동운영개념

JOpsC - Joint Operations Concept - 합동작전개념

JS - Joint Staff - 합동참모

JPD - Joint Potential Designator - 합동잠재능력지정자

JPG - Joint Programming Guidance - 합동계획지침

JRO - Joint Requirement Office - 합동소요실

JROC - Joint Requirements Oversight Council - 합동소요감시위원회

JROCM - Joint Requirements Oversight Council Memorandum - 합동소요감시위원회각서

KDP - Key Decision Point - 주요의사결정점

KIP - Key Interface Protocol - 주요인터페이스프로토콜

KM/DS - Knowlegde Management/ Decision Support - 지식관리/의사결정지원

KPP - Key Performance Parameter - 주요성과파라미터

KSA - Key System Attribute - 주요체계속성

LRIP - Low-Rate Initial Production - 저비율초도생산

MAJCOM - Major Command - 주요사령부

MDA - Milestone Decision Authority - 의사결정당국 결정권한

MDAP - Major Defense Acquisition Program - 주요국방 획득 프로그램

MNS - Mission Need Statement - 임무요구서

M&S - Modeling and Simulation - 모델링 & 시뮬레이션

MS - 의사결정점

MS&A - Modeling, Simulation & Analysis - 모델링, 시뮬레이션 및 분석

NDI - Non-Developmental Items - 미개발항목

NGB - National Guard Bureau - 주방위국

NMS - National Military Strategy - 국가군사전략

NSS - National Security Space - 국가안보우주

NSS - National Security Strategy - 국가안보전략

NSS - National Security System - 국가안보체계

OA - Operational Assesment - 작전평가

ORD - Operational Requirement Document - 작전요구서

OSD - Office of the Secretary of Defence - 미국방부장관집무실

OSD/PA&E - Office of the Secretary of Defense/ Promgram Analysis and Evaluation 미국방부장관집무실/ 프로그램분석 및 평가

OT&E - Operational Test and Evaluation - 작전시험 및 평가

OUSD(AT&L) - Office of the Under Secretary of Defence (Acquisition, Technology and Logistics) - 획득및기술차관실

OV-1 - Operational View 1(Operational Concept Graphic) - 작전견해 1(작전개념그래픽)

PM - Program Manager - 프로그램관리자

PMD - Program Management Directive - 프로그램관리지침

POC - Point of Contact - 연락담당

POM - Program Objective Memorandum - 프로그램목표각서

QDR - Quadrennial Defense Review - 4개년 미국방정책 검토보고서

RCT - Requirement Correlation Table - 소요상관관계표

RDT&E - Research, Development, Test and Evaluation - 연구, 개발, 시험 및 평가

RRAC - Rapid Response Assessment Committee - 신속대응평가위원회

RRP - Rapid Response Process - 신속대응과정

RSR - Requirements Strategy Review - 소요전략검토

SAMP - Single Acquisition Management Plan - 단일획득관리계획

SAP - Special Access Program - 특수접근프로그램

SECAF - Secretary of the Air Force - 공군성장관

SECDEF - Secretary of Defense - 국방장관(미국)

SME - Subject Matter Expert - 관련사항전문가

SoS - System of Systems - 복합체계

SPD - System Program Director - 시스템프로그램국장

SPG - Strategic Planning Guidance - 전략기획지침

SPO - System Program Office - 시스템프로그램실

S&T - Science and Technology - 과학 및 기술

SV-1 - System View (System Interface Description Graphic) - 체계견해

T&E - Test and Evaluation - 시험 및 평가

TBD - To Be Determined - 추후결정

TDS - Technology Development Strategy - 기술개발전략

TEMP - Test and Evaluation Master Plan - 시험 및 평가최종계획

TPG - Transformation Planning Guidance - 변환기획지침

UJTL - Universal Joint Task List - 전 세계 합동임무목록

USD(AT&L) - Under Secretary of Defense(Acquisition, Technology and Logistics) - 획득 및 기술차관

USecAF - Under Secretary of Air Force - 공군성차관

VCJCS - Vice Chairman of the Joint Chief of Staff - 합참차장

WRAP - Warfighter Rapid Acquisition Process - 전투원 신속획득과정

용어해설

〔주 의〕 이 용어해설의 목적은 이 출간물에 사용된 용어들의 이해를 돕고자 하는 것임. 모든 용어를 망라하기 위한 것이 아님. 공군 및 국방부 표준 용어해설 및 정의를 위해서는 타당한 합동 및 공군의 구체적인 출간물을 참조할 것.

Acquisition Category(ACAT: 획득범주) 비중앙집권적인 의사결정과 실행 및 법령에 의해 부과된 요구에 대한 순응을 조절하기 위해 설립된 범주. 이 범주가 검토, 의사결정 권한 및 적용가능한 절차의 레벨을 결정함. DoDI 5000.2 참조 b가 각각의 획득범주를 위한 구체적인 정의를 제공함.

Acquisition Program Baseline(APB: 획득프로그램기선) 각 프로그램의 APB는 프로그램 관리자에 의해 개발되고 업데이트되며, 그것이 개발된 의사결정점 차후 단계의 활동을 운용할 것임.

Advanced Technology Demonstration(ATD: 첨단기술시연) 기술 전이의 한 방법. ATD는 향상된 군 작전 역량 혹은 비용절감을 위한 발전된 기술의 성숙도 및 잠재능력을 시현하기 위해 사용되거나, 비공식적인 절차 비교적 저렴한 비용으로 기술적 위험 및 불확실성을 감소시키기 위해 사용됨.

Analysis of Alternatives(AoA: 대안분석) - 임무 역량을 달성하기 위한 대안 체계의 예상 비용 및 작전적 효과의 평가. 분석은 주요 가정 혹은 변수의 변화가능성에 대한 각각 대안의 민감성을 포함하여 역량을 만족시키기 위해 고려중인 대안의 이익과 불이익을 평가함.

Approval(승인) 역량문서에서 서술된 식별 역량의 공식 혹은 공인 인가. 승인은 또한 문서가 DoD 5000 시리즈에 의해 확립된 균일한 절차에 해당됨을 인증함.

Architecture(구성) 구성물, 구성물 간의 관계 및 구성물의 디자인과 시간에 따른 진화과정을 관장하는 원칙과 지침의 구조.

Attribute(속성) 검사 혹은 분석을 반드시 통하여 검증이 필요할 정도로 중요한 특질.

가능할 때는 언제나, 속성은 전 범위에 걸친 군사 작전 및 System, Family of System(FoS), 혹은 System of System(SoS)을 위한 환경을 운영하는데 필수적인 역량을 반영하는 것으로 진술되어야 함. 이 진술들은 최저치와 진술된 속성의 목표가치 사이에서 균형을 맞추는 결정을 내리는 획득 당국을 지도. 작전적 검사는 생산 최저치 가치를 충족하는 시스템의 능력을 평가할 것임.

Capability(능력) 구체적인 방책을 실행하는 능력. 작전적 사용자에 의해 정의되며 초기 역량 문서 혹은 DOTMLPF 변화 추천서의 서식인 광범위한 작전적 용어로 설명됨. 물자 제안경우, 그 정의는 CDD 및 CPD에 명시된 DOTMLPF 성취 속성으로 점진적 진화할 것임.

Capability Development Document(CDD: 능력개발서) 통상 진화적 획득전략이 사용되어 제안된 프로그램을 개발하는데 필수적인 정보를 포함한 문서. CDD는 군사적으로 유용하고, 군수적으로 지원가능하며, 기술적으로 발전된 역량의 입수가능한 증분의 개요를 그림.

Capability Gap(능력 차이) 효과적인 임무 실행을 위해 현재 가용가능하지 않으나 잠재적으로 작전적 사용자가 획득가능할 수 있는 시너지 자원(DOTMLPF).

Capability Production Document(CPD: 능력생산서) 획득 프로그램의 단일 증분에 대한 구체적인 생산 요소를 요청하는 문서.

Capstone Requirement Document(CRD: 중추소요서) 개발 지도를 위한 공통 골조 및 작전 개념을 제공함으로써 CDD 및 CPD의 개발을 촉진하는 능력기반요구를 포함한 문서.

Capability Shortfall(능력 부족) 효과적인 임므 실행을 위해 작전적 사용자에게 필요한 충분한 군사 활용력의 부족함.

Concept of Operation(CONOPS: 작전개념) 한 작전 혹은 일련의 작전들에 관한 지휘관의 가정 혹은 의도를 대략적 개요로 나타낸 어구화된 혹은 도식화된 성명.

Course of Action(COA: 방책) 방책은 주요사령부의 결정이 축적되는 계획 및 결정 진행임. 방책은 MDA 혹은 그의 임명자로부터 개발되고 주요사령부 지휘관에게 제출된 후, 구체적인 방책이 정해져 성취, 스케줄 및 비용 예상을 명확하게 유기적으로 구성되도록 MDA와 조정자(주요사령부 지휘관)간의 공식 협약이 된 일련의 대안 프로그램 선택들을 포함함. 방책은 기술개발단계에서 기술개발전략을 위한 기반을 제공함. 방책은 SAMP를 위한 기반이 됨.

DD Form 250 DD Form 250(물자 감사 및 수신 보고)은 다음의 일에 사용되는 다목적 보고서임: (1) 기원/목적지에서 수령의 증거 제공; (2) 기원/목적지에서 정부계약 품질보증의 증거 제공; (3) 포장 목록 공급; (4) 문서 배송/수신; (5) 계약자 송장; (6) 상업적 송장 지원.

Distributed Mission Operations(DMO: 분배임무작전) 운영자들이 수직 및 수평적으로 통합된 합동구성군 편대에 예상되어지는 전투에 맞추어 훈련을 할 수 있도록 하는 공군 준비 선제(先制). DMO는 운영자에게 기존의 사격장, 공역 혹은 모의실험으로 제원이 불가능한 현재의 그리고 새로 만들어지는 무장 체계, 전술, 기술 및 절차로 훈련할 수 있는 능력을 제공함으로써 훈련의 부족을 채울 것임. DMO는 운영자가 국내 혹은 주둔국에서 일차적인 전투준비태세를 유지하고 실제적인 작전환경에서 임무연습을 지휘할 수 있도록 할 것임.

DoD Components(국방부 구성) 국방부 구성은 국방부장관실, 군사부, 합참의장, 전투지휘관, 국방부감찰관실, 국방기관, 국방부 야전활동, 및 국방부 안의 모든 조직 구조로 이루어져 있음.

Effects-Based Operations(EBO: 효과중심작전) 적절한 이동, 보급, 공격, 방어 및 기동의 활용을 통하여 분명하고 의도한 효과를 창출해내도록 고안된 군사적 행동 및 작전. 효과중심작전은 전술 및 작전 사건의 즉각적인 물리적 결과 이상으로 기능적, 체계적 및 심리적 효과에 중점을 둠. 더 나아가, 이것은 군사적 행동 및 작전이 의도 이상의 추가적인 효과를 유발하는 것도 동시에 고려하고 있음.

Experiments(실험) 실험은 새 체계의 후보기술 단독 및 구성의 일부로 검사하며, 새 기술의 개발에 중요한 부분임. 실험은 실험실 안에서의 작전에서 야전에서의 체계 혹은 구성요소로써의 작전으로 장비의 전환을 도움.

Evolutionary Acquisition(EA: 진화적 획득) 사용자를 위해 발전된 기술을 신속

하게 획득할 때, 선호되는 국방부의 전략. 진화적 획득은 미래 역량 발전의 중요한 필요를 인식함으로써 역량을 점진적으로(나선형 개발 혹은 점진적 개발로) 전달함 (추가적인 정보를 위해서 section 1.5.2.1. 참조).

Family-of-System(FoS) 다른 역량을 제공하기 위해 여러 방식으로 배열 혹은 상호연결 가능한 독립체계의 집합 혹은 배열. 상황에 따라, 체계의 혼합은 의도된 역량을 제공하기 위해 맞춰질 수 있음.

Functional Area Analysis(FAA: 기능영역분석) FAA는 군사적 목적 달성에 필요한 작전적 위험, 상황 및 기준을 식별함. 국가 전력, 합동 작전개념, 합동기능개념(Joint Functional Concepts: JFC), 통합구조, 공군 작전개념 및 Universal Joint Task List(UJTL)을 입력으로 사용함. 결과물은 후속 기능필요분석에서 검토될 임무임. FAA는 작전 임무, 상황 및 기준을 식별하는 데 쓰이는 cross-capability 및 cross-system 분석을 포함함. FAA는 협력적 노력으로 지휘되어야 함.

Functional Capabilities Board(FCB: 기능능력위원회) 지정된 기능 지역 안에서 조직화, 분석 및 합동전쟁수행능력의 우선화를 책임지는 상설기구.

Functional Needs Analysis(FNA: 기능 요구 분석) 작전조건 및 지정된 기준의 모든 범위 아래에서 FAA가 식별한 임무를 달성하기 위한 현재 및 프로그램된 합동 역량의 능력을 평가함. 1차적 입력으로 FAA에 식별된 임무를 사용하여, FNA는 결과물로 해법을 필요로 하는 역량 미달의 목록을 생산하고, 해법이 요구되는 기간의 틀을 표시함. 후원부서가 FNA를 주도함.

Functional Solution Analysis(FSA: 기능해결분석) - 기존에 식별된 하나 혹은 그 이상의 역량 미달를 해결 혹은 완화시키기 위한 모든 가능한 DOTMLPF 접근의 작전적 기반평가임. 역량 필요에 기반을 두고, 잠재적 해결수단은 다음을 포함하여 식별됨, (우선화순서대로) 현존하는 물자 역량을 향상시키는 통합 DOTMLPF 변화; 현존 자재 및 시설에 대한 제품 향상; 상호기관간 혹은 외국 물자 해법 채용; 그리고 마지막으로 새 물자 프로그램의 시작. 식별된 역량 미달 혹은 반복은 CJCSI 3180.01, 합동실험 및 합동 자원변경추천서를 위한 합동요구감시위원회(JROC)

프로그램 진행을 통한 ICD 및/혹은 DOTMLPF 접근의 물자 접근 개발의 기반을 설립함.

Full Operational Capability(FOC: 완전작전능력) 훈련되고 장비되고 지원되는 군사 부대 혹은 군사력에 의해 배치되고 운영되는 무장체계, 장비의 항목, 혹은 승인된 구체적인 특성의 체계를 효과적으로 활용하는 역량의 완전 달성. FOC는 반드시 날짜일 필요 없음; 이는 완전 임무가능함을 분명히 표시할 수 있는 필수 기준을 정의함.

Full-Rate Production(최대생산) 체계 디자인의 안정화 및 생산절차의 검증 이후 경제적인 양의 생산.

Gatekeeper JCIDS을 계획안의 최초 합동 잠재 임명을 만드는 개인. 이는 또한 역량 계획안을 위한 인도 및 지원 FCB의 결심을 만듦. Gatekeeper는 USJFCOM, J-6, J-7, 및 FCB 실무단의 인도에 의해 이러한 기능을 지원받음. Vice Director 인 J-8이 Gatekeeper의 역할을 수행함.

Human Systems Integration(인적시스템통합) 인력, 인원, 훈련, 환경 이슈, 안전, 건강, 인간적 요소 및 개인적 생존성의 요소들을 포함하는 획득의 일부 및 디자인 절차.

Implementing Command(실행사령부) 개발, 생산 및 유지 활동의 책임을 지는 프로그램 관리자를 직접 지원하는 대부분의 인원을 제공하는 사령부(통상 공군 물자 사령부 혹은 공군우주사령부).

Increment(증분) 효과적으로 개발, 생산, 혹은 획득, 전력화 및 유지될 수 있는 군사적으로 유용하고 지원가능한 작전역량. 각 역량의 증분은 그 고유의 최저치 및 사용자가 정한 목표가치를 가지고 있음.

Information Assurance(IA: 정보보증) 보호, 감지 및 반응 역량을 통한 복구를 포함한 유효성, 정식, 사실인증, 비밀보장 및 비거부를 책임짐으로써 정보체계 및 정보를 보호하고 방어하는 정보 작전 및 기술.

Information & Resource Support System(IRSS: 정보 및 자원 지원시스템) IRSS는 전투사령부들, 미공군본부, 주요사령부 및 기타 공군기관들의 능력기반요구의 정의, 검토 및 관리 활동을 조정하고 통합하는 인터넷 기반의 공군 전반 체계임. IRSS는 AFCIS 개발 및 검토, 공군 작전개념 능력기반계획을 지원하며 공군 요구서의 개발 및 진행을 촉진하고, 매우 필요한 계획과 프로그래밍간의 연결을 제공함. IRSS는 공군 전체에 걸쳐 계획을 요구에 엮는 독특한 역량 - 공군 지도부의 장기 목표 - 을 제공함.

Information Support Plan(ISP: 정보지원계획) 프로그램 권한자에 의해 IT 및 NSS의 필요, 목적, 모든 비ACAT 및 배치된 프로그램을 위한 인터페이스 요구를 문서화하기 위해 사용됨. ISP는 획득절차 전체에 걸쳐 현행으로 유지되어야 하며, 각 의사결정점, 결정검토 및 작전개념, IT 및 NSS 요구의 변경이 있을 때마다 공식적으로 검토되어야 함(참조: CJCSI 6212.01).

Information Technology(IT: 정보기술) 자료 혹은 정보의 자동화 획득, 저장, 조작, 관리, 이동 혹은 수용에 사용되는 장비 혹은 상호 연결된 체계의 하부조직 장비. 정보기술은 컴퓨터, 보조 장비, 소프트웨어, 펌웨어, 및 유사 절차, 서비스(지원서비스 포함) 및 연관된 자원을 포함함. 정보기술은 연방계약에 의해 우발적으로 연방계약자에게 의해 획득되는 장비는 포함하지 않음.

Initial Capability Document(ICD: 초기능력서) 작전적 사용자 및 요청에 의해 대안의 독립적 분석으로 실행된 초기분석에서 유추된 구체적인 역량 미달의 물자 해법의 필요에 대한 문서. 이는 기능적 영역, 근사 작전의 관계 범위, 의도된 효과 및 시간으로 역량 미달을 정의함. 역량 개발과 함께 능력기반계획을 확보하기 위해, 공군은 ICD를 두개의 분명하게 다른 단계로 개발함. ICD 1단계는 능력기반계획을 커버하고, ICD 2단계는 능력기반요구개발을 커버함.

Initial Operational Capability(IOC: 초기작전능력) 무장, 장비의 항목 혹은 승인된 구체적인 특성의 체계를 운영, 유지 및 지원에 필요한 적절한 숫자, 종류 및 훈련되고 장비된 인력의 혼합으로 효과적으로 사용하기 위한 역량의 첫 달성. 통상 CPD로 정의됨. 노트: IOC는 특정한 향후 일정에 묶이지 않고 이벤트 위주로 진행됨.

Integrated Architecture(통합구조) Family of System 및 System of System 간의 통합을 조절하고 상호운용 및 관련 구조간의 호환성을 장려하는 다수의 견해 혹은 관점(작전적 견해, 시스템 견해 및 기술적 견해)으로 이루어진 구조.

Interoperability(상호운용성) 자료, 정보, 물자 및 서비스를 제공하고 다른 시스템, 부대 혹은 세력으로부터 같은 것을 받아들이고, 자료, 정보, 물자 및 서비스를 사용하여 효과적으로 운영할 수 있는 시스템, 부대 혹은 세력의 능력. NSS 및 ITS 상호운용은 정보의 기술 교환 및 임무 달성에 필수적인 교환된 정보의 철저한 작전적 효과를 도두 포함함.

Joint Capabilities Board(JCB: 합동능력위원회) JCB는 그 임무와 책임을 수행하는데 있어 JROC를 보좌하는 기능을 함. JCB는 모든 JCIDS 및 DOTMLPF 제안을 JROC 제출 이전에 검토하며, 적절할 경우, 양도함. JCB는 합동참모, J-8, 군 구조자원 및 평가참모부장이 의장직을 맡음. Flag Officer/서비스의 General Officer 대리로 이루어져 있음.

Joint Functional Concept(JFC: 합동기능개념) 어떻게 향후 합동군사령관이 군사작전의 범위 안에서 역량요구를 달성하기 위하여 관련 군사 임무를 통합할 것인가에 대한 명료도 합동작전개념에 포괄적으로 명시되어 있지만, 합동작전개념으로부터 구체적인 문맥을 끌어내어 실험 및 측정효과를 지도하기 위해 공통속성을 충분히 자세하게 장려함.

Joint Operating Concept(JOC: 합동운영개념) - 어떻게 향후 합동군사령관이 합동군을 군사작전의 범위 안에서 잠재적 대항자의 역량 혹은 위기상황으로부터 계획, 준비, 배치, 사용 및 유지할 것인가에 대한 명료도 합동작전개념은 합동기능개념의 개발 및 통합을 지도하며 합동역량을 제공함. 실험 지도에 필요한 측정가능한 세부점 연결 및 의사결정자가 대안을 비교가능하게 해줌.

Joint Operations Concepts(JOpsC: 합동작전개념) 현재로부터 15년~20년 이후의 합동군 작전 의도를 묘사하는 개념. 이는 전략적 지침과 합동군 역량의 통합 응용을 연결함으로써 미국 군대의 변환에 대한 작전적 배경을 제공함.

Joint Potential Designator(JPD: 합동잠재지명자) JCIDS 비준, 승인, 및 상호운

용 예상을 구체화하기 위해 Vice Director J-8에게 임명되는 지명자.

Joint Requirement Oversight Council Memorandum(JROCM: **합동소요감시위원회각서**) 일반적으로 JROC 외부의 회견에서 지시되는 공식 JROC 대응 - 통상 결정임.

Key Decision Points(KDP: **주요의사결정점**) 우주체계획득프로그램의 단계를 나누는 주요 결정 사항.

Key Performance Parameter(KPP: **주요성과패러미터**) 증분 중 효과적인 군사역량을 위해 가장 중요하게 고려되는 속성 혹은 특질. 최저치 가치 달성 실패 시, 재검사, 재평가 혹은 폐기가 야기될 수 있음.

Key System Attribute(KSA: **주요체계속성**) - 증분 중 효과적인 군사역량을 위해 중요하게 고려되는 속성 혹은 특질. KSA는 의사결정자에게 KPP 레벨 밑으로 추가적인 역량우선화의 레벨을 제공함. 일반적으로 KSA는 잠재적 KPP로 고려되었으나 KPP의 조건에는 온전히 맞지 않는 최종 8개에서 10개의 속성이 KSA로 결정됨.

Knowledge Management/Decision System(KM/DS: **지식관리/결정체계**) 합동참모가 개발 및 JCIDS staffing을 위해 사용하는 전자 staffing 및 저장고.

Lead Command - AFPD 10-9에 정의된 대로 PM과 함께 운영자의 인터페이스로 일하는 사령부. HQ USAF/XOR에 의해 능력기반요구서 작성을 위해 OPR로 지명된 주요사령부와 혼돈하지 않을 것.

Low-Rate Initial Production(LRIP: **저비율초도생산**) - (1) §2399에 의한 작전적 검사를 위한 생산적 형성 혹은 대표 조항을 제공하기 위해; (2) 체계를 위한 초기 생산 설립위해; (3) 작전적 검사의 성공적인 완성에 따른 최대 생산을 충분하게 인도할 수 있는 시스템을 위한 생산비율의 질서 있는 증대를 허가하기 위해 필요한 최소한의 시스템의 생산.

Material Solution(**물자 해법**) 식별된 운영자 역량을 만족시키는 방어 획득 프로그램(비개발, 현존 시스템의 변경 혹은 새 프로그램).

Milestones(의사결정점) 획득프로그램의 단계를 나누는 주요 결정 시점.

Milestone Decision Authority(MDA: 의사결정점 당국) 자동화 정보 시스템 획득프로그램을 위해 USD(AT&L)에 의해 설립된 기준에 의거하며 ASD(C3I)에 의해 임명된 혹은 우주 프로그램을 위한 다음 단계로의 획득 프로그램의 시작을 승인하기 위허 공군성차관에 의해 임명된 개인.

Military Useful Capability(군사적 유용 능력) 장기간에 걸쳐 예상할 수 있는 예산으로 임무기능의 효과적인 성능을 통해 군사 목표를 달성하는 역량

Modification(개선) 항공기, 미사일, 지원 장비, 지상센터 소프트웨어 등에 이루어지는 구성 및 성능의 변경.

Objective(목표) 성능의 특성에 따라 기대되는 운영상의 목표. 목표의 가치는 최소기준을 월등히 초과하는 부분임.

Operating Command(운영 사령부) 시스템/하위 시스템과 장비를 운영하는 사령부.

Operator(운영자) - 사용자의 이익을 위해 획득 시스템을 운영하는 운영 본부 또는 부서. 운영자가 사용자가 될 수도 있음.

Operational Requirement(운영 소요) 허가된 역량 요구를 충족시키는 시스템 성능 또는 특성.

Operational Test and Evaluation(OT&E : 운영 시험 및 평가) 후보 시스템의 운용성능을 평가하기 위해 최대한 실제와 비슷한 상황에서의 성능 검사 및 평가.

Procurement(조달) 생산허가를 받은 사업의 생산을 위한 예산책정.

Program Executive Officer(PEO : 프로그램 최고 운영자) MDAP 또는 주요 획득 사업의 총괄 책임을 지닌 군인 또는 민간인.

Program Manager Directive(PMD : 프로그램 운영 지침) 공군에서 공식적으로 획득사업의 운영 또는 성능개선의 책임을 공군 주요사령부 또는 FOA등과

같은 해당부서에 지정하는데 사용되는 문서.

Program Manager(PM : **프로그램 관리자**) PM은 사용자 운용상의 요구사항을 개발, 생산, 유지하는 프로그램 목표를 달성의 책임과 권한을 가진 사람을 말함. PM은 예산, 일정, MDA에게 성능 보고 등의 책임을 지닌다.

Rapid Response Process(RRP : **신속 대응 과정**) 긴급하고 시간에 민감한 요구를 위한 촉진된 문서/지원 절차. AFI 63-114 "신속 대응 절차"에 자세히 설명되어 있음.

Requirement Correlation Table(RCT : **소요상관관계표**) 공군이 제작한 성능 특성과 요구되는 역량이 정의되어 있는 CDD와 CPD을 위한 3단계 테이블.

Sponsor(**후원부서**) 요구되는 역량의 획득을 지원하기 위한 문서, 보고, 예산편성 등의 의무를 가진 기관(MAJCOM, FOA, 등).

System View(SV :**시스템 관점**) 요구되는 운영역량을 이루기 위해 시스템의 종류, 조직구성의 방법 등의 관점.

Technical View(TV : **기술적 관점**) 시스템들의 연동 방법을 기술적 관점에서 설명함. 각 시스템의 기준성능과 연동 요구사항을 설명하고 명백히 함.

Test and Evaluation Master Plan(TEMP : **시험 및 평가 마스터 계획**) 검사 및 평가의 전반적인 개요와 목적을 문서화함. 검사 및 평가 계획의 세부사항을 제시하고 일정과 평가에 필요한 자운을 문서화함.

Threshold(**최저치**) 허용 가능한 최소한의 시스템 가치. 이 수준 이하인 경우 시스템의 효용이 의심됨.

Trade-Space 시스템의 최적화된 구성을 결정하는 과정. 이 과정에서 각각 요소는 전체 시스템의 결과를 위해 더 낮은 수준으로 결정될 수 있음.

User(**사용자**) 시스템 획득을 통해 이득을 보는 운영본부 또는 기관. 전투 사령부들은 사용자에 포함됨. 시스템에 한개 이상의 사용자가 있을 수 있음.

Validation(비준) 운영 기관이 운영역량의 확인을 위해 실시하는 문서 검토과정. 비준은 승인의 이전 단계임.

|문|서|검|토|

A2.1. 문서검토와 허가

AF/XOR는 AF/XOR에게 모든 ICD(1,3단계), CDDs, CPDs, CRDs의 미 공군본부 검토의 업무를 이양하였음. 보통의 경우 MAJCOM은 능력기반 요구서를 검토하고 의견을 반영할 수 있는 한번의 기회가 주어진다. AFROC는 모든 공군 ICD, CDD, CPD, CRDs를 검토하고 인증한다.

A2.2. 의견반영 단계의 검토

ICD 1단계와 능력기반 요구 문서 검토의 책임을 지닌 각각의 MAJCOM은 독립된 부서를 설립하여 의견 수렴과 분배, 의견에 대한 조치의 업무를 수행한다. 검토시 포함되어야 할 부서들은 AF/XOR의 웹사이트(htttp://www.afreqs.hq.af.mil)에 서술되어 있다.

A.2.2.1 공군 검토 ICDs(1, 3단계), CDDs, CPS, 그리고 CRDs는 IRSS를 이용하여 MAJCOM과 미 공군본부 동시 검토를 위하여 제출된다. 문서가 완료된 후 MAJCOM은 공군의 검토를 위하여 IRSS에 입력한다. 후원부서(Lead MAJCOM)는 AF/XORD에게 검토시작을 지시한다. AF/XORD는 미 공군본부 SME에게 문서의 Staffing을 미 공군본부, 비서실, ANG 내에 실시하도록 지정한다. 미 공군본부와 Lead MAJCOM SME는 IRSS에 나와 있는 배부목록을 기준으로 검토를 위해 문서를 task한다. AF/XOR은 알맞은 수준의 문서가 staff될 수 있도록 AF/XORD에 권한을 위임한다. 보통의 경우 검토의 주기는 34일이다. ICD 1단계 문서는 공군에서만 사용되는 문서이므로 1단계 문서는 AFROCC 비준이 끝이 남과 동시에 증료된다.

A.2.2.2. 합동 참모 검토/인증 AF/XORD는 모든 능력기반 요구서를 JCIDS Gatekeeper 절차에 제출한다. CJCSI 3170.01에 따라 문서의 흐름은 지식관리/결정 시스템(KM/DS)을 통한 부국장(J-8)에 의한 J-8 공식 JPD 결정 후 합동참모O-6 검토/인증순이다. 부국장(J-8)은 JCIDS 부국장 역할을 수행하

고 각 문서의 JPD를 결정한다. 이 과정에서 〈표 A2.1〉에서 서술된 것과 같이 합동 참모의 검토, 인증, 승인 등에 참여 수준을 결정한다.

〈표 A2.1〉 문서 인증 허가권

인증/비준	JROC 분야	연합 연동	독 립	문 서
위협 인증	DIA/J-2	DIA/J-2	Service	All
정 보	DIA/J-2	DIA/J-2		All**
무 장*	J-4	J-4		CDD & CPD
연동성 & 지원성	J-6	J-6		CDD, CPD & CRD

* 무장 프로그램에게만 적용

** 정보자료를 생산, 처리, 사용하는 프로그램에 적용

A2.2.2.1. JROC 분야 문서는 합동참모(O-6)검토를 AFROCC 전에 받는다. 합동 참모 Flag 검토와 최종 인증은 AFROCC의 비준 후에 이루어진다. 연합 연동 문서는 AFROCC 전에 모든 요구 문서를 접수 받아야 한다.

A.2.2.3. 동시 검토 AF/XOR이 허가한 HPT가 문서를 작성할 때만 합동 참모(O-6)와 공군 검토가 동시에 이루어 질 수 있다.

A2.3. 합동 프로그램

합동 프로그램은 한 개 이상의 부서에서 예산지원 및 운영된다. 이것은 용어분에 나오는 JPDs와 혼돈되어서는 안된다. 한개의 부서는 주무부서로 지정되고 프로그램이 "JROC 분야"로 지정되지 않는 한 주무부서가 허가권을 가지게 된다.

A2.3.1. 공군이 주무부서인 경우 공군이 주무 부서인 경우 AF/XOR은 공군 Lead MAJCOM 또는 기관을 프로그램 후원을 위해 지정한다. Lead MAJCOM/기관은 이 문서에 나온 문서 작성 및 검토 절차를 따른다. 또한 공군 OPR은 참여기관의 counterpart를 설정한다. 참여기관의 counterpart와의 협조를 통해 공군 주무부서는 문서 작성시 필요한 대외부서의 대표들을 참석시

킨다. 각 기관의 절차에 따라 참여기관은 AFROCC에 제출 전까지 JROC 분야 외의 최종 문서작성에 협조하여야 한다.

A2.3.2. 다른 기관이 주무부서인 경우 공군 이외 부서가 주무 부서인 경우 AF/XOR은 Lead MAJCOM/부서를 공군 대표로 프로그램에 지정한다. 공군 주무부서는 공군내 문서작성과 문서검토에 참여 하여야 한다. AFROCC는 공군 참여부분이 검토되었는지 확인하기 위하여 O-6검토 이후에 문서를 인증한다.

|전투능력 소요에 대한 대응|

A3.1.

이 별첨은 전력 제공 MAJCOM에서 필요시 혹은 전투능력문서(CCD) 사용을 통해 작전요원의 긴급한 전투능력 소요를 충족시키는 절차에 관한 것이다. 〈그림 A3.1〉에서 보듯 AF/XOR이 모든 전투능력 소요를 접수하는 공군내 유일한 담당관임. 긴급전투능력소요의 충족과 CCD의 승인에 대한 권한은 공군참모총장으로부터 전력제공 MAJCOM에 위임되었다.

CCD의 현재 처리상황은 www.afreqs.af.mil 또는 www.afreqs.pentagon.smil.mil의 AF/XORD 홈페이지에서 확인할 수 있다.

A3.2. 전투능력문서(CCD)

CCD는 전투요원의 긴급한 전투능력소요를 충족시키기 위한 임시방편으로써 사용되는 작전소요문서이다. CCD는 임시방편이므로 전력제공 MAJCOM은 긴급소요를 충족시킨 후, 절차에 따라 JCIDS문서(ICD/CDD/CPD)를 추후에 처리함으로써 제공된 긴급전력을 정규 전력으로 전환시키는 등의 장기적 조치를 취해야 한다. CCD는 예산확보를 위한 일시적 자리 채우기, 또는 정규 절차를 통한 소요 획득을 피해가기 위한 수단으로 사용되어서는 안된다.

A3.2.1. CCD 기준 전력제공 MAJCOM은 CCD를 승인하기 이전 다음의 사항을 고려해야 한다.

A3.2.1.1. 요청된 능력이 적시에 제공되어 현재 진행 중인 분쟁상황의 해결에 도움을 줄 수 있는가?

A3.2.1.2. 요청된 능력이 제공되지 않을 경우 임무의 실패나 인명 손실 등이 예상되는가?

A3.2.1.3. 요청된 능력을 제공할 수 있는 여건을 갖추고 있는가?

A3.2.1.4. 요청된 능력을 제공할 수 있는 기술적, 재정적 능력이 있는가?

A3.2.1.5. 전력을 요청한 부대는 자신들이 요청한 능력을 수용, 활용, 유지할 수 있는 실행가능한 계획을 마련했는가?

A3.2.1.6. 과도한 RDT&E를 필요로 하는 요청은 일반적으로 받아들여지지 않는다.

A3.2.1.7. CCD는 전력 전체를 구조조정하기 위해 사용되어서는 안된다. 이와 같은 대규모 영구 전력조정은 정규 조정절차에 따라 이루어져야 함. CCD에 의한 전력 증강에는 AF Form 1067이 필요치 않는다.

A3.2.1.8. CCD에 의한 요청전력은 물자 자원에 한정되며 인력은 해당되지 않는다.

A3.2.2. 식별된 긴급소요의 접수 CCD 접수절차는 전투 중인 지휘관이 공군에 임무실패/인명손실을 야기할 수 있는 전투능력상의 부족을 공군에 통보하면서 개시된다. 전투 지휘관은 전투제대 사령관 혹은 공군구성군 사령관이어야 한다. 식별된 긴급소요는 해결을 위해 MAJCOM으로 보내진다.

A3.2.2.1. 전투 지휘관은 69페이지의 Warfighter Urgent Capability Needs Format을 사용할 것을 권장한다. 긴급 요청은 MAJCOM에 의한 승인과 공군본부로의 접수 이전에는 CCD로 인정되지 않는다. 많은 경우 MAJCOM 차원에서 CCD를 통하지 않고도 자체적으로 소요를 해결할 수 있기 때문이다.

A3.2.3. MAJCOM 승인절차 MAJCOM은 접수된 긴급 소요를 5근무일 내에 해결해야 함. 특수한 경우 처리절차가 5일을 초과할 수도 있다. 이 경우 MAJCOM은 접수일 이후 5일 내에 소요 부대에 처리절차를 이메일이나 전화를 통해 앞으로의 처리방향을 통보해야 한다. MAJCOM은 접수한 소요를 4가지 방식으로 처리할 수 있다. (1)소요를 승인하고 MAJCOM 내에서 해결하며, (2)소요를 승인하고 공군참모총장에게 CCD 보고하고, (3)소요를 승인하고 참모총장 보고는 생략(매우 드문 경우)하며, (4)소요를 승인할 수 없음을 통보한다.

A3.2.3.1. 많은 경우 CCD 없이 접수된 소요를 해결할 수 있음. 이것이 최선의 해결 방식이다. 그러나 문제해결에 방위투자예산이 지출되어야 할

경우에는 공군성의 SAF/FMBI/AQXR부서와 협조해야 한다. MAJCOM 내에서 해결할 시에는 공군참모총장과 전투 지휘관에게 통보만 하면 된다.

A3.2.3.2. 문제해결에 공군본부의 지원이 필요할 경우에는 CCD를 공군 참모총장에게 보고해야 한다. 접수된 CCD는 처리를 위해 RRAC에 보내짐. 공군특수전사령부는 예산문제를 공군본부 혹은 공군물자사령부와 직접 논의해야 한다. 모든 CCD 요청서는 CCD 프로그램의 유지를 위한 예산 측면을 포함해야 하며, 주무 MAJCOM에서는 CCD 작성자와 참모총장에게 검토 결과를 보고해야 한다.

A3.2.3.3. MAJCOM 사령관이 소요요청을 승인했으나, 이 요청의 집행이 공군 예산 전반에 영향을 줄 것으로 판단될 경우 이 CCD는 첨부된 양식을 이용하여 공군참모총장에게 보고해야 한다. 이는 돈이 많이 든다는 이유로 효과적인 대안을 무조건 폐기하지 않기 위해서다. 공군본부에는 CCD를 위해 별도로 배정된 예산은 없으며, CCD를 위해 예산을 전용하는 것은 일반적으로 적합하지 않다. CCD 요청에 예산이 부족할 경우에는 공군 참모 총장이 해당 MAJCOM에 예산을 지원하도록 전용을 지시하게 된다. 공군 참모총장이 예산전용에 동의하지 않을 경우 해당 CCD는 MAJCOM 사령관이 처리해야 하며, 공군본부는 예산지원을 필요로 하는 CCD의 목록을 유지하지 않는다.

A.3.2.3.3.1. MAJCOM은 예산지원이 필요한 CCD를 접수할 시에는 즉시 AF/XORD에 통보해야 한다. RRAC은 MAJCOM과 함께 가능한 해결방안을 연구하여 MAJCOM 사령관이 CDD를 승인하여 참모총장에게 보고할 때 총장에게 해결책을 조언한다. AF/XO는 참모총장에게 CCD의 반송, MAJCOM 예산을 활용하는 방안의 CCD 승인, 공군예산을 전용하는 방안의 CCD 승인 등 세 가지 방책을 건의한다.

A3.2.3.4. 참모총장은 MAJCOM의 사령관들에게 훈련, 조직, 장비와 관련한 예산상의 권한을 위임했다. 위임된 권한에는 적절치 않은 긴급소요 요청을 기각할 권한도 포함되며, 기각 시에는 요청 부서와 참모총장에게 기각 사유를 통지해야 한다.

A3.2.3.4.1. MAJCOM에서, 요청된 사안이 적절하기는 하나 CCD 사안은 아니라고 판단할 경우에는 소요 요청을 공군의 일반 소요개발 절차에 접수하여 JCIDS 문서로 처리해야 하며, MAJCOM은 또한 POM문제를 해결해야 한다.

A3.2.4. 전투지휘관의 긴급 소요를 충족하는 것은 MAJCOM의 최우선 과제이며, 승인된 해결책은 MAJCOM O&M(3400) 계좌를 통해 예산이 집행된다. MAJCOM은 O&M 계좌에 대한 통제권한을 갖고 있으며 해당 소요를 지원했을 경우 발생할 수 있는 재정적 위험을 계산할 수 있다. 그러나 MAJCOM은 물자사령부나 F/AQ가 갖고 있는 투자계정(3600, 3010, 등)에 대한 평가능력은 종종 갖고 있지 않는다. 따라서 주무 MAJCOM은 투자 예산배분 문제를 공군본부와 상의해야 한다.

A3.2.5. AF/XOR 절차 주무 MAJCOM으로부터 CCD가 접수되면 AF/XORD는 2근무일 내에 해당 사안을 참도총장에게 보고해야 한다. 추가 예산배분을 필요로 하는 CCD가 접수된 경우 AF/XOR은 참모총장에게 예산배분 방안을 함께 보고해야 하며, 절차의 간소화를 위해 CCD와 관련된 사항의 보고는 이메일로 한다.

A3.3. 긴급대응절차(RRP)

RRP는 주무 MAJCOM의 승인을 득했으나 공군본부의 조치를 필요로 하는 전투지휘관의 소요 요청에 대한 추가 해결과정을 말한다. MAJCOM 사령관의 승인을 득한 CCD는 AF/XOR에 접수된 이후 신속대응평가위원회(RRAC)에 전달되며, 위원회는 SAF/AQX가 주도하며 제안된 방안이 실현 가능한 것인지를 평가한다.

전투지휘관 긴급소요요청
(포맷)

처리순위: 즉시처리

발신: 전투지휘관

조치: 주무 MAJCOM(전투이슈는 ACC, 물자이슈는 AMC, 우주이슈는 AFSPC, 특수전 이슈는 AFSOC)

Info: HQ USAF/XO/XOR, SAF/AQ/FM/US/AQX/FMB, HQ AFMC/XR 및 기타 적합한 부서

사본을 mail to : afxord@pentagon.af.smil.mil로 보낼 것.

분류: 요구에 따라 분류

제목: (   )에 대한 긴급 소요

1. 일반 설명: 긴급한 작전적 부족이 발생한 임무 영역에 대한 설명; 필요시 기종에 대한 설명(예: F-15, B-52 등); 지원되는 임무 설명

2. 임무 및 위협 분석: 문제가 무엇인지 설명; 필요한 IOC 날짜; 안전, 보안, 생존성, 인원, 훈련, 군수, 통신 등에 대한 고려요소

3. 비중요 차선책: 잠재적 해결책이 될 수 있는 비중요 차선책 설명

4. 잠재적 중요 차선책: 식별된 단기간 해결책에 대한 설명; 잠재적 중요 차선책에는 기개발된 해결책, 타군 혹은 타국군 능력, NDI 등이 포함될 수 있음. 간략한 작전개념을 포함할 것. 현재의 인프라 내에서 지원이 가능한지 여부를 설명할 것.

5. 담당자: 긴급소요업무를 담당할 자의 성명, 계급, 근무처, 전화번호, 이메일 주소를 명시할 것.

주: 이 포맷은 의무적인 포맷이 아님. 특히 중요 및 비중요 차선책은 반드시 포함시키지 않아도 됨. 이 포맷의 목적은 전투지휘관이 신속히 사용할 수 있는 문서 서식을 제시하는데 있음. 긴급 소요를 해결하기위한 최선의 방안을 도출하는 것은 주무 MAJCOM의 책무임.

전투능력문서(CCD)
(포맷)

처리순위: 즉시처리

발신: 주무 MAJCOM 사령관

조치: 공군참모총장

Info: HQ USAF/XO/XOR, SAF/AQ/FM/US/AQX/FMB, HQ AFMC/ XR, HQ AFMC/XR, 긴급소요를 요청한 전투지휘관 및 기타 적합한 부서

사본을 mail to : afxord@pentagon.af.smil.mil로 보낼 것.

분류: 요구에 따라 분류

제목: (   )에 대한 CCD

1. 일반 설명: 긴급한 작전적 부족이 발생한 임무 영역에 대한 설명; 필요시 기종에 대한 설명(예: F-15, B-52 등); 지원되는 임무 설명

2. 임무 및 위협 분석: 문제가 무엇인지 설명; 필요한 IOC 날짜; 안전, 보안, 생존성, 인원, 훈련, 군수, 통신 등에 대한 고려요소

3. 비중요 차선책: 잠재적 해결책이 될 수 있는 비중요 차선책 설명

4. 잠재적 중요 차선책: 식별된 단기간 해결책에 대한 설명; 잠재적 중요 차선책에는 기개발된 해결책, 타군 혹은 타국군 능력, NDI 등이 포함될 수 있다. 간략한 작전개념을 포함한다. 현재의 인프라 내에서 지원이 가능한지 여부를 설명하고, 제시된 해결책이 일시적인지 항구적인지 설명하고, 항구적일 경우 향후 일반 JCIDS 획득절차로의 전환계획을 포함해야한다.

5. 제한 요소: 해결책 수행에 제한요소가 될 수 있는 것들을 명시해야한다. 여기에는 임무계획상의 문제, 무기통제조약, 군수문제, 유지문제, 교통, 지리적 조건, 인력, 훈련, 안전, 기술보안, 체계 보안, 건강, C4I 둔제, 표준화, 상호 운용성 등이 포함될 수 있다. 상호 운용성에 대한 고려는 필수다. 다른 제한 요소로는 타이밍, 잠재

적인 비군사적 파급효과 등도 거론될 수 있다. 추가적으로 가능하다면, 작전환경과 필요한 임무능력을 명시해야 한다. 혹 요구된 능력을 확보하기 위해 과거에 진행된 프로그램이 있다면, 이 프로그램에 대한 설명을 덧붙여야 한다. 해결책이 핵 안전검증을 받아야 하는지를 명시하고, 핵 체계의 개발 혹은 수정과 관련한 요구사항이라면 실시 전 인증이 필요하다. 인증 절차가 전체 스케줄에 영향을 줄 수도 있다. 프로그램 실시 전반에 걸친 기상, 해양학, 천체물리학적 지원도 가능하면 명시 해야한다.

6. 예산지원: 주무 MAJCOM은 CCD 접수시 예산 소스를 명시해야 한다.
   6a. 전체 예산안
   6b. 사업 요소
   6c. 사업 요소별 예산지원안(3010, 3080계정)
   6d. 유지 예산(APOM 조치를 위해 최소 2년간의 유지 예산을 설명)

7. 담당자: CCD 업무를 담당할 자의 성명, 계급, 근무처, 전화번호, 이메일 주소를 명시 해야한다.

찾아보기

(ㄴ)

(ㄷ)

(ㅁ)

(ㅂ)

(ㅅ)

(ㅇ)

(ㅈ)

(ㅊ)

저자 조원건 소장

■ 보직경력

- 10전비 101전투대대(수원) 작전장교
- 10전비 207전투대대(수원) 편대장
- 공군 작전사령부 ACC기조실 특별조치장교
- 17전비 203전투대대(청주) 비행대장
- 공대 교수부 교수3처 작전/무기체계교관
- 10전비 201전투대대(수원) 대대장
- 공군 작전사령부 작전처 훈련과장
- 공군 작전사령부 작전처 작전과장
- 합참 전력기획부 무기체계기획담당관
- 합참 전력기획부 시험평가 2과장
- 38전투비행전대(군산) 전대장
- 합참 전력기획부 공중전력과장
- 공군 작전사령부 작전부장
- 합동 참모본부 비서실장
- 15혼성비행단(서울) 비행단장
- 공군 작전사령부 부사령관
- 공군본부 인사참모부장
- 공군본부 감찰실장(현재)

■ 교육사항

- 공군사관학교 졸업('75/23기)
- 공군대학 초급과정
- 해군대학 고급과정
- 국방대학원 안보과정
- 한국리더십센터 최고경영자 과정
- 美 연합공군구성군사령관(CFACC) 과정
- 한남대 국방획득관리학과(석사)

■ 상 훈

- 참모총장 표창
- 美 공군 공로훈장 (Air Commandation Medal)
- 합참의장 표창
- 국방부장관 표창
- 대통령 표창
- 美 공로훈장(Legion of Merit)
- 보국훈장 천수장

능력기반 전력기획
Capabilities-Based Force Planning

2007년 2월 1일 초판인쇄
2007년 2월 5일 초판발행

지 은 이 | 조 원 건
펴 낸 이 | 이 찬 규
펴 낸 곳 | 북코리아
등록번호 | 제10-1519호
주 소 | 서울시 마포구 공덕2동 173-51
전 화 | 02)704-7840
팩 스 | 02)704-7848
이 메 일 | sunhaksa@korea.com
홈페이지 | www.sunhaksa.com

값 13,000원

ISBN 978-89-89316-96-1 93390